Controlling mittelständischer Unternehmen

Wolfgang Ossadnik · Ellen van Lengerich ·
David Barklage

Controlling mittelständischer Unternehmen

Empirischer Status quo und Handlungsempfehlungen

Physica-Verlag

Prof. Dr. Wolfgang Ossadnik
Universität Osnabrück
FB Wirtschaftswissenschaften
Betriebswirtschaftslehre
Rolandstr. 8
49069 Osnabrück
Germany
wolfgang.ossadnik@uni-osnabrueck.de

Ellen van Lengerich
Darmer Hafenstr. 14
49808 Lingen
Germany
ellenvanlengerich@ewetel.net

David Barklage
VITOGAZ Deutschland GmbH
Stau 169
26122 Oldenburg
Germany
d.barklage@vitogaz.de

ISBN 978-3-7908-2427-8 e-ISBN 978-3-7908-2428-5
DOI 10.1007/978-3-7908-2428-5
Springer Heidelberg Dordrecht London New York

Die Deutsche Nationalbibliothek verzeichnet diese Publikation in der Deutschen Nationalbibliografie; detaillierte bibliografische Daten sind im Internet über http://dnb.d-nb.de abrufbar.

Einbandentwurf: WMXDesign GmbH, Heidelberg

Gedruckt auf säurefreiem Papier

Physica-Verlag ist eine Marke von Springer-Verlag Berlin Heidelberg
Springer-Verlag ist ein Teil von Springer Science+Business Media (www.springer.com)

Vorwort

Mittelständische Unternehmen bedürfen einer Führungsunterstützung, die ihrer begrenzten Ressourcenlage angemessen ist. Da sie nicht über den Grad an Segmentierung bzw. Dezentralisierung verfügen, den das Koordinationsparadigma voraussetzt, das die moderne, für Großunternehmen entwickelte Controllingidee leitet, ist letztere nicht unmittelbar auf mittelständische Unternehmen übertragbar. Eine geeignete Führungsunterstützung für Unternehmen dieses Typs könnte sich indes an historischen Vorläufern der aktuellen Controllingkonzeption orientieren und Controlling als eine Integration steuerungsbezogener Funktionen wie Planung und Kontrolle, z. B. über eine entsprechende informatorische Fundierung, verstehen.

Von einem solchen konzeptionellen Verständnis ausgehend wird in dieser Monographie Controlling als eine Führungshilfe für mittelständische Unternehmen rekonstruiert. Zunächst werden in diesem Rahmen empirische Befunde zur Ausgestaltung von Funktionen, Institutionen und Instrumenten analysiert, die in praxi als „Controlling“ oder als „controllingähnlich“ angesehen werden. Auf dieser Basis wird ein Konzept entwickelt, wie Controlling in mittelständischen Unternehmen standardmäßig ausgestaltet werden sollte. Dabei wird der Grundtenor der Untersuchung auf der Konzeption eines „lernenden Systems“ als Basis eines Controllinginstrumentariums für mittelständische Unternehmen liegen.

Unser Dank gilt den Unterstützern dieses Buchprojekts, insbesondere den Herren Dipl.-Kfm. Dirk Wilmsmann und Dipl.-Kfm. Matthias Holtsch für formattechnische Einrichtungen, Herrn Dipl.-Kfm. Benedikt Niemann für seine kritischen Anmerkungen zum dritten Kapitel, Herrn Dipl.-Kfm. André Kröger für dessen Literaturauswertungen sowie Frau Ursula Bertels, Frau Maria Brüggemann und Frau Bianca Schönwalder für deren Arbeiten an den Dateien. Für die harmonische Kooperation sind wir den Herren Dr. Niels Thomas und Christian Rauscher vom Physica Verlag herzlich verbunden.

Osnabrück, im Dezember 2009

Wolfgang Ossadnik　　Ellen van Lengerich　　David Barklage

Inhaltsverzeichnis

Abbildungsverzeichnis

Tabellenverzeichnis

Abkürzungsverzeichnis

Abb.	Abbildung
abs.	absolut
aggreg.	aggregiert
AOaS	Accounting, Organziation and Society
ARD	Arbeitsrechtlicher Dienst
ATS	Austrian Schilling
Aufl	Auflage
BAB	Betriebsabrechnungsbogen
BCG	Boston Consulting Group
Bd	Band
BFuP	Betriebswirtschaftliche Forschung und Praxis
BS	Behavioral Science
BSC	Balanced Scorecard
BWV	Berliner Wissenschafts-Verlag GmbH
CAR	Contemporary Accounting Research
D	Deckungsbeitrag
DB	Der Betrieb
dbV	Druck-, Beratungs- und Verlagsgesellschaft Graz
DBW	Die Betriebswirtschaft
DCF	Discounted Cash Flow
DStR	Deutsches Steuerrecht
DU	Die Unternehmung
EAR	The European Accounting Review
Ed	Editor
Edn	Edition
EDV	Elektronische Datenverarbeitung
EStG	Einkommensteuergesetz
et al/et al.	et alii
EU	Europäische Union
F&E	Forschung und Entwicklung
gGmbH	gemeinnützige Gesellschaft mit beschränkter Haftung
GUC	Gesellschaft für Unternehmensrechnung und Controlling
GuV	Gewinn- und Verlustrechnung

HGB	Handelsgesetzbuch
Hrsg	Herausgeber
HumRel	Human Relations
HWB	Handwörterbuch der Betriebswirtschaft
HWF	Handwörterbuch der Finanzwirtschaft
HWU	Handwörterbuch Unternehmensrechnung und Controlling
IAS	International Accounting Standards
i. d. R.	in der Regel
i. e. S.	im engeren Sinne
IfM	Institut für Mittelstandsforschung
IfMOS	Institut für Mittelstandsfragen gGmbH an der Universität Osnabrück
IFRS	International Financial Reporting Standards
IHK	Industrie- und Handelskammer
i. S.	im Sinne
ISO	International Organization for Standardization
i. V. m.	in Verbindung mit
i. w. S.	im weiteren Sinne
JEB	Journal of Economics and Business
JEDC	Journal of Economic Dynamics and Control
J Econometrics	Journal of Econometrics
Jg	Jahrgang
JoACF	Journal of Applied Corporate Finance
Kap.	Kapitel
KLR	Kosten- und Leistungsrechnung
KMU	kleine und mittlere Unternehmen
krp	Kostenrechnungspraxis
KST	Kostenstellenrechnung
KTR	Kostenträgerrechnung
kurzfr.	kurzfristig
lgfr.	langfristig
LRP	Long Range Planning – International Journal of Strategic Management
MAR	Management Accounting Research
MM	Marktwachstum-Marktanteil
MS	Management Science
NJ	New Jersey
Nr	Nummer
OCF	Operative Cash Flow
o V/o. V.	ohne Verfasserangabe
p	page

PIMS	Profit Impact of Market Strategies
PublG	Publizitätsgesetz
PuK	Planung und Kontrolle
r	Bravais-Pearson-Korrelationskoeffizient
Ra	Rationalisierung – Monatszeitschrift des Rationalisierungskuratoriums der deutschen Wirtschaft
ROI	Return on investment
S/S.	Seite
SGE	Strategische Geschäftseinheit
SMEs	small and medium enterprises
Sp/Sp.	Spalte
SPSS	Superior Performing Software System
strateg.	strategisch
Teilk.	Teilkosten
URL	Uniform Ressource Locator (Internetadresse)
US-GAAP	United States Generally Accepted Accounting Principles
Vgl./vgl.	Vergleiche
Vol	Volume
Vollk.	Vollkosten
WHU	Wissenschaftliche Hochschule für Unternehmensführung – Otto-Beisheim Hochschule
WISU	Das Wirtschaftsstudium
WiWo	Wirtschaftswoche
x	unabhängiges Merkmal
y	abhängiges Merkmal
ZfB	Zeitschrift für Betriebswirtschaft
ZfbF	Zeitschrift für betriebswirtschaftliche Forschung
ZfCM	Zeitschrift für Controlling und Management
zit.	zitiert
ZOE	Organisationsentwicklung, Zeitschrift für Unternehmensentwicklung und Change Management
ZP	Zeitschrift für Planung bzw. Zeitschrift für Planung und Unternehmenssteuerung
ZVEI	Kennzahlensystem des Zentralverbandes der Elektrotechnischen Industrie

1 Einleitung

1.1 Problemstellung

Bei der Entstehung, Entwicklung und Umsetzung der Controllingidee spielte die Größe eines Unternehmens – zunächst – keine Rolle. Stattdessen wurde Controlling z. B. als ein Konzept rekonstruiert, das speziell auf Rechnungswesen und Informationswirtschaft Bezug nimmt oder Planung und Kontrolle integriert.[1] Mit dem Aufkommen und der Konsensualisierung des so genannten Koordinationsparadigmas[2] wurde Controlling dann implizit an der Unternehmensgröße festgemacht: Indem Controlling der Koordination segmentierter Führungssysteme dienen soll, stellt es auf dezentralisierte Unternehmen mit einem hinreichenden Segmentierungsgrad der Führungssysteme ab. Ein solcher Grad liegt jedoch primär nur bei größeren Unternehmen vor. Nach dem aktuell die Controllingidee theoretisch fundierenden Koordinationsparadigma ist Controlling eine Führungshilfe für größere Unternehmen, da nur diese über segmentierte Führungs(sub)-systeme verfügen, die einen Koordinationsbedarf auslösen. Ein solcher Bedarf besteht indes nicht für kleine und mittlere Unternehmen, die im Regelfall nicht über hochdifferenzierte Führungssysteme verfügen.

Controlling wäre demnach für mittelständische Unternehmen ein kaum anwendbares und nützliches Konzept, wenn es nach dem Inhalt des Koordinationsparadigmas verstanden würde. Auf der anderen Seite benötigen auch mittelständische Unternehmen zur Lösung ihrer Führungsprobleme eine Hilfestellung, die ihre oft nur rudimentär ausgeprägten Führungssysteme nicht zu liefern vermögen.

Angesichts des hohen gesamtwirtschaftlichen Stellenwertes des Mittelstands in Deutschland, der Zunahme der Umweltkomplexität und -dynamik und speziell des steigenden Einflusses der Globalisierung auf mittelständische Unternehmen bedürfen diese einer wirksamen Führungsunterstützung. Dabei stellt sich die Frage, ob nicht historische Vorläufer der aktuellen, auf dem Koordinationsparadigma basierenden Controlling-

[1] Vgl. zur Entwicklung der Controllingidee auch Ossadnik (2009), S. 5–30.

[2] Zum Akzeptanzstatus dieses Paradigmas unter den Hochschullehrern der Betriebswirtschaft vgl. Ahn (1999), S. 109–114.

W. Ossadnik et al., *Controlling mittelständischer Unternehmen*,
DOI 10.1007/978-3-7908-2428-5_1, © Springer-Verlag Berlin Heidelberg 2010

idee geeignet wären, eine Führungshilfe für mittelständische Unternehmen zu liefern. Wie eine Führungshilfe „Controlling" strukturell auszugestalten wäre, soll im Weiteren betrachtet werden. Dabei untersucht die vorliegende Arbeit den Gesamtkomplex eines Controllings für mittelständische Unternehmen aus einer semantischen, empirischen, deduktiven sowie konstruktivistischen Perspektive.

In den wenigen Arbeiten zum Controlling mittelständischer Unternehmen[3] werden üblicherweise die auf Großunternehmen ausgerichteten Controllingkonzepte in reduzierter (bzw. komprimierter) Form auf mittelständische Unternehmensstrukturen übertragen. Beim Koordinationsparadigma[4] und auch in neueren Ansätzen[5] der Diskussion um alternative theoretische Begründungsfundamente für das Controlling wird nicht nach Größenklassen von Unternehmen differenziert. Koordinationsorientierte Controllingkonzeptionen sind erst bei hinreichendem Segmentierungsgrad des Führungssystems gerechtfertigt. Dieser liegt aber im Regelfall bei mittelständischen Unternehmen nicht vor. Eine undifferenzierte und unreflektierte Übertragung des implizit von den Voraussetzungen eines Großunternehmens ausgehenden Controllingkonzeptes auf mittelständische Unternehmen würde deren Charakteristika und Bedarfe nicht hinreichend berücksichtigen. Stattdessen ist angesichts der hohen gesamtwirtschaftlichen Relevanz des Mittelstands im deutschsprachigen Raum eine Auseinandersetzung der Betriebswirtschaftslehre mit den Möglichkeiten und der konkreten Ausgestaltung einer Führungsunterstützung auch für gering segmentierte Unternehmen erforderlich. Für eine solche Führungsunterstützung ebenfalls den Begriff des Controllings zu verwenden, ist nicht nur im Sinne eines positiven Vorurteils der Praxis und deren wünschenswerter Akzeptanz gegenüber einer solchen Führungshilfe angebracht, sondern erleichtert auch die inhaltliche Diskussion durch mögliche Bezugnahmen auf ältere Ausprägungen der Controllingkonzeption, sofern diese eine Unterstützung bei der Bewältigung der Führungsprobleme mittelständischer Unternehmen in Aussicht stellen.

[3] Vgl. z. B. Berens/Püthe/Siemes (2005); Dintner/Schorcht (1999); Frank (2000); Jahns (2000); Kosmider (1993); Legenhausen (1998); Zimmermann (2001).

[4] Vgl. z. B. Küpper (2008); Ossadnik (2009), S. 12–31.

[5] Vgl. Pietsch/Scherm (2000a), (2000b), (2001a), (2001b); Weber/Schäffer (2001).

1.2 Zielsetzung und Vorgehensweise

Mittelständische Unternehmen bedienen sich bei der Bewältigung führungsbezogener Aufgaben unterschiedlichster Vorgehensweisen, weisen vielfältige organisatorische Voraussetzungen und Strukturen auf und bedienen sich dabei zahlreicher Instrumente. Derartige Führungshilfen werden in der Praxis mittelständischer Unternehmen oftmals als „Controlling“ bezeichnet oder weisen Ähnlichkeiten mit Phänomenen auf, die bei größeren Unternehmen „Controlling“ genannt werden. Angesichts dessen widmen die weiteren Ausführungen folgenden Fragen und ihrer Klärung besondere Aufmerksamkeit:

(a) Wie ist die als „Controlling“ verstandene Funktion in mittelständischen Unternehmen ausgestaltet?

(b) Wie sollte sie (aus betriebswirtschaftlicher Sicht) ausgestaltet werden?

In der Beantwortung dieser Fragestellungen liegt das Ziel dieser Arbeit. Vor diesem Hintergrund wird die nachfolgende Analyse zunächst auf ausgewählte Ansätze Bezug nehmen, das Controlling theoretisch zu fundieren. Der Inhalt dieser Konzeptionen wird mit den Besonderheiten mittelständischer Unternehmensstrukturen konfrontiert. Dabei wird eine Diskrepanz im Verhältnis zwischen Prämissen und Aussagen der Controllingtheorie und dem Bedarf des Mittelstands an Instrumenten zur Führungsunterstützung zu Tage treten. Die vorliegende Untersuchung soll einen Beitrag zur Überwindung dieser Diskrepanz leisten.

Dabei wird zunächst eine Vorstellung hinsichtlich der funktionalen, instrumentellen und institutionellen Ausprägung dessen vermittelt, was bei mittelständischen Unternehmen „Controlling“ genannt oder als solches verstanden wird. Dabei wird auf die Ergebnisse vorliegender empirischer Untersuchungen zur Umsetzung des Controllings im Mittelstand Bezug genommen, indem fünf mittelstandsbezogene Controllingstudien aus unterschiedlichen Regionen Deutschlands und Österreichs sowie eine eigene Untersuchung einer Meta-Analyse zu Grunde gelegt werden. Aus den Ergebnissen der Meta-Analyse werden sodann konkrete Empfehlungen für eine optimale Ausgestaltung des Controllings in mittelständischen Unternehmen entwickelt.

Diese Zielsetzung wird im Rahmen einer aus vier Kapiteln bestehenden Vorgehensweise erreicht. Nach dieser Einführung in die Problemstellung, Zielsetzung und Vorgehensweise der Untersuchung (Kapitel 1) widmet sich das 2. Kapitel dem Controlling mittelständischer Unternehmen aus einer zunächst semantischen, dann empirischen und zuletzt deduktiven Perspektive. Dabei wird in Abschnitt 2.1 ein für mittelständische Unternehmensstrukturen adäquater Controllingbegriff erarbeitet, wobei auf Begriff und Bedeutung des Mittelstands ebenso wie auf Defizite der aktuellen Controllingtheorie im Hinblick auf eine Berücksichtigung der Führungsprobleme mittelständischer Unternehmen eingegangen wird. Basierend auf einem vom Koordinationsparadigma abstrahierenden semantischen Verständnis wird Controlling bei mittelständischen Unternehmen Deutschlands und Österreichs in Abschnitt 2.2 aus der Perspektive bereits vorliegender empirischer Untersuchungen analysiert. Dabei werden die Befunde einer von den Verfassern durchgeführten empirischen Studie zum Controlling mittelständischer Unternehmen einer spezifischen Region einbezogen. In Abschnitt 2.2.8 werden dann im Rahmen eines Vergleichs Gemeinsamkeiten und Unterschiede im Sinne der Identifikation eines für den deutschsprachigen Raum gültigen Bildes der Controllingpraxis im Mittelstand herausgearbeitet. Abschnitt 2.3 deduziert dann auf Basis des entwickelten semantischen Verständnisses von mittelstandsorientiertem Controlling und mit Hilfe der aufgrund der empirischen Untersuchungsperspektive erzielten Einsichten verschiedene Bausteine für ein in mittelständischen Unternehmen adäquates Controlling. Ein Zwischenfazit schließt das 2. Kapitel ab.

Als solche Bausteine liefern „Aufgaben“, „Instrumentarium“ und „Organisation“ dann eine Grundlage für die in Kapitel 3 zu entwickelnden Empfehlungen für instrumentelle Ausgestaltungen von Controllingsystemen für mittelständische Unternehmen. Diese bilden den konstruktivistischen Teil dieser Arbeit. Dabei wird auf der Basis der identifizierten betriebswirtschaftlichen Merkmale mittelständischer Unternehmen in Abschnitt 3.1 ein standardmäßiges Basisinstrumentarium für mittelständische Unternehmen entworfen. Neben mittelstandsadäquat zu gestaltenden und einzusetzenden Instrumenten des Rechnungswesens steht dabei auch eine Unternehmenssteuerung auf Basis von Kennzahlen im Vordergrund. Dabei wird ein Profil von Mindestanforderungen entwickelt und vorgelegt, auf das bei der Implementierung eines Controllinginstrumentariums zurückgegriffen werden kann, um dieses im täglichen Einsatz individuell und sukzessiv (im Sinne eines „lernenden Systems“) zu verfeinern. Darauf aufbauend werden in Abschnitt 3.2 Handlungsempfehlungen erörtert. Dabei werden Implementierungsaspekte behandelt und Verfahrensschritte für die Controllingeinführung entwickelt, die bei der Umsetzung primär zu beachten sind. Darüber hinaus werden Empfehlungen zur weiteren Optimierung dieses Basisinstrumentariums für mittelständische Unternehmen gegeben.

In den Schlussbemerkungen (Kapitel 4) werden die Ergebnisse zusammengefasst. Ein Ausblick auf weitere Forschungsnotwendigkeiten und -möglichkeiten beschließt die Studie.

2 Controlling mittelständischer Unternehmen: Begrifflich-konzeptionelle Basisprobleme und empirische Ausgestaltung

Die vorliegende Studie soll u. a. einen Bezugsrahmen für ein mittelstandsadäquates Controlling entwickeln und auf dieser Basis die besonderen Gestaltungsbedingungen für ein solches Controlling im Mittelstand auf der Basis vorliegender theoretischer Erkenntnisse herausarbeiten. Hiervon ausgehend werden dann reale Ausgestaltungen von Phänomenen vorgestellt, die in mittelständischen Unternehmen des deutschsprachigen Raums als „Controlling" oder als „controllingähnlich" angesehen werden. Auf dieser Basis können dann übereinstimmende und voneinander abweichende Elemente identifiziert und es kann ein realitätsangemessenes Bild der Praxis des Controllings mittelständischer Unternehmen entworfen werden.

2.1 Controlling und Unternehmensgröße: Ein mittelstandsadäquater Controllingbegriff

Im nachfolgenden Abschnitt wird zunächst das den weitere Ausführungen zu Grunde liegende Controllingverständnis vorgestellt. Sodann wird erörtert, aus welchen Komponenten reale Controllingsysteme in der mittelständischen Praxis aufgebaut sind und welche Faktoren die praktische Umsetzung des Controllings bestimmen. Die derart vermittelten Grundlagen liefern dann eine Basis für die Herleitung eines mittelstandsadäquaten Controllinginstrumentariums im dritten Kapitel.

2.1.1 Grundlagen

Der Controllingbegriff wird sowohl in der Literatur als auch in praxi mit sehr unterschiedlichen Inhalten in Verbindung gebracht.[6] So weist Preißler

---

[6] Vgl. zum Folgenden Ossadnik/Barklage/van Lengerich (2003), S. 10–21.

W. Ossadnik et al., *Controlling mittelständischer Unternehmen*,
DOI 10.1007/978-3-7908-2428-5_2,

darauf hin, dass jeder, der sich mit diesem Thema auseinandersetzt, seine eigenen Vorstellungen darüber hat, was Controlling bedeutet bzw. bedeuten soll.[7] Eine Ursache für diese begriffliche Vielfalt liegt in verschiedenen Ansätzen begründet, den Inhalt des Controllingbegriffs etymologisch herzuleiten. So lassen sich Bezüge des Controllingbegriffs zum Französischen und Englischen herstellen. Ins Deutsche ist der Begriff eher nur schwer übersetzbar.[8] Eine aufgrund der phonologischen Ähnlichkeit vorstellbare Herleitung des Begriffs „Kontrolle" aus dem englischen Verb „to control" entspräche nur eingeschränkter Übersetzungsqualität.[9] Ein weiterer Grund für die bestehende Interpretationsvielfalt ist letztlich ein immer noch bestehender Rest-Dissens über den Inhalt einer überzeugenden Theorie des Controllings.[10]

Als Funktion und Institution ist Controlling in der betrieblichen Praxis etabliert. In der Betriebswirtschaftlehre ist Controlling zwar als eigenständiges Teilgebiet anerkannt, die Diskussion um eine theoretische Fundierung hält jedoch an und kann keinesfalls als abgeschlossen gelten.[11] In der Literatur finden sich zahlreiche Ansätze, eine eigenständige und geschlossene Controllingtheorie zu entwickeln. Dabei wird der Objektbereich des Controllings unter unterschiedlichen Aspekten betrachtet. Somit hängt die Ausgestaltung der Controllingidee von der jeweiligen Betrachtungsperspektive ab. Dabei reichen die Controllingkonzeptionen von der Vorstellung einer reinen Informationsversorgung der Unternehmensführung durch das Controlling bis hin zu dessen Mitverantwortung für die Erfüllung der Unternehmensziele.[12] Im Folgenden gilt es daher zunächst, alternative Konzeptionen des Controllings vorzustellen[13], um sie im Hinblick auf ihre Eignung zur Umsetzung in mittelständischen Unternehmensstrukturen zu evaluieren. Als Controllingkonzeption soll dabei ein „gedanklicher Entwurf zur zielorientierten Lösung einer spezifischen Problemstellung des Controlling"[14] angesehen werden. In der betriebswirtschaftlichen Literatur sind verschiedene Konzeptionen für ein Controlling vorgeschlagen worden, denen jeweils eine spezifische Problemsicht auf das Control-

[7] Vgl. Preißler (2007), S. 14.

[8] Harbert betont, „Controlling", sofern ihm eine Definition zu Grunde liege, bedürfe keiner Übersetzung. Vgl. Harbert (1982), S. 37.

[9] Gleichwohl ist darauf hinzuweisen, dass die Ursprünge im (staatswirtschaftlichen) Rechnungswesen und in der Kontrollfunktion liegen. Vgl. Ossadnik (2009), S. 7.

[10] Vgl. dazu auch bereits Legenhausen (1998), S. 1.

[11] Vgl. Ossadnik (2009), S. 31.

[12] Vgl. Friedl (2003), S. 1.

[13] Vgl. zum Folgenden auch Ossadnik/Barklage/van Lengerich (2003), S. 10–21.

[14] Friedl (2003), S. 5.

ling zu Grunde liegt. Im Folgenden werden ausgewählte Ansätze zur Fundierung des Controllings kurz vorgestellt.[15]

Informationsorientierten Konzeptionen[16] liegt als spezifische Problemstellung des Controllings die Versorgung der Führung mit – für den Führungsprozess – relevanten Informationen zu Grunde. Als Vertreter dieser Richtung definiert Müller Controlling als „zentrale Einrichtung der betrieblichen Informationswirtschaft".[17] Danach soll es dem Controlling obliegen, die Informationsbedarfe im Unternehmen festzustellen, die benötigten Informationen problem- und empfängerorientiert aufzubereiten und bereitzustellen.[18] Die Informationsbasis des Controllings ist das Rechnungswesen, das – in Abhängigkeit von seiner jeweiligen Konzeption – durch weitere Informationssysteme ergänzt wird.[19]

Koordinationsorientierte Controllingkonzeptionen[20] verfolgen demgegenüber den Zweck, die verschiedenen Führungsteilsysteme eines Unternehmens intra- und intersystemisch zu koordinieren. Basis dieser Konzeptionen ist eine gedankliche, systemtheoretisch-fundierte Trennung des Unternehmens in ein Leistungs- bzw. Ausführungssystem sowie ein Führungssystem, das in unterschiedliche Führungsteilsysteme gegliedert werden kann. Hierbei umfasst das Ausführungssystem die Aktivitäten der Leistungserstellung und -verwertung sowie die finanziellen Prozesse im Unternehmen. Das Führungssystem beinhaltet demgegenüber Aufgaben, Träger und Instrumente der Einflussnahme auf die Ausführungstätigkeiten.[21] Die Differenzierung des Unternehmens in verschiedene Teilsysteme induziert durch die Zerschneidung von Interdependenzen[22] einen Koordinationsbedarf.[23] Demnach sind sämtliche Ausführungshandlungen im Hinblick auf eine Erreichung der Unternehmensziele zu koordinieren. Diese Aufgabe, Unternehmensziele zu formulieren und das Ausführungssystem

---

[15] Vgl. für einen systematischen Überblick über verschiedene Fundierungsansätze z. B. Zenz (1998), S. 34–45; Friedl (2003), S. 148–178.

[16] Vgl. z. B. Müller (1974); Koch (1980); Coenenberg/Baum (1987); Baum/Coenenberg/Günther (2007); Hahn/Hungenberg (2001); Reichmann (2006).

[17] Müller (1974), S. 683.

[18] Vgl. Müller (1974), S. 683–693.

[19] Vgl. hierzu und zum Folgendem auch Ossadnik/Barklage/van Lengerich (2003), S. 10–21.

[20] Vgl. z. B. Horváth (1978); Küpper (1987); Küpper/Weber/Zünd (1990); Weber/Schäffer (2006); Horváth (2006); Küpper (2008).

[21] Vgl. Friedl (2003), S. 159.

[22] Vgl. auch Ossadnik (1998a).

[23] Vgl. hierzu und zum Folgendem auch Ossadnik/Barklage/van Lengerich (2003), S. 10–21.

an diesen auszurichten (so genannte Primärkoordination), obliegt der Führung.[24] Eine Differenzierung des Führungssystems in mehrere Führungsteilsysteme macht es jedoch auch erforderlich, diese miteinander zu verbinden, damit eine Primärkoordination erst möglich wird. Diese Aufgabe, die Führung zu koordinieren (Sekundärkoordination), obliegt dem Controlling. Hierauf wird in den koordinationsorientierten Ansätzen die Existenzberechtigung des Controllings als eigenständiges Teilgebiet der Betriebswirtschaftslehre zurückgeführt.[25] Indem sie auf dependente und interdependente Beziehungen zwischen verschiedenen Führungsfunktionen fokussieren, begründen die Ansätze des koordinationsorientierten Controllings eine Problemstellung, die hinreichend von den Erkenntnisobjekten traditioneller Führungsfunktionen abgrenzbar ist und somit grundsätzlich eine Basis für eine theoretische Fundierung des Fachs liefert.[26]

Zwei weitere in jüngster Zeit vorgelegte Konzepte zur theoretischen Fundierung des Controllings sollen nur kurz Erwähnung finden: In Abkehr von dem von ihm mit vertretenen Koordinationsparadigma als Begründungsfundament hat Weber (gemeinsam mit Schäffer)[27] eine auf Rationalitätssicherung der Führung abstellende Konzeption des Controllings vorgelegt. Hierbei handelt es sich um einen integrierenden Ansatz, der u. a. die informations- und koordinationsorientierten Konzeptionen als „kontextspezifische Ausprägungen der Sicherstellungsfunktion" interpretiert.[28] Demgegenüber zielt das von Pietsch/Scherm[29] vorgelegte Konzept eines reflexionsorientierten Controllings auf eine funktional exaktere Präzisierung des Controllings als Führungs- und Führungsunterstützungsfunktion ab. Als Führungsfunktion wird dem Controlling hierbei die Aufgabe zugewiesen, der „Reflexion von Entscheidungen, die im Rahmen der übrigen Führungsfunktionen getroffen wurden, und … [der] Reflexion der Abstimmung zwischen diesen Entscheidungen"[30] zu dienen. Aus dieser Führungsfunktion lässt sich dann die Führungsunterstützungsfunktion des Controllings ableiten. Diese besteht darin, „die für die Führungsfunktion Controlling notwendige informatorische Gesamtsicht"[31] in adäquater Weise bereitzustellen. Beide Ansätze eröffnen indes keine weiterführenden

[24] Vgl. Horváth (2006), S. 110.
[25] Vgl. Ossadnik (2003), S. 23.
[26] Vgl. Zenz (1998), S. 40–45.
[27] Vgl. zu einem umfassenden Überblick über diese Konzeption Weber/Schäffer (2001).
[28] Weber/Schäffer (1998a), S. 23.
[29] Vgl. z. B. Pietsch/Scherm (1999), (2000a), (2000b), (2001a), (2001b) und (2002).
[30] Pietsch/Scherm (2001a), S. 309; Klammerzusatz von den Verfassern.
[31] Pietsch/Scherm (2001a), S. 311.

Entwicklungsperspektiven im Hinblick auf das theoretische Begründungsfundament des Controllings.[32] Während bei dem Ansatz von Weber/Schäffer die Eigenständigkeit der Problemstellung in Folge von Unklarheiten in Bezug auf das dahinter stehende Rationalitätskonzept in Frage gestellt werden kann, weisen Pietsch/Scherm Controlling und Management die Funktion eines entscheidungsfeldbezogenen empirischen Absuchens zu, die das Moment des Generierens innovativer Handlungsalternativen unberücksichtigt lässt.[33]

Damit verbleiben die informationsorientierten Ansätze sowie das Koordinationsparadigma als potenzielle Fundamente der weiteren Untersuchung. Dem Koordinationsparadigma muss im Hinblick auf die Frage seiner Anwendbarkeit auf mittelständische Unternehmen entgegengehalten werden, dass es primär auf stark segmentierte Unternehmen, d. h. Großunternehmen, abstellt und nicht nach Größenklassen von Unternehmen differenziert. Mittelständische Unternehmen mit geringem Segmentierungsgrad bedürfen hingegen keiner Führungshilfe, die einen hinreichenden Segmentierungsgrad von Führungssubsystemen voraussetzt.[34] Als Basis für die Entwicklung eines mittelstandsadäquaten Controllingsystems bieten sich die informationsorientierten Konzeptionen an. Schwerpunkt eines solchen Systems ist die Unterstützung der Führung durch Informationsversorgung sowie Planung und Kontrolle. Damit kommt den serviceorientierten Aufgaben des Controllings in mittelständischen Unternehmen eine hohe Bedeutung zu, während koordinationsorientierte Aufgaben betriebsgrößen- und damit organisationsbedingt eine untergeordnete Rolle spielen.

2.1.2 Begriff und Bedeutung des Mittelstands

Der Begriff des Mittelstands bzw. der mittelständischen Unternehmen stellt eine Besonderheit im deutschen Sprachraum dar.[35] Während in anderen Ländern die Bezeichnung „kleine und mittlere Unternehmen" („small and medium enterprises (SMEs)") zur Beschreibung einer nach Beschäftigtenzahlen, Umsatz- oder Bilanzsumme statistisch eindeutig abgrenzbaren Teilmenge von Unternehmen vorherrscht, bringt der im deutschen Sprachraum verwendete Begriff neben der quantitativen Abgrenzung zusätzlich bestimmte qualitative Merkmale (insbesondere in Bezug auf Unternehmensführung und Organisation) zum Ausdruck. Die Abgrenzung

[32] Vgl. Ossadnik/Barklage/van Lengerich (2003), S. 14.

[33] Zu einer ausführlichen Kritik an diesen beiden neueren Konzeptionen vgl. Ossadnik (2009), S. 27–31.

[34] Vgl. Ossadnik/Barklage/van Lengerich (2004), S. 621–622.

[35] Vgl. zum Folgenden auch Ossadnik/Barklage/van Lengerich (2003), S. 3–10.

mittels quantitativer und qualitativer Kriterien wird allerdings nicht einheitlich vorgenommen.

Quantitative Merkmale zur Abgrenzung mittelständischer Unternehmen existieren sowohl in der Literatur als auch in Gesetzen (z. B. dem HGB, EStG, PublG) sowie in den Veröffentlichungen verschiedener Mittelstandsinstitute (wie z. B. des Instituts für Mittelstandsforschung Bonn[36]). Zur Differenzierung wird u. a. auf Inputfaktoren (Beschäftigtenzahl, Personalaufwand, Gesamtkapital, Bilanzsumme) und auf Outputgrößen (Umsatz, Marktanteile) zurückgegriffen. Trotz bestehender Einwände, die beispielsweise branchenbezogene Unterschiede oder den zeitlich begrenzten Gültigkeitsanspruch quantitativer Kriterien reklamieren, hat sich eine eindimensionale Abgrenzung mittelständischer Unternehmen anhand der Beschäftigtenzahl oder des Umsatzes durchgesetzt. Tabelle 2.1 verdeutlicht Abgrenzungen der Größenklassen von Unternehmen, die dem Handelsgesetzbuch, den Definitionen der EU-Kommission sowie des Instituts für Mittelstandsforschung Bonn entstammen. Die aus der Tabelle ersichtliche Uneinheitlichkeit in der Abgrenzung mittelständischer von größeren Unternehmen schlägt sich auch in den im Weiteren zu betrachtenden empirischen Studien nieder und erschwert die vergleichende Analyse. Tabelle 2.2 führt die unterschiedlichen Größenklasseneinteilungen der Untersuchungen auf.

Im Hinblick auf diese Unterschiedlichkeit wird für die vorliegende Arbeit ein flexibler Mittelstandsbegriff verwendet, der sich in diesem zweiten Kapitel an den Mittelstandsdefinitionen der herangezogenen Studien ausrichtet, während er für den konstruktivistischen Teil im dritten Kapitel enger gefasst wird. Für die nachstehende Meta-Analyse wird die Abgrenzung mittelständischer Unternehmen auf der Basis der Unternehmensgröße als quantitatives Merkmal vorgenommen. Demnach soll unter einem mittelständischen Unternehmen ein Unternehmen verstanden werden, das bis zu 2.000 Mitarbeiter beschäftigt. Darüber hinaus werden verschiedene qualitative Merkmale in Bezug auf die Unternehmensführung und Organisation als Erklärungsvariable herangezogen.

---

[36] Aktuelle Informationen dieses Instituts rund um das Thema Mittelstand sind im Internet unter der URL:http://www.ifm-bonn.org abrufbar [letzter Abruf am 15.12.2009].

Tabelle 2.1 Größenklasseneinteilungen[37] mit Relevanz für die Praxis[38]

Größen-klasse	Merkmale	§ 267 HGB	EU-Komission	IfM Bonn
kleinst	Bilanzsumme (Mio. €)		bis 2	
	Jahresumsatz (Mio. €)		bis 2	
	Beschäftigte		bis 9	
klein	Bilanzsumme (Mio. €)	bis 4,840	bis 10	
	Jahresumsatz (Mio. €)	bis 9,680	bis 10	bis unter 1
	Beschäftigte	bis 50	bis 49	bis 9
mittel	Bilanzsumme (Mio. €)	bis 19,250	bis 43	
	Jahresumsatz (Mio. €)	bis 38,500	bis 50	1 bis unter 50
	Beschäftigte	bis 250	bis 249	10 bis 499
groß	Bilanzsumme (Mio. €)	über 19,250		
	Jahresumsatz (Mio. €)	über 38,500		50 und mehr
	Beschäftigte	über 250		500 und mehr

Tabelle 2.2 Größenklasseneinteilungen mittelständischer Unternehmen in den relevanten empirischen Untersuchungen[39]

Größenklasse nach Anzahl der Mitarbeiter		Kosmider (1993)	Legenhausen (1998)	Dintner/ Schorcht (1999)	Kappler/ Scheytt (2000)	Zimmermann (2001)	Ossadnik/ Barklage/ van Lengerich (2003)
klein	bis	100	50	49	49	25	100
mittel	von	101	51	50	50	26	101
	bis	500	200	499	250	250	200
groß	von	500	201	-	-	251	201
	bis	1.000	500			1.000	500
sehr groß	von	-	-	-	-	1.001	-
	bis					2.000	

[37] Zum Mittelstand gehören gemäß der Europäischen Kommission und dem Institut für Mittelstandsforschung Bonn nur Unternehmen bis zur mittleren Unternehmensgrößenklasse (KMU).

[38] Erstellt auf Basis folgender Internetquellen [letzter Abruf am 15.12.2009]:
URL:http://www.handelsgesetzbuch.de;
URL:http://ec.europa.eu/enterprise/policies/sme/files/sme_definition/sme_user_guide_de.pdf;
URL:http://www.ifm-bonn.org.

[39] Die Jahresangaben beziehen sich auf das Jahr der Veröffentlichung der Studien.

Die qualitativen Besonderheiten, die mittelständischen Unternehmen zugeschrieben werden, sind nur insofern typisch, als dass sie aufgrund der statistischen Masse mehrheitlich vorzufinden sind.[40] Sie sind nicht für alle kleinen und mittleren Unternehmen zutreffend. Als untersuchungsrelevante qualitative Aspekte sollen im Folgenden Besonderheiten mittelständischer Unternehmen in Bezug auf deren Unternehmensführung und Organisation betrachtet werden.

In mittelständischen Unternehmen stellt zumeist der Unternehmer die institutionalisierte Führungsfunktion dar. Üben doch die Eigentümer oftmals selbst die Dispositionsgewalt aus. Sämtliche Führungsaufgaben konzentrieren sich auf eine Person oder eine kleine Gruppe von Führungspersonen. Diese Bündelung der Führungsaufgaben auf wenige – wenn auch im Regelfall starke – Persönlichkeiten ist ein Erfolgsfaktor mittelständischer Unternehmen. Sämtliche Entscheidungsbereiche liegen bei diesen Unternehmen in den Händen eines engen Führungskreises. Vor diesem Hintergrund ist dem Führungsverhalten in mittelständischen Unternehmen besondere Bedeutung beizumessen. Es beeinflusst maßgeblich das Verhalten der Mitarbeiter und bestimmt die organisatorische Flexibilität eines Unternehmens einschließlich der Steuerungsinstrumente und Führungsunterstützungssysteme.[41]

Ein wichtiger Bestimmungsfaktor für das Führungsverhalten ist der Führungsstil, den die Verantwortungs- und Entscheidungsträger vorleben. Der Führungsstil beschreibt ein – langfristig relativ stabiles – Verhaltensmuster in bestimmten Situationen. Auch spiegelt er die Einstellung einer Führungskraft hinsichtlich der Bedeutung der Zielerreichung, der Art der Willensbildung, der informationellen Beziehungen in der Gruppe, der Form der Kontrolle, des Delegations- und Informationsverhaltens sowie des Ausmaßes der Fürsorge für die Mitarbeiter wider.[42] Mittelständischen Unternehmen wird i. d. R. ein patriarchalischer Führungsstil unterstellt. Danach ist (bzw. sind) der (bzw. die) Unternehmer (als Patriarch(en)) zur Treue und Fürsorge gegenüber den Geführten verpflichtet. Im Gegenzug wird von den Geführten Dankbarkeit, Loyalität, Treue und Gehorsam erwartet.[43] Entscheidungsdelegation und Gruppenentscheidungen spielen bei dieser Form der Führung eine untergeordnete Rolle. Die (bei patriarchalischem Führungsstil) ausgeprägte Entscheidungszentralisation stellt den (bzw. die) Unternehmer in den Mittelpunkt der Informations- und Koordinationsprozesse des Unternehmens. Zur Aufrechterhaltung des Status quo

[40] Vgl. Neugebauer (1993), S. 14.
[41] Vgl. Zimmermann (2001), S. 43.
[42] Vgl. Zimmermann (2001), S. 44.
[43] Vgl. Staehle (1999), S. 335.

ist er (bzw. sind sie) bestrebt, diese Prozesse personenbezogen und dementsprechend wenig formalisiert und sachorientiert zu bewältigen.

Die Zentralisation der Entscheidungsgewalt bei einer geringen Anzahl von Hierarchieebenen führt zu einer starken Belastung der Unternehmensführung. Dies birgt die Gefahr in sich, dass grundlegende, nicht delegierbare Führungsaufgaben vernachlässigt werden.[44] Hinzu kommt, dass bei Führungspersonen mittlerer Unternehmen häufig fachspezifische Qualifikationen dominieren. Während die Mitglieder des Managements in Großunternehmen in der Regel spezifische Führungsqualifikationen aufweisen, ist der praktizierte Führungsstil in mittelständischen Unternehmen häufig durch eine technische und handwerkliche Vorbildung der Führungspersonen geprägt. Dabei hat technische Perfektion oft Vorrang vor betriebswirtschaftlichem Denken und dessen Umsetzung in Form von Instrumenten und Strukturen auf der Führungsebene. Improvisation, Intuition und Fingerspitzengefühl dominieren bei den Entscheidungsfindungsprozessen. Dabei besteht bei Führungsentscheidungen mittelständischer Unternehmen aufgrund der finanziellen Restriktionen oft ein hohes existenzielles Risiko.

Eine weitere Besonderheit mittelständischer Unternehmen in Bezug auf deren Unternehmensführung und Organisation ergibt sich aus deren formaler Struktur. Ein Kennzeichen mittlerer Unternehmen ist deren teilweise nur sehr rudimentär ausgeprägte Arbeitsteilung. Während insbesondere im Anfangsstadium der Unternehmensentwicklung der Unternehmer sämtliche verwaltenden Tätigkeiten persönlich übernimmt, kommt es bei zunehmendem Wachstum zunächst zur Delegation von ausführenden Tätigkeiten.[45] Ein weiteres Wachstum, das sich vor allem in einer zunehmenden Komplexität des Unternehmensgeschehens widerspiegelt, führt die Unternehmen häufig in eine so genannte Organisationskrise. Dabei wird der Druck zur Aufgabendelegation stärker, so dass der Unternehmer mehr und mehr zum Manager wird. Teilaufgaben werden spezialisierten Mitarbeitern übertragen. Die Aufgabendelegation geht über ausführende Tätigkeiten hinaus und erstreckt sich zunehmend auch auf Spezialaufgaben (z. B. Buchhaltung). Dagegen ist der Unternehmer zumeist auf dem Gebiet spezialisiert, auf dem er seine berufliche Qualifikation erworben hat. Gleichzeitig verantwortet er aber auch andere Führungsbereiche, ohne in diesen über spezielle Kenntnisse zu verfügen. Daraus folgt, dass für führungsunterstützende Aufgaben in mittelständischen Unternehmen nur in wenigen Fällen spezialisierte Funktionsträger zur Verfügung stehen.

Die verhältnismäßig schwach ausgeprägte Spezialisierung im Führungssystem sowie die geringe organisatorische Gliederung im Unternehmen

---

[44] Vgl. Maser (1998), S. 15.

[45] Vgl. Zimmermann (2001), S. 47.

bestimmen darüber, inwieweit Koordinationsinstrumente im betrieblichen Ablauf notwendig sind. Empirische Untersuchungen belegen, dass Pläne und Programme, die bestimmte Verfahrensabläufe durch Regeln (z. B. schriftliche Arbeitsanweisungen oder Richtlinien) vorschreiben, in mittelständischen Unternehmen nur in geringem Maße eingesetzt werden.[46] Während ein solcher Verzicht einerseits die Flexibilität mittelständischer Unternehmen untermauert, steht ein solcher Mangel an Regeln andererseits jener Entlastung von Führungspersonen entgegen, die ein Controlling, wie immer es im Detail konzipiert sein mag, anstreben sollte. Koordination findet im Unternehmensgefüge mittelständischer Unternehmen vornehmlich durch persönliche Weisung statt. Obgleich dieses Mittel der Koordination die organisatorische Flexibilität unterstützt, führt sie im Extremfall zur Überlastung der Führung. Wachsen Unternehmen, wird die persönliche Weisung als ausschließliches Instrument der Koordination inadäquat.[47] Stattdessen bietet sich zur Erfüllung von Koordinationsaufgaben ein systematisches Controlling als Führungshilfe an, das in Abhängigkeit von Unternehmenszweig, Unternehmensgröße und Koordinationsbedarf im Unternehmen ausgestaltet sein sollte.

Aufgrund der Zentralisation der Führung und der geringen Arbeitsteilung ist der interpersonelle Koordinationsbedarf in mittelständischen Unternehmen weitaus geringer als in Großunternehmen. Häufig wird ein betrieblicher Vorgang in mittelständischen Unternehmen von einem einzigen Mitarbeiter verantwortet, so dass nur ein geringer interpersoneller Abstimmungsbedarf zur Aufgabenerfüllung notwendig ist. Hinsichtlich der Informationsversorgung ist in mittelständischen Unternehmen hingegen ein ähnlicher Bedarf wie in Großunternehmen zu vermuten. Auch die Problemvielfalt von Führungsentscheidungen ist in mittelständischen Unternehmen kaum von derjenigen in Großunternehmen zu unterscheiden. Hinzu kommt, dass die Qualität der Informationsversorgung stark durch die persönlichen Kenntnisse und Verhaltensweisen der Führungsperson(en) gekennzeichnet ist. Insofern weisen die Entscheidungsprobleme des Führungssystems im Mittelstand eine geringere Strukturiertheit auf.[48] Auch diesbezüglich kann ein systematisches Controlling als Führungshilfe

[46] Vgl. Thürbach/Hutter (1976), S. 66; Wittlage (1987), S. 562–582; Steiner/Reske (1978), S. 20. Schriftlich fixierte Regeln zur Durchführung betrieblicher Aufgaben sind in mittelständischen Unternehmen nach empirischen Untersuchungen nur in geringem Maße vorzufinden. Es ist jedoch anzunehmen, dass die zunehmende Verbreitung der Normenreihe ISO 9000 dem in jüngster Zeit entgegengewirkt hat.

[47] Vgl. Ossadnik (2003), S. 500.

[48] Vgl. Zimmermann (2001), S. 54.

zur Problemlösung beitragen. Wenn die Entscheidungsträger des Unternehmens mit relevanten Steuerungs- und Regelungsinformationen zeitnah und kontinuierlich versorgt werden, können sie Entscheidungsprobleme besser strukturieren und dadurch flexibel auf externe und interne Veränderungen reagieren.

Die herausragende volkswirtschaftliche Bedeutung mittelständischer Unternehmen für die deutsche Wirtschaft ist ungeachtet der Abgrenzungsschwierigkeiten unumstritten. Wie Tabelle 2.3[49] zeigt, gab es im Jahre 2008 in Deutschland 2,05 Mio. mittelständische Unternehmen mit 21,69 Mio. Beschäftigten. Sie repräsentierten 99,7% aller erfassten Unternehmen. 37,5% der Jahresumsätze aller Unternehmen in Deutschland entfielen auf mittelständische Unternehmen.[50]

Neben der quantitativen Bedeutung kommt dieser Unternehmensgruppe auch wirtschaftspolitisch ein hoher Stellenwert zu, da von diesen Unternehmen zahlreiche positive volkswirtschaftliche Wirkungen ausgehen.[51] Sie übernehmen durch die Förderung des Leistungswettbewerbs über eine Vermeidung von Machtkonzentration und eine breite Streuung der Leistungserstellung eine wichtige wirtschaftspolitische Ordnungsfunktion. Durch ihre hohe Anpassungsfähigkeit gleichen sie gesamtwirtschaftliche Nachfrageschwankungen aus und streuen durch die breite Basis an Unternehmen strukturelle und konjunkturelle Risiken. Arbeitsmarktpolitisch besitzen sie in Deutschland eine große Relevanz, da auf sie beispielsweise mehr als 80% der Auszubildenden entfallen. Sie bauen damit das wichtige Reservoir für den Unternehmensnachwuchs ständig neu auf. Mittelständische Unternehmen bieten über 78% aller sozialversicherungspflichtig Beschäftigten in Deutschland einen Arbeitsplatz. Unter den gegebenen politischen und wirtschaftlichen Rahmendaten sichern sie somit vorhandene Arbeitsplätze und schaffen neue.

Der Mittelstand bildet das „Rückgrat" der deutschen Wirtschaft. Angesichts der immer wieder kritisch hinterfragten wirtschaftlichen Rahmenbedingungen für mittelständische Unternehmen sind diese seit einigen Jahren in das Zentrum der wirtschaftspolitischen Diskussion gerückt. So werden

---

49 Selbst erstellt auf Basis zweier Tabellen des IfM Bonn aus Sonderauswertungen der Bundesagentur für Arbeit anhand folgender Internetquellen [letzter Abruf am 15.12.2009]:
URL:http://www.ifm-bonn.org/assets/documents/BA_Betr_D_2003-2008.pdf;
URL:http://www.ifm-bonn.org/assets/documents/BA_Besch_D_2003-2008.pdf;

50 Vgl. URL:http://ifm-bonn.org/index.php?id=99 [letzter Abruf am 15.12.2009]. Diese Aussagen beziehen sich auf mittelständische Unternehmen gemäß der Mittelstandsdefinition des IfM Bonn, d. h. alle Unternehmen mit weniger als 500 Beschäftigten respektive 50 Mio. Euro Jahresumsatz.

51 Vgl. Frank (2000), S. 15.

verbesserte Rahmenbedingungen und weitergehende Förderprogramme für diese Unternehmensgruppe gefordert. In dieser Diskussion sind auch die Wirtschaftswissenschaften im Allgemeinen und die Betriebswirtschaftslehre im Besonderen aufgefordert, wirkungsvolle Lösungsmöglichkeiten vorzuschlagen und neue Perspektiven aufzuzeigen.

Tabelle 2.3 Betriebe nach Beschäftigtengrößenklassen im Jahr 2008

Betriebe mit ... bis ... Beschäftigten	**Betriebe**		**Beschäftigte**	
	Anzahl	**Anteil in %**	**Personen**	**Anteil in %**
Kleinbetriebe				
01-09	1.648.243	80,1	4.756.892	17,2
Mittlere Betriebe	403.615	19,6	16.936.319	61,3
davon				
10-49	*318.820*	*15,5*	*6.421.348*	*23,2*
50-249	*76.402*	*3,7*	*7.634.542*	*27,6*
250-499	*8.393*	*0,4*	*2.880.429*	*10,4*
Großbetriebe				
mehr als 500	5.030	0,3	5.939.075	21,5
insgesamt	2.056.888	100,0	27.632.286	100,0

Vor diesem Hintergrund wird im Weiteren die Umsetzung des Controllings in mittelständischen Unternehmensstrukturen analysiert. Darauf aufbauend werden konkrete Handlungsempfehlungen zur Einführung bzw. zur Weiterentwicklung von Controllingsystemen für mittelständische Unternehmen gegeben. Hierbei wird Controlling grundsätzlich als ein notwendiges Hilfsmittel zur Lösung von Anpassungs-, Steuerungs- und Koordinationsproblemen in Unternehmen aufgefasst. Dass sich der Mittelstand verschärft mit diesen Problemen auseinandersetzen muss, ergibt sich aus dem sich ständig im Wandel befindlichen Umfeld der Unternehmen. Abgabenerhöhungen, vielfältige Gesetzesänderungen durch europarechtliche Vorgaben, wachsende Konsumzurückhaltung, Strukturkrisen in verschiedenen Branchen sowie durch Basel II veränderte Anforderungen an die Vergabe von Krediten sind Entwicklungen, mit denen mittelständische Unternehmen aktuell und massiv konfrontiert werden. Auch für diese Unternehmensgruppe werden die zu bewältigenden Globalisierungstendenzen, der technische Fortschritt und die zunehmende Arbeitsteilung immer komplexer. Um am Markt bestehen zu können, müssen sich mittelständische Unternehmen diesen Herausforderungen verstärkt stellen. Ein adäquat gestaltetes Controlling als Führungshilfe könnte – wie im Weiteren noch zu erörtern sein wird – einen wichtigen Beitrag zur Lösung anstehender Probleme leisten.

2.1.3 Controllingkonzeption und Controllingsystem für den Mittelstand

Unternehmensführung wird heute – unabhängig von der Größe des Unternehmens – durch zwei wesentliche Entwicklungstendenzen beeinflusst: Zum einen erhöhen Veränderungen der Unternehmensumwelt deren Komplexität.[52] Zum anderen wird das Geschehen im Unternehmen infolge neuer Technologien, Unternehmenswachstums und stärkerer Arbeitsteilung vielschichtiger. Mit beiden Entwicklungen sowie deren externen bzw. internen Gegebenheiten müssen sich Unternehmensführungen systematisch und kontinuierlich auseinandersetzen.

Es wäre Aufgabe einer Führungshilfe „Controlling", diese Entwicklungen und deren auslösende Faktoren für die Unternehmensführung transparent zu machen. Die Forderung nach Transparenz deutet auf die spezifische Problemstellung des Controllings hin: die informationelle Sicherung ergebnisorientierter Unternehmensführung.[53] Der Problemlösungsansatz dieser Konzeption wird in der ergebnisorientierten Ausrichtung des gesamten Entscheidens und Handelns durch entsprechende Aufbereitung und Versorgung von Führungsinformationen gesehen. Insofern bietet dieser Ansatz ein adäquates Fundament für ein Controlling von der Robustheit, wie es mittelständische Unternehmen benötigen. Auf diesem Ansatz basieren die weiteren Betrachtungen.

Eine informationsversorgungsorientierte Rekonstruktion des Controllingbegriffs müsste bei Anwendung auf mittelständische Unternehmen das (indirekte) Controllingziel der Ergebnisoptimierung im Sinne einer Kapitalwert- bzw. Gewinnmaximierung um (nicht finanzielle) Ziele, wie z. B. Unabhängigkeit oder Selbständigkeit, erweitern. Damit würde sichergestellt, dass die Unternehmensziele mittelständischer Unternehmen hinreichend berücksichtigt werden können. Die Forderung nach ergebnisorientierter Ausrichtung der Unternehmensführung muss sich nicht auf die Maximierung von Ergebnissen beschränken, sondern kann auch die Einhaltung definierter Nebenbedingungen mit einschließen.

---

[52] Vgl. zum Folgenden auch Ossadnik/Barklage/van Lengerich (2003), S. 16–21.

[53] Eine solche Aufgabenformulierung geht zurück auf den planungsorientierten Ansatz von Hahn, der den informationsversorgungsorientierten Controllingkonzeptionen zugerechnet wird. Vgl. Hahn/Hungenberg (2001), S. 265.

Controllingziele sind so zu definieren, dass sie zur Erreichung der Unternehmensziele beitragen. Über Controllingziele beeinflussen Unternehmensziele die Ausgestaltung eines Controllingsystems mit seinen Komponenten „Controllingaufgaben", „Controllinginstrumente" und „Controllingorganisation". Wie Controllingsysteme real ausgestaltet sind, wird im Wesentlichen von zwei Faktoren bestimmt: der Controllingkonzeption und den Unternehmens- und Umweltbedingungen (vgl. Abbildung 2.1[54]).

Alle Aktivitäten, die der Realisierung der Controllingziele dienen, gehören zu den „Controllingaufgaben". Die Auffassungen über die Aufgaben des Controllings gehen in Literatur und Praxis weit auseinander. Die zahlreichen Literaturbeiträge sowie empirischen Untersuchungen zeigen, dass Controlling in Deutschland seit den Anfängen in den fünfziger Jahren des letzten Jahrhunderts einen deutlichen Aufgabenwandel erfahren hat.[55] In den ersten Jahren dominierten Buchhaltung, Bilanzierung, Steuerwesen, Kostenrechnung, Kalkulation sowie betriebswirtschaftliche Beratung. In den sechziger Jahren lagen die Aufgabenschwerpunkte dann im Berichtswesen, der Budgetierung und Budgetkontrolle, dem Soll-Ist-Vergleich und der operativen Planung. In den siebziger Jahren fanden die Einbeziehung der strategischen Planung und die Mitgestaltung der Unternehmenspolitik Eingang in das Controlling. Dessen Aufgabenspektrum hat sich bis heute ständig erweitert. In den neunziger Jahren treten Projektkoordination, Steuerung/Führungsaufgaben, Beteiligungscontrolling sowie Beherrschung von Anwendungsprogrammen zu den Aufgabenschwerpunkten des Controllers hinzu.[56] Demgegenüber liegt der Aufgabenschwerpunkt aktuellen Controllings in der Unterstützung der Unternehmensführung bei der zielorientierten Steuerung des Unternehmens.

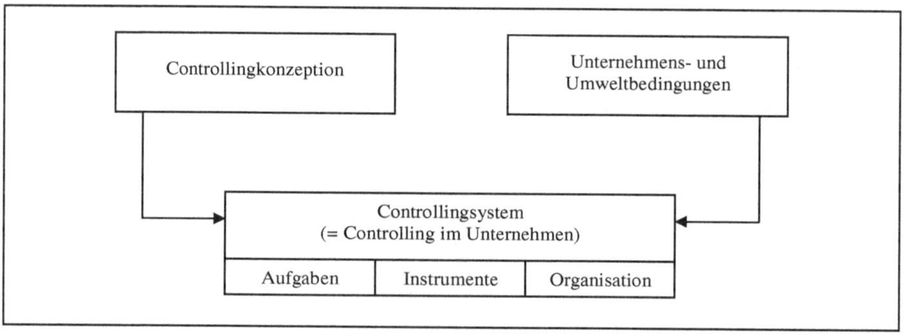

Abb. 2.1 Controllingkonzeption und Controllingsystem

[54] In Anlehnung an Friedl (2003), S. 5.

[55] Vgl. zum Folgenden Weber/Kosmider (1991) sowie Weber/Schäffer (1998b).

[56] Vgl. Ossadnik (2009), S. 8.

Auch im Hinblick auf die Controllinginstrumente existiert kein allgemeingültiges semantisches Verständnis. Angesichts der Variationsbreite der Controllingaufgaben ist dies nicht weiter erstaunlich. Es ist damit nicht eindeutig, unter welchen Bedingungen ein betriebswirtschaftliches Verfahren ein Controllinginstrument ist.[57] Ein Blick in die Literatur zeigt, dass die Klassifizierung von Instrumenten als controllingrelevant im Wesentlichen von der Sichtweise des Autors abhängt. Eine brauchbare Definition liefert Ziener, der Controllinginstrumente als Hilfsmittel definiert, die die Umsetzung der Controllingaufgaben in einem konkreten Anwendungsfall ermöglichen.[58] Die Anforderungen an das Instrumentarium des Controllings ergeben sich aus der Zielsetzung des Controllings. In Abhängigkeit von den zu erfüllenden Aufgaben wird zwischen unmittelbaren und mittelbaren Controllinginstrumenten unterschieden.[59] Als unmittelbare Controllinginstrumente werden diejenigen Instrumente verstanden, die von einer Controllinginstitution bei deren systemgestaltenden und systemkoppelnden Aufgaben eingesetzt werden. Unmittelbare Controllinginstrumente können einerseits Instrumente zur Führungskoordination, wie z. B. Termin- und Netzpläne oder verschiedene Budgetierungsmethoden sein. Andererseits fallen unter diesen Begriff auch Instrumente zur Steuerung und Regelung (z. B. operative Soll-Ist-Vergleiche und Abweichungsanalysen) sowie Instrumente der Informationsversorgung in Form eines controllinggerecht gestalteten internen Rechnungswesens.[60] Die Instrumente, die von den Führungskräften bei der Durchführung der Planungs-, Kontroll- und Steuerungsaufgaben eingesetzt werden können, zählen zu den mittelbaren Controllinginstrumenten. In diesem Fall ist das Controlling Methodenlieferant. Beispiele für mittelbare Controllinginstrumente sind die Instrumente der Strategieplanung, wobei hier u. a. das Konzept der strategischen Erfolgsfaktoren, das Produktlebenszyklus-Konzept, die Potenzialanalyse oder Portfolio-Analysen einzuordnen sind. Instrumente der operativen Planung und Kontrolle sind Kennzahlen und Kennzahlensysteme, Investitionsrechnungen, Kapitalflussrechnungen und Break-Even-Analysen.[61] Eine exakte Abgrenzung und Zuordnung zu unmittelbaren oder mittelbaren Controllinginstrumenten ist nicht immer eindeutig möglich, da viele Instrumente beiden Kategorien zugeordnet werden können.[62]

---

[57] Vgl. Pritsch/Weber (2001), S. 172–173.
[58] Vgl. Ziener (1985), S. 43.
[59] Vgl. Niedermayr (1994), S. 115.
[60] Vgl. Niedermayr (1994), S. 116–118.
[61] Vgl. Niedermayr (1994), S. 119–122.
[62] Vgl. Weber (1992), S. 178.

Die „Controllingorganisation" regelt, wer Träger der Controllingaufgaben im Unternehmen ist und mit welchen Kompetenzen (z. B. Weisungsbefugnisse, Entscheidungskompetenzen etc.) diese Träger ausgestattet sind.[63] Es wird zwischen externer und interner Trägerschaft unterschieden.[64] Als externe Träger kommen Steuerberater, Unternehmensberater, Kreditinstitute, Fachverbände oder Vertreter von Hochschulen in Betracht. Potenzielle Gründe für ein solches Outsourcing von Controllingaktivitäten können hohe Implementierungskosten, ein als zu gering vermuteter Aufgabenumfang, eine zeitliche Befristung durchzuführender Aufgaben, ein Mangel an qualifiziertem Personal sowie der Wunsch nach „neutralen Ratgebern" sein.[65] Neben einer vollständigen Auslagerung sind auch Mischformen denkbar, bei denen nur bestimmte Aufgaben des Controllings ausgegliedert werden, während andere Controllingaufgaben intern wahrgenommen werden. Die andere Gestaltungsalternative ist die Überantwortung der Controllingaufgaben an interne Instanzen des Unternehmens.[66] Hierbei besteht die Möglichkeit, die Aufgaben konzentriert auf eine eigens dafür eingerichtete Stelle/Abteilung zu übertragen (Institutionalisierung). Alternativ dazu können die Controllingaufgaben auch von einer oder mehreren bereits vorhandenen Stellen (zusätzlich zu den bisherigen Aufgaben) wahrgenommen werden (Nicht-Institutionalisierung).

Ob und gegebenenfalls inwieweit spezialisierte Stellen einzurichten sind, wird durch den sachlichen Inhalt der Aufgaben sowie durch die organisatorische Unternehmenssituation bestimmt. So können Controllerstellen z. B. in bestehende Teamstrukturen oder eine zu bildende Matrixorganisation eingefügt werden. Wird Controlling als Stabstelle ausgestaltet, werden dem Controller (zumindest formal) keine Entscheidungs- und Weisungsbefugnisse zugestanden. Er steht dem Management lediglich beratend zur Verfügung, indem er Vorschläge zur Planung, Kontrolle und Steuerung unterbreitet. Bei der Ausgestaltung als Linienfunktion werden dem Controller hingegen gewisse Kompetenzen eingeräumt. So ist es ihm z. B. möglich, von anderen Stellen Informationen einzufordern, ohne sich zunächst auf vorgesetzte Stellen berufen zu müssen.

Stab- und Linienfunktion lassen sich organisatorisch verknüpfen, d. h. die Vorteile beider Konzepte zu nutzen, ohne dass deren Nachteile in Kauf genommen werden müssen, indem die Entscheidungs- bzw. Weisungsbefugnisse in funktionale und disziplinarische Weisungsrechte unterschieden werden. Die Beratungs- und Unterstützungsaufgaben des Controllings

[63] Vgl. Zimmermann (2001), S. 127.
[64] Vgl. Legenhausen (1998), S. 165.
[65] Vgl. Amshoff (1994), S. 300.
[66] Vgl. zum Folgenden auch Ossadnik (2009), S. 67–78.

werden so für bestimmte Aufgaben um explizite Entscheidungs- und Weisungsbefugnisse ergänzt. Beim Controlling als Linien- und Stabstelle ist insbesondere die hierarchische Einordnung in die Unternehmensorganisation von Bedeutung. Die Gestaltungsmöglichkeiten reichen vom Controller als Mitglied der Unternehmensleitung über die Ansiedlung des Controllings auf der ersten bis hin zur Einordnung auf einer untergeordneten Führungsebene. Die Frage, inwieweit Controlling Führungsaufgaben zu übernehmen hat, ist damit auch für die organisatorische Umsetzung des Controllingsystems entscheidend.

Die Controllingziele und die daraus abgeleiteten Aufgaben des Controllings weisen auf die große Bedeutung hin, die dem (informationsversorgungsorientierten) Controlling in jedem Unternehmen unabhängig von der Unternehmensgröße beizumessen ist. Aufbauend auf der jeweiligen Zielpriorität ist bei der Umsetzung und Ausgestaltung eine Vielzahl von Formen möglich. Die dem Controlling zugeordnete Steuerungs- und Führungsunterstützungsfunktion erfordert unabhängig von der Unternehmensgröße eine Ansiedlung des Controllings auf der Führungsebene der Unternehmen. Damit ist gewährleistet, dass die Maßnahmen aus den Erkenntnissen und Ergebnissen des Controllings kurzfristig und ohne Zeitverzug direkt und optimal umgesetzt werden können.

Im Ergebnis zeigen die Ausführungen die große Interpretationsvielfalt im Hinblick auf die Gestaltung von Controllingsystemen. Die Entwicklung eines mittelstandsadäquaten Systems sollte diese Vielfalt berücksichtigen und dem Anwender genügend Gestaltungsspielraum ermöglichen. Diese Forderung ist Grundgedanke des im Weiteren zu entwickelnden Controllingsystems. Vor diesem Hintergrund bedarf es eines robusten Controllingbegriffs, der hinreichend flexibel für eine Anwendung auf die mittelständischen Unternehmen ist, die sich hinsichtlich ihrer Bedingungen und Charakteristika vielfältig voneinander unterscheiden.

Demnach soll unter Controlling für mittelständische Unternehmen die Bereitstellung von Methoden, Instrumenten und Informationen verstanden werden, die der Unternehmensführung die Steuerung, Planung und Kontrolle des Unternehmens ermöglichen. Dabei gilt es, nicht finanzielle, finanzielle, ergebnismäßige und damit auch kosten- und erlösmäßige Komponenten der Steuerungsgrößen transparent zu machen. Dadurch sollen die Entscheidungsträger mit adäquaten Führungsinformationen versorgt werden.

Ob ein solches führungsunterstützendes System erfolgreich wirken kann, hängt letztendlich entscheidend von dessen Akzeptanz im Unternehmen ab. Der charakteristische Schwerpunkt der Führungssysteme mittelständischer Unternehmer dürfte gerade nicht in der Delegation oder Partizipation zu suchen sein. Das Hauptaugenmerk bei der Implementierung von Führungshilfestrukturen sollte aus diesem Grund auf der Informationsversorgung und Kontrolle liegen. Damit ergibt sich jedoch zusätzlich zu den allgemeinen Schwierigkeiten, neue Systeme zu implementieren, ein Ablehnungsproblem seitens der Mitarbeiter. Diese fühlen sich durch Controllingaktivitäten in ihrem Tätigkeitsbereich kontrolliert und sehen es als Ausdruck des Misstrauens gegenüber ihrer Aufgabenerfüllung an.[67] Wenn mittelständische Unternehmen gemeinhin mit Eigenschaften wie Flexibilität, geringe Bürokratisierung und Personenorientierung assoziiert und hierin wesentliche Wettbewerbsstärken gesehen werden, so ist dieser wesentliche Aspekt bei der Implementierung eines Controllings zu beachten. Von einer unmodifizierten Übertragung führungsunterstützender Systeme von Großunternehmen auf mittelständische Unternehmen ist daher abzuraten.

2.2 Controlling in mittelständischen Unternehmensstrukturen: Empirischer Status quo im deutschsprachigen Raum

Nachdem die Begriffe des Controllings und des Mittelstands und deren Verwendung in der vorliegenden Untersuchung spezifiziert wurden, werden im Folgenden ausgewählte empirische Forschungsarbeiten auf diesem Gebiet hinsichtlich ihrer Aussagen über den Entwicklungsstatus des Controllings in mittelständischen Unternehmen untersucht.[68]

Ausgangsbasis und damit Inhalt dieses Abschnitts ist die Analyse einer Auswahl empirischer Untersuchungen. Hierfür wird zunächst ein Bezugsrahmen entwickelt, der als „roter Faden" die weitere Analyse strukturiert und steuert. Diese methodische Vorgehensweise verhindert eine willkürliche Zusammentragung und Extrahierung von Daten und gewährleistet einen systematischen Erkenntnisprozess.[69]

2.2.1 Bezugsrahmen

Es werden sechs ausgewählte Studien zum Controlling in mittelständischen Unternehmen vorgestellt, diskutiert und im Hinblick auf die Entwicklung eines mittelstandsadäquaten Controllingsystems analysiert. Geht man davon aus, dass die Vergleichbarkeit der Ergebnisse empirischer Untersuchungen maßgeblich durch das Untersuchungsdesign der Studien be-

[67] Vgl. Zimmermann (2001), S. 76.
[68] Die Untersuchung der Studien erfolgt in chronologischer Reihenfolge.
[69] Vgl. Wollnik (1977), S. 44.

stimmt wird und dass es vergleichbare Untersuchungsobjekte sowie eine Klärung der Begrifflichkeiten voraussetzt, ergeben sich die nachfolgenden elementaren Kategorien des Bezugsrahmens (vgl. Abbildung 2.2).

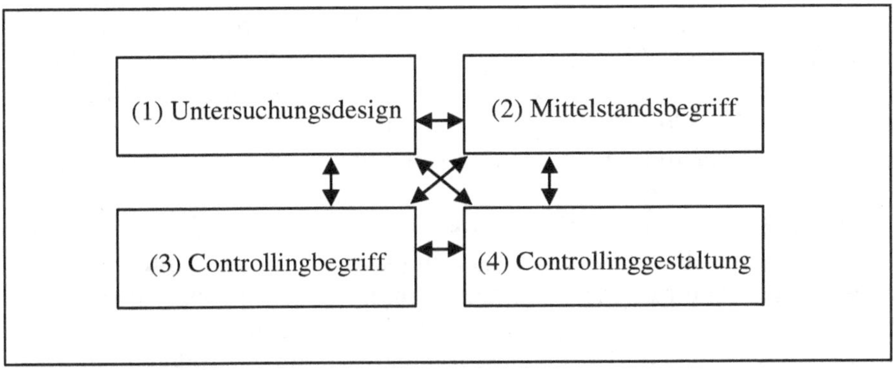

Abb. 2.2 Elemente des Bezugsrahmens

Im Rahmen des Untersuchungsdesigns werden vier Aspekte der jeweiligen Untersuchung dargestellt. Die Darstellung beginnt mit der jeweiligen Zielsetzung der Erhebung und legt die z. T. sehr unterschiedlichen Untersuchungsgegenstände offen. Diese Ausführungen stehen dabei in engem Zusammenhang mit den Begriffen des Mittelstands und des Controllings. Es geht hier zum einen um die in der jeweiligen Untersuchung vorgenommene Abgrenzung/Spezifizierung des Mittelstands (z. B. Branche, Wirtschaftsbereich, international/national agierend) und zum anderen um die Schwerpunktsetzung des Controllings (z. B. generelle Bestandsaufnahme von Controllinginstrumenten, Erhebung einzelner betriebswirtschaftlicher Instrumente, Erfolgswirkung des Controllings, Controllingeinführung). Ein weiterer Untersuchungspunkt ist die Repräsentativität der Ergebnisse der jeweiligen Untersuchung (Stichprobenauswahl, Rücklaufquoten, Antwortverweigerungen), die insbesondere im Hinblick auf die Verwertbarkeit in der eigenen Untersuchung von Bedeutung ist. Abschließend wird die gewählte Erhebungsmethode benannt.

Der Mittelstandsbegriff setzt sich, wie in Abschnitt 2.1.2 dargelegt, aus quantitativen und qualitativen Merkmalen zusammen. In den Ausführungen geht es um das Mittelstandsverständnis im engeren Sinne, wie es der jeweiligen Untersuchung zu Grunde liegt. Die definitorische Abgrenzung erfolgt in der Mehrzahl der Untersuchungen über die Unternehmensgröße (gemessen an der Mitarbeiterzahl im Jahresdurchschnitt). Darüber hinaus ist auch der Mittelstandsbegriff im weiteren Sinne von Interesse. Demnach sind qualitative Merkmale und Besonderheiten einzubeziehen. Diese werden in den Untersuchungen diskutiert und dienen mehrheitlich als Basis für die Hypothesenentwicklung. Merkmale bzw. Besonderheiten, die sich in den Ergebnissen der Untersuchung niederschlagen, werden hierbei kurz dargestellt.

Bezüglich des Controllingbegriffs wird erstens die der jeweiligen Untersuchung zu Grunde liegende Controllingdefinition vorgestellt. Zweitens wird auf das Controllingverständnis der bzw. des Verfasser(s) abgestellt, also z. B. auf die Frage eingegangen, ob dem Koordinationsparadigma gefolgt wird. Das Controllingverständnis bildet insofern auch den Ansatzpunkt für die Ausführungen zur Controllinggestaltung, da es das jeweilige Controllingkonzept maßgeblich beeinflusst.

Den umfangreichsten Teil der Analyse nehmen die Ausführungen zum Element „Controllinggestaltung" ein, in denen die in den Untersuchungen entwickelten Anforderungsprofile den empirischen Ergebnissen (im Sinne eines Soll-Ist-Vergleichs) gegenübergestellt werden. Dabei liefern die Aussagen bzw. das in der jeweiligen Untersuchung entwickelte und überprüfte Controllingsystem die Soll-Größen. Die empirischen Ergebnisse der Untersuchung repräsentieren demgegenüber die Ist-Größen.

Abschließend werden die Ergebnisse der empirischen Studien – mit Ausnahme der Studie von Kappler und Scheytt[70] – in Soll-Ist-Form grafisch dargestellt.

2.2.2 Studie von Kosmider

2.2.2.1 Untersuchungsdesign

Mit seiner empirischen Untersuchung aus dem Jahre 1988 legte Kosmider einen wesentlichen Grundstein für die weitere empirische Erforschung des Controllings in mittelständischen Unternehmen.[71] Obwohl auch vor ihm zahlreiche Untersuchungen zum Controlling kleiner und mittlerer Unternehmen existierten, ist doch seiner Arbeit mit ihrer umfassenden Sichtweise in Bezug auf funktionale, instrumentelle und institutionelle Aspekte des Controllings ein besonderer Stellenwert beizumessen. Bis dato publizierte Untersuchungen fokussierten auf einzelne Führungsaspekte[72], auf eine iso-

---

[70] Der Grund hierfür liegt in der Beschränkung des Untersuchungsgegenstandes auf das Controllinginstrumentarium, die eine mit den übrigen Studien vergleichbare tabellarische Darstellung erschwert.

[71] Die Ergebnisse dieser Studie wurden 1991 und (in 2. Auflage) 1993 veröffentlicht. Vgl. dazu und im Folgenden Kosmider (1993).

[72] Vgl. dazu z. B. IHK Koblenz (1978) (zit. nach Legenhausen (1998), S. 55); Kosmider (1993), S. 86.

lierte Betrachtung einzelner Controllinginstrumente[73] oder vermochten aufgrund der Überrepräsentativität größerer Unternehmen keine aussagefähigen Ergebnisse zu erzielen.[74]

Ziel der Studie von Kosmider „ist es herauszufinden, unter welchen Bedingungen in mittelständischen Unternehmen ein Controlling erforderlich ist bzw. erforderlich wird und in welcher Form die Realisierung des Controllings im Mittelstand erfolgen könnte."[75] Er weist ausdrücklich darauf hin, dass es nicht Ziel seiner Arbeit ist, zu einer „ausgereiften „betriebswirtschaftlichen Theorie des (mittelständischen) Controllings" zu gelangen."[76] Vor diesem Hintergrund verfolgt er mit seiner Erhebung verschiedene Teilziele. Zunächst untersucht er dabei die Frage, welche Aufgaben dem Controlling von den Vertretern des Mittelstands zugeordnet werden. Hierbei geht er davon aus, dass in der Mehrzahl der mittelständischen Industrieunternehmen ein Controlling Anwendung findet, auch wenn dieses nicht immer so bezeichnet wird. Seine Erhebung zielt ferner darauf ab, Erkenntnisse über den tatsächlichen Verbreitungsgrad des Controllings im Mittelstand sowie Informationen über den Personenkreis zu eruieren, der für die Aufgaben des Controllings und deren Ausführung zuständig ist. Schließlich versucht er, Einflussfaktoren zu isolieren, die auf die Gestaltung des mittelständischen Controllings einwirken, um daraus Tendenzen für die Gestaltung und Weiterentwicklung des Controllings ableiten zu können.

Gegenstand der Studie ist die betriebliche Planung, Steuerung und Kontrolle, deren Status quo sowie deren Ausgestaltung, Weiterentwicklung und Zusammenspiel in der betrieblichen Praxis. Damit geht die Untersuchung über eine reine Bestandsaufnahme verschiedener Controllinginstrumente hinaus. Sie fußt auf einer ganzheitlichen Betrachtungsweise des Controllings und umfasst neben der Entwicklung eines allgemeinen Bezugsrahmens auch die Ausgestaltung und Anwendung des Controllings sowie dessen Kontextfaktoren in der betrieblichen Praxis kleiner und mittlerer Unternehmen.

Eine Repräsentativität und Generalisierung seiner Untersuchungsergebnisse auf alle deutschen mittelständischen Unternehmen strebt Kosmider mit seiner Untersuchung nicht an. Dies ist auch aufgrund der Ausgangsstichprobe bzw. durch die Struktur der tatsächlichen Stichprobe nur eingeschränkt möglich.[77] Die Ausgangsstichprobe umfasst 1.110 mittelständi-

[73] Vgl. dazu z. B. Lachnit (1989); Becker (1984).
[74] Vgl. dazu z. B. Gaydoul (1980); Kosmider (1993), S. 85–87.
[75] Kosmider (1993), S. 4.
[76] Kosmider (1993), S. 5.
[77] Vgl. Kosmider (1993), S. 92.

sche Unternehmen des IHK-Bezirks Koblenz und vermindert sich im Rücklauf auf eine auswertbare, tatsächliche Stichprobe von 440 Unternehmen. Aufgrund der Auswahl anhand des regionalen Zugehörigkeitskriteriums beruht die Ausgangsstichprobe nicht auf einer Zufallsauswahl und ist damit streng genommen nicht verallgemeinerungsfähig. Hinsichtlich der Mitarbeiterzahl spiegelt die tatsächliche Stichprobe die Verhältnisse der Grundgesamtheit jedoch eingeschränkt wider, so dass die Befragung insgesamt noch als hinreichend repräsentativ angesehen werden kann.

Als Untersuchungsmethode wird die schriftliche, postalische Befragung mittels eines standardisierten Fragebogens gewählt, der sich thematisch in fünf folgende Teile untergliedert: „allgemeine Charakterisierung des Unternehmens", „Controllingverständnis", „angewandte Controllinginstrumente in mittelständischen Unternehmen", „institutionelle Sichtweise des Controllings" und schließlich die „Weiterentwicklung des Controllings".

2.2.2.2 Mittelstandsbegriff

Mit seiner Mittelstandsdefinition folgt Kosmider dem bidimensionalen Definitionsansatz, d. h. die Abgrenzung basiert auf einer Kombination von qualitativen und quantitativen Kriterien. Dabei bilden die folgenden Größenklassen den Bestimmungsrahmen, innerhalb dessen die mittelständischen Unternehmen zusätzlich durch bestimmte Kriterien gekennzeichnet werden:

- Kleine mittelständische Unternehmen: bis zu 100 Mitarbeiter
- Mittlere mittelständische Unternehmen: 101 – 500 Mitarbeiter
- Große mittelständische Unternehmen: 501 – 1.000 Mitarbeiter

Als bedeutsame qualitative Einzelkriterien mittelständischer Unternehmen nennt er Selbständigkeit, Rechtsform, personengeprägte Unternehmensstruktur, Beschränkung der Finanzierungsmöglichkeiten sowie die Überschaubarkeit der Organisationsstruktur.[78] Diese schlagen sich in seiner Isolierung von Einflussfaktoren auf die Gestaltung des Controllings nieder. So untersucht er neben der Unternehmensgröße gesondert die Auswirkungen von Organisation, Rechtsform und Konzernzugehörigkeit auf das Controlling. Für alle drei Faktoren werden in der Untersuchung Auswirkungen unterschiedlichen Ausmaßes auf die Controllinggestaltung nachgewiesen. Die qualitativen Besonderheiten mittelständischer Unternehmen spielen in der Untersuchung somit durchaus eine Rolle, wenngleich in der Wahl der Ausgangsstichprobe nur auf das quantitative Merkmal „Anzahl der Mitarbeiter" zurückgegriffen wird.

[78] Vgl. Kosmider (1993), S. 31–32.

2.2.2.3 Controllingbegriff

In den Ausführungen zum Controllingbegriff weist Kosmider auf die kaum noch überschaubare Vielfalt von Controllingdefinitionen in der Literatur hin. Er möchte seinerseits weder eine weitere Systematisierung noch einen weiteren Definitionsansatz anbieten, sondern im Gegenteil davon ausgehen, dass sämtlichen Definitionsansätzen ein gemeinsamer und verbindender Kern zu Grunde liegt, den er im Weiteren konkretisiert.[79] Dabei unterstellt er, dass die ureigene Aufgabe des Controllings in der Koordination des Führungssystems liegt. Die Rechtfertigung eines Controllings für gering segmentierte, sprich: mittelständische Unternehmen, gelingt ihm dann mit dem Konzept eines erweiterten Aufgabenspektrums des Controllings.[80] Demnach ergibt sich in Folge der vorherrschenden Führungsmentalität und Führungsmängel in mittelständischen Unternehmen ein größenbedingter Unterschied im Aufgabenumfang des Controllings. Im Vordergrund des mittelständischen Controllings stehen die Entlastungs- und die weit wichtigere Unterstützungsfunktion. Beide Aufgaben sind temporäre, ergänzende Aufgaben, die dazu beitragen, die Wandlung von einer personen- zu einer sachbezogenen Führung mitzugestalten, damit die Voraussetzungen geschaffen werden, die es dem Controlling ermöglicht, seine „ureigene Aufgabe, die Koordination des Führungssystems, wahrnehmen zu können.“[81]

Hinsichtlich der allgemeinen Grundstruktur des Controllings wird zwischen mittelbaren und unmittelbaren Controllingzielen unterschieden. Die Einhaltung und Verbesserung der Gesamtzielerreichung wird als mittelbares Controllingziel definiert. Als unmittelbare Controllingziele gelten die Schaffung und Erhaltung (Anpassung) der Reaktionsfähigkeit, die Adaptions- und Antizipationsfähigkeit sowie die Koordinationsfähigkeit des Unternehmens an veränderte Gegebenheiten. Die Erfüllung dieser drei letztgenannten Führungsziele legt die Kernfunktion des Controllers und damit die betriebswirtschaftliche Zwecksetzung des Controllers offen: die Koordination der Unternehmensführung zum Zweck der Abstimmung der verschiedenen Führungsteilsysteme.[82]

In Ermangelung eines formalisierten und in mehrere Subsysteme unterteilten Führungssystems wird in mittelständischen Unternehmen von einem erweiterten Aufgabenspektrum und damit einer veränderten Zielausrichtung im Sinne eines Entlastungs- bzw. Unterstützungsziels des

[79] Vgl. Kosmider (1993), S. 63–78.
[80] Vgl. zum Folgenden auch Kosmider (1993), S. 78–81.
[81] Kosmider (1993), S. 81.
[82] Vgl. Kosmider (1993), S. 66.

Controllings ausgegangen: In Vorbereitung auf seine Koordinationsaufgabe hat Controlling in mittelständischen Unternehmen zuerst Aufgaben zu übernehmen, die die Führung entlasten bzw. unterstützen. Diese Aufgaben werden nur als ergänzende bzw. vorübergehende Controllingaufgaben verstanden. Controlling in mittelständischen Unternehmen hat somit zunächst nur die Voraussetzungen für ein Controlling zu schaffen, d. h. den Aufbau eines Rahmens für eine planungs- und kontrolldeterminierte Unternehmensführung. In diesem Sinne stehen in mittelständischen Unternehmen systembildende Koordinationsaufgaben im Vordergrund. Systemkoppelnde Koordinationsaufgaben gewinnen erst mit zunehmender Unternehmensgröße und der Herausbildung von Führungsteilsystemen an Bedeutung.

Kosmiders ausschließliche Ausrichtung seines mittelstandsorientierten Controllingbegriffs am Koordinationsparadigma bleibt jedoch letztendlich in Teilen angreifbar, da dieses Paradigma die Strukturen größerer Unternehmen voraussetzt und daher auf mittelständische Unternehmen, deren Führungssystem kaum bzw. nicht hinreichend segmentiert ist, kaum anwendbar ist. Der Kunstgriff eines erweiterten Aufgabenspektrums des Controllings fußt nicht auf eigenständigen Controllingzielen[83] und kann als temporäre Übergangslösung nur unter der Annahme wachsender und in die Dimension von Großunternehmen strebender mittelständischer Unternehmen gerechtfertigt werden.

2.2.2.4 Controllinggestaltung

Unter dem Stichwort Controllinggestaltung wird hier das von Kosmider entwickelte Anforderungsprofil den empirischen Ergebnissen seiner Studie gegenübergestellt. Die Untersuchung beinhaltet die funktionalen, instrumentellen und institutionellen Gestaltungsaspekte eines Controllings für mittelständische Unternehmen unter besonderer Berücksichtigung ausgewählter Einflussfaktoren.

Der Konfrontation der theoretischen Erkenntnisse mit den empirischen Ergebnissen wird die Struktur der tatsächlichen Stichprobe vorangestellt. Insgesamt zeigt die Betrachtung der Beschäftigtengrößenklassen eine Dominanz der kleineren mittelständischen Unternehmen (vgl. Tabelle 2.4[84]). Die Zusammensetzung der Grundgesamtheit und die Berücksichtigung der relativen Abweichungen der Verhältnisse der tatsächlichen Stichprobe zur

---

[83] Kosmider selbst weist darauf hin, dass das Entlastungs- und das Unterstützungsziel nicht als eigenständige Controllingziele, sondern vielmehr als ergänzende Charakterisierung zu sehen sind. Vgl. dazu Kosmider (1993), S. 79.

[84] Vgl. Kosmider (1993), S. 93.

Grundgesamtheit ergibt, dass – bezogen auf die Grundgesamtheit – größere Unternehmen häufiger geantwortet haben als kleinere. Der Schluss daraus liegt nahe, dass größere Unternehmen tendenziell ein höher entwickeltes Controlling besitzen und sich häufiger mit Controlling im Unternehmen auseinandersetzen. Auch verfügen sie eher über die Ressourcen, um Informationen über das Controlling im Rahmen von Befragungen zu produzieren.

Tabelle 2.4 Struktur der Erhebung nach Beschäftigtengrößenklassen

Mittelständische Unternehmen	Beschäftigten-größenklasse	Grund-gesamtheit		Ausgangs-stichprobe		Tatsächliche Stichprobe	
		abs.	in %	abs.	in %	abs.	in %
kleine	20 - 49	15.377	45,5	573	51,6	159	36,8
	50 - 99	8.145	24,1	272	24,5	107	24,7
mittlere	100 - 199	4.981	14,7	143	12,9	77	17,8
	200 - 499	3.345	9,9	88	7,9	58	13,4
große	> 500	1.907	5,6	34	3,1	31	7,2
Gesamt		33.755	100	1.110	100	432	100

Funktionale Gestaltung

Die funktionale Betrachtungsweise des Controllings stellt – unabhängig von den angewandten Methoden und Techniken sowie den Aufgabenträgern – auf die konkreten Controllinginhalte und -aufgaben ab. Neben der in mittelständischen Unternehmen eingeschränkten Koordinationsfunktion wird dem Controlling im Wesentlichen eine die Unternehmensführung entlastende und unterstützende Funktion zugeordnet.[85] Als Vorbereitung auf die Koordinationsaufgabe hat das Controlling zunächst einen Teil delegierbarer Aufgaben der Unternehmensführung zu übernehmen, um der Gefahr vorzubeugen, grundlegende, nicht delegierbare Aufgaben in Folge zu starker Belastung zu vernachlässigen (Entlastungsfunktion). Dies schließt indes die Übernahme von Entscheidungsverantwortung nicht mit ein. Darüber hinaus soll durch das Controlling die Qualität der Führungsentscheidungen verbessert werden, indem es wichtige Aufgaben in der Phase der Entscheidungsvorbereitung übernimmt (Unterstützungsfunktion).[86] Beide Funktionen sind nur temporäre Inhalte des Controllings. Mit der Untersagung von Entscheidungsverantwortung und inhaltlicher Beteiligung am Treffen von Führungsentscheidungen übernimmt das Controlling als Ser-

[85] Vgl. Kosmider (1993), S. 79–81.

[86] Vgl. Kosmider (1993), S. 80; Gaulhofer (1988), S. 120–123.

viceleister des Managements im Führungsgeschehen eine beratende Rolle.[87] Die ureigene Aufgabe des Controllings ist nach Kosmider die Koordination des Führungssystems. Dabei bleiben die Aufgaben in mittelständischen Unternehmen im Wesentlichen auf systembildende Koordinationsaufgaben beschränkt.[88]

Bei mittelständischen Unternehmen ist zu vermuten, dass ihre führungsbezogenen Entscheidungsprobleme bei gleichwohl äquivalenter Problemvielfalt wie bei Großunternehmen einen weitaus geringeren Grad an Vorstrukturiertheit aufweisen.[89] Dies stellt im Hinblick auf die Informationsbeschaffung und -verarbeitung besondere Anforderungen an das Controlling: Je geringer der Grad an Vorstrukturiertheit der Entscheidungsprobleme mittelständischer Unternehmen ist, desto ausgeprägter ist die Notwendigkeit für das Controlling, die Bildung eines Informationssystems voranzutreiben, das adäquate Führungsinformationen bereitzustellen vermag.

Darauf aufbauend ist es eine weitere Aufgabe des Controllings, koordinationsnotwendige Planungs- und Kontrollprozesse im Unternehmen einzuführen und der Entwicklung einer planungs- und kontrollorientierten Führungsmentalität Vorschub zu leisten.[90] Diese vorbereitenden Aufgaben ermöglichen es dem Controlling, mit der zunehmenden Bildung von Führungsteilsystemen im Unternehmen auch systemkoppelnde Aufgaben wahrzunehmen und im Hinblick auf originäre Controllingaufgaben zu intensivieren.[91]

Die Konfrontation postulierter Inhalte des Controllings mit der mittelständischen Praxis führt zu dem Ergebnis, dass die befragten Unternehmen den Schwerpunkt ihrer Controllinginhalte eindeutig auf die Überwachungs-/Kontrollfunktion legen. Darüber hinaus stehen Inhalte der Informationsversorgung und der allgemeinen Beratung im Vordergrund der zugewiesenen Controllingaufgaben. Überraschend ist der hohe Stellenwert, der einer Mitwirkung des Controllings an der Geschäftspolitik von Seiten der befragten mittelständischen Unternehmen beigemessen wird. Demgegenüber wird Koordinationsaufgaben nur geringe Bedeutung von den untersuchten Unternehmen beigemessen. Unter Hinzuziehung ausgewählter Einflussfaktoren soll nachfolgend untersucht werden, ob dieser erste Eindruck davon, was die Praxis unter den von einem Controlling zu erfüllenden Aufgaben versteht, auch im Detail untermauert werden kann.

---

87 Vgl. Kosmider (1993), S. 67.
88 Vgl. Kosmider (1993), S. 82.
89 Vgl. hierzu Abschnitt 2.1.2.
90 Vgl. Kosmider (1993), S. 81.
91 Vgl. Kosmider (1993), S. 82.

Der erste Einflussfaktor einer insoweit erweiterten Analyse ist die Unternehmensgröße. Im Vergleich zu dem erkennbaren Trend der Gesamtbetrachtung legt die Untersuchung nach einzelnen Größenklassen zum Teil erhebliche Abweichungen in den Controllingauffassungen der befragten Unternehmen offen.[92] Während noch über alle Größenkategorien hinweg einer Überwachung und Kontrolle der höchste Stellenwert eingeräumt wird, ist der Stellenwert von Koordinationsaufgaben in kleineren mittelständischen Unternehmen relativ gering. Dagegen steigt deren Bedeutung im Rahmen der Detailbetrachtung mit zunehmender Unternehmensgröße. Insgesamt kann somit aufgrund einer Detailbetrachtung von einem einheitlichen, auf den funktionsübergreifenden Koordinations- und Informationscharakter abstellenden Verständnis des Controllings in mittelständischen Unternehmen nicht ausgegangen werden.

Die größten Divergenzen zwischen den Auffassungen kleiner und großer mittelständischer Unternehmen zeigen sich hinsichtlich der Mitwirkung des Controllings an der Geschäftspolitik und der Einrichtung eines innerbetrieblichen Informations- und Berichtssystems sowie der Beratung der Unternehmensleitung in betriebswirtschaftlichen Fragen. Während diese Inhalte mit steigender Unternehmensgröße an Bedeutung zunehmen, werden sie von kleinen mittelständischen Unternehmen insgesamt nur als teilweise relevant eingeschätzt.

Der zweite Einflussfaktor ist das betriebliche Umfeld, gemessen an der Branchenzugehörigkeit der Unternehmen. Kosmider kommt zu dem Ergebnis, dass insgesamt von einem stabilen Controllingverständnis ausgegangen werden kann, da die Varianzen bezüglich der Controllinginhalte über alle Branchen hinweg nur sehr gering sind. Daraus kann gefolgert werden, dass die Branchenzugehörigkeit keine starke Einflussgröße für das Controllingverständnis darstellt.[93]

Als dritten Einflussfaktor untersucht Kosmider die organisatorische Gestaltung anhand der Führungsstruktur, der Organisationsstruktur sowie der Informationstechnik.[94] Hinsichtlich dieser drei Gestaltungsvariablen kann lediglich für die Führungsstruktur, d. h. die Unterscheidung zwischen Inhaber- und Fremdführung, ein signifikanter Einfluss auf das Controllingverständnis nachgewiesen werden. In fremdgeführten Unternehmen scheint das Verständnis im Hinblick auf Bedeutungsinhalte des Controllings gefestigter zu sein.

Die Analyse der Rechtsform, der Konzernzugehörigkeit und des Unternehmensalters als weitere potenzielle Einflussfaktoren auf das Controlling

---

[92] Vgl. zum Folgenden auch Kosmider (1993), S. 104–106.

[93] Vgl. Kosmider (1993), S. 144.

[94] Vgl. Kosmider (1993), S. 155–162.

zeigt, dass auch diese nur einen äußerst geringen Einfluss auf die Controllingfunktionen, d. h. die dem Controlling zugeordneten Aufgaben, ausüben.[95] Damit zeichnet Kosmiders Untersuchung ein relativ stabiles Bild des Controllings mittelständischer Unternehmen. Der Aufgabenschwerpunkt des Controllings in der Praxis konzentriert sich demnach primär auf Überwachungs- und Kontrollfunktionen und nicht, wie von Kosmider angenommen, auf die Service- und Koordinationsfunktionen. Die Forcierung der Bildung eines Informationssystems sowie die darauf aufbauende Aufgabe der Veränderung der Führungsmentalität gewinnen zwar mit zunehmender Unternehmensgröße an Bedeutung, bilden jedoch – entgegen Kosmiders Vermutung – in der Praxis kleiner mittelständischer Unternehmen keinen Aufgabenschwerpunkt.

Instrumentelle Gestaltung

Kosmider konfrontiert das von ihm postulierte mittelstandsadäquate Controllinginstrumentarium mit den von ihm empirisch erhobenen, in der Praxis zur Anwendung kommenden Controllinginstrumenten. Gemäß seinem zu Grunde gelegten Controllingverständnis legt er die Schwerpunkte des Controllinginstrumentariums auf das Informations-, Planungs- und Kontrollsystem.[96]

Das Basisinstrumentarium sollte adäquate Informationsinstrumente, untergliedert in die Bereiche „Finanzen", „Kostenrechnung" sowie „Investitionsrechnungen" umfassen. Sie bilden den Grundstock des Controllinginstrumentariums, auf dem das Planungs- und Kontrollinstrumentarium aufbaut. Als Controllinginstrumente des Finanzbereichs[97] wird auf die durch gesetzliche Vorschriften geforderten Instrumente der Finanzbuchhaltung sowie auf darauf basierende Auswertungen verwiesen, die eine weitergehende, controllingorientierte Analyse des Finanzbereichs ermöglichen. Im Bereich der Kostenrechnung greift Kosmider auf traditionelle Kostenrechnungsinstrumente[98] zurück. Als Dokumentations- und Füh-

---

[95] Vgl. Kosmider (1993), S. 163, 168.

[96] Vgl. Kosmider (1993), S. 108.

[97] Es handelt sich um: Finanzplan/Finanzbudget, Liquiditätsüberwachung, Planbilanzen und GuV-Rechnungen, Kennzahlen (z. B. Eigenkapitalrendite), Cash Flow-Rechnungen und Soll-Ist-Vergleiche (z. B. zur Budgetüberwachung). Vgl. Kosmider (1993), S. 109–110, 222.

[98] Im Einzelnen sind das: Kostenstellenrechnung, Kostenträgerrechnung, Betriebsabrechnung (z. B. BAB), Kostenplanung (Plankostenrechnung), Deckungsbeitragsrechnung, Kennzahlenvergleiche (z. B. Zeitvergleich, Branchenvergleich), Nutzschwellenrechnungen (Break-Even-Analyse). Vgl. Kosmider (1993), S. 110–117, 222.

rungsrechnungen decken sie die Spannweite von vergangenheitsbezogenen bis hin zu zukunftsorientierten Betrachtungen des Unternehmensgeschehens ab und bilden gleichzeitig das notwendige Basisinstrumentarium für eine Kostenplanung und darauf aufbauende Planungsinstrumente. Im Rahmen der Investitionsrechnung[99] als drittem Bereich des Informationssystems mittelständischer Unternehmen schlägt er Instrumente zur investitionsbezogenen Entscheidungsvorbereitung und -kontrolle vor: Aufgaben, die von den periodenbezogenen Instrumenten der Kosten- und Leistungsrechnung nicht abgedeckt werden.

Den zweiten Schwerpunkt des Controllinginstrumentariums legt Kosmider auf das Planungssystem.[100] Aufgabe des Controllings ist die Koordination und Gestaltung der Planungsprozesse sowie die Sicherstellung des Vorhandenseins adäquater Planungs- und Kontrollinstrumente. Das Controlling bedient sich der Planungsinstrumente, bestimmt jedoch die Inhalte der Planung nicht selbst. Letzteres ist Aufgabe der Unternehmensführung. Die operativen Planungsinstrumente erfasst Kosmider aufgrund der Überschneidungen mit dem Informationssystem im Rahmen der Informationsinstrumente. Die strategischen Planungsinstrumente untergliedert er wie folgt:

- Konzepte zur Erlangung von Basiswissen für die Beurteilung der strategischen Position eines Unternehmens;
- Instrumente zur ganzheitlichen strategischen Positionierung eines Unternehmens;
- Instrumente zur ganzheitlichen Beurteilung einzelner unternehmerischer Teilbereiche bzw. Produktgruppen.

Den dritten und letzten Schwerpunkt des Controllinginstrumentariums in mittelständischen Unternehmen bildet nach Kosmider das Kontrollsystem. In seiner vornehmlich systembildenden Koordinationsfunktion hat das Controlling die Aufgabe, die verschiedenen Kontrollsysteme zu gestal-

99 Es handelt sich um: Kosten-/Gewinnvergleichsrechnungen, Kapitalwertrechnung und Investitionskontrolle (z. B. Rentabilitätsrechnung). Vgl. Kosmider (1993), S. 117–119, 222.

100 Kosmider unterscheidet operative und strategische Planungsinstrumente. Operative Instrumente, die bereits unter den Informationsinstrumenten erfasst sind, stellen z. B. Planbilanzen sowie eine Finanz- und Kostenplanung dar. Zu den strategischen Instrumenten zählt er langfristige Investitionspläne, Produkt-/Verfahrensplanung, Innovationsplanung, Finanzplanung, Absatz- und Umsatzplanung, Produktlebenszykluskonzept, Stärken- und Schwächen-Analysen sowie die Ermittlung und Überwachung von Erfolgsfaktoren. Vgl. Kosmider (1993), S. 120–127, 222.

ten. Insofern trägt es die Verantwortung für die Bereitstellung zweckgerichteter Kontrollinstrumente.[101] Darüber hinaus werden Überwachungsinstrumente[102] auch zum Kontrollsystem gerechnet.

Insgesamt legt die Gegenüberstellung des von Kosmider postulierten Soll-Instrumentariums mit den Ergebnissen seiner empirischen Erhebung – analog zu den Ergebnissen betreffend die Controllinginhalte – einen eindeutigen Vorzug der Überwachungs- und Kontrollinstrumente in der mittelständischen Controllingpraxis offen.

Die Befragung ergibt darüber hinaus, dass im Rahmen der Informationsinstrumente die Schwerpunkte größenunabhängig auf der Liquiditätsüberwachung, der (kurzfristigen) Finanzplanung, der Kostenstellenrechnung, der Betriebsabrechnung sowie auf Kosten- und Gewinnvergleichsrechnungen liegen. Insgesamt hat damit das Instrumentarium finanzieller Steuerung ein größeres Gewicht als die Kostenrechnung. Letztere wird wiederum intensiver angewandt als die Instrumente des Investitionsbereichs. Die Erhebung zeigt auch, dass einfach zu erstellende und dennoch informative Auswertungen der im Unternehmen vorhandenen Finanzberichte insbesondere in den kleinen mittelständischen Unternehmen nicht verwertet werden. Planbilanzen oder Finanzkennzahlen werden nur selten herangezogen, mit der Folge, dass ein beträchtliches Informationspotenzial ungenutzt bleibt. Kosmider erklärt das Zustandekommen dieser Informationslücke nicht weiter. Es kann vermutet werden, dass die Nichtanwendung einfach zu handhabender und dennoch adäquater Informationsinstrumente in der Unwissenheit der Verantwortlichen begründet liegt. Hierin würde sich erhebliches Verbesserungspotenzial als besonderes Anliegen eines Controllings insbesondere kleiner mittelständischer Unternehmen manifestieren.

Es fragt sich, inwieweit die Planungslücke in den mittelständischen Unternehmen geschlossen werden kann. Während das operative Planungsinstrumentarium (z. B. Finanzplanung, Soll/Ist-Vergleiche) in zufrieden stellender Weise ausgestaltet ist und genutzt wird, scheint das strategische Instrumentarium in den mittelständischen Unternehmen nur rudimentär ausgeprägt zu sein.[103] Bei diesem Untersuchungsergebnis ist indes zu bedenken, dass Kosmider die Messlatte des Planungssystems (für die Praxis)

---

[101] Im Einzelnen handelt es sich um: Kostenüberwachung (z. B. durch Soll/Ist-Vergleich, Kalkulationsvergleich), Umsatz- bzw. Absatzüberwachung, Abweichungsanalysen (z. B. Preis- und Mengenabweichungen). Vgl. Kosmider (1993), S. 222.

[102] Diese werden zum Teil im Rahmen der Informationsinstrumente (z. B. im Rahmen der Liquiditätsüberwachung) erfasst.

[103] Vgl. zum Folgenden auch Kosmider (1993), S. 121.

relativ hoch hängt: PIMS-Modell[104], Produktlebenszykluskonzept, Soft-Analysen[105] und Portfolio-Analysen sind Instrumente, deren Anwendung beträchtliches betriebswirtschaftliches Grund- und Methodenwissen voraussetzen. Die Einsatzintensitäten bei der Ermittlung von strategischen Erfolgsfaktoren sowie von Stärken und Schwächen der Unternehmen sind demgegenüber auch bei kleinen mittelständischen Unternehmen durchaus positiv zu bewerten. Controlling scheint in der mittelständischen Praxis durchaus systembildende Planungsaufgaben, insbesondere die Schaffung von Planungsmentalität und das Anstoßen einer formalisierten und effizienten Vorgehensweise in den Planungsprozessen, zu übernehmen. Dies gilt sowohl für das operative Standardinstrumentarium als auch für Ansätze der strategischen Planung. Zu kritisieren ist der geringe Grad an schriftlicher Fixierung der (langfristigen) Planung in der mittelständischen Praxis.

Die Befragung der mittelständischen Unternehmen zu den kontrollsystembezogenen Controllinginstrumenten ergibt einen eindeutigen Schwerpunkt im Bereich der operativen Kontrolle und Überwachung. Eine Beurteilung von Kontrollaktivitäten setzt eine formal-analytische Planung als Maßstab voraus. Kosmider stellt in diesem Zusammenhang insbesondere den verstärkten Einsatz operativer Planungsinstrumente in der Praxis fest.[106] Sind solche Instrumente bei untersuchten Unternehmen nicht vorzufinden, muss vor einer Überbewertung der relativ hohen Anwendungsquoten operativer Kontrollen und dem Schluss ihrer zweckentsprechenden Anwendung in der mittelständischen Praxis als voreilig gewarnt werden.[107] Die Gefahr einer solchen Überschätzung besteht indes nicht für die strategische Ebene. Ist doch der Einsatz strategischer Planungs- und Kontrollinstrumente von Kosmider kaum festzustellen.

Betrachtet man die Anwendung der Controllinginstrumente differenziert nach der Unternehmensgröße, ist zunächst ein größenbedingtes Gefälle festzustellen. Erklären lässt sich dies damit, dass eine steigende Unternehmensgröße eine stärkere Differenzierung und damit einen erhöhten Koordinationsbedarf nach sich zieht. Größte Wichtigkeit kommt dabei informationsbezogenen Instrumenten zu. Auch bei diesen ist ein größenbedingtes

---

[104] Kosmider empfiehlt die Ermittlung der strategischen Erfolgsfaktoren unter Heranziehung von PIMS-Daten, um damit erste Anhaltspunkte auf Erfolgsfaktoren oder Krisensymptome aufzuspüren. Vgl. Kosmider (1993), S. 123 sowie zur PIMS-Studie auch Abschnitt 3.1.4.1.

[105] Die Soft-Analyse wird oft auch als Potentialanalyse bezeichnet. Vgl. hierzu Kosmider (1993), S. 123–124.

[106] Vgl. Kosmider (1993), S. 121.

[107] Vgl. Kosmider (1993), S. 129.

Gefälle festzustellen. Bei den kleineren mittelständischen Unternehmen konzentriert sich die instrumentelle Ausstattung auf den Kontrollbereich und auf einen Grundstock an Finanzinstrumenten. Der Schwerpunkt ihrer Nutzung liegt im Wesentlichen auf Dokumentationsrechnungen. Darüber hinaus werden – trotz wachsender Komplexität von Arbeitsteilungen, Betriebsabläufen und Leistungsgrößen – führungs- und entscheidungsorientierte Instrumente nur bei einer geringen Anzahl von großen mittelständischen Unternehmen angewandt. Auch hinsichtlich der strategischen Instrumente zeigt die Untersuchung eine mit zunehmender Unternehmensgröße intensivere Nutzung der Instrumente. Insgesamt verbleibt diese aber auch bei großen mittelständischen Unternehmen auf einem relativ geringen Niveau.

Entsprechend der ermittelten Defizite in der instrumentellen Ausgestaltung mittelständischer Unternehmen identifiziert Kosmider drei Bedarfsphasen: Kleine mittelständische Unternehmen haben einen Bedarf, ihre Informationsinstrumente, insbesondere im Kostenrechnungs- und Finanzbereich, auszubauen. Mit zunehmender Unternehmensgröße steigt der Bedarf an umwelt- bzw. marktorientierter und strategischer Ausrichtung des Instrumentariums, z. B. auf Einkauf, Materialwirtschaft, Verkauf und Marketing. Erst bei großen mittelständischen Unternehmen besteht ein wesentlicher Bedarf, die strategische Planung auszubauen und die Frühwarnsysteme weiter zu entwickeln. Dabei liegt eine Schwierigkeit oftmals darin, den eigenen Entwicklungsbedarf im Unternehmen zu erkennen. Dies ist wiederum Aufgabe des Controllings, nämlich die Unternehmensführung frühzeitig auf die Notwendigkeit zweckmäßiger Instrumente hinzuweisen. Die festgestellte Abhängigkeit des Einsatzes der Instrumente von der Unternehmensgröße beruht auf keinem statistisch signifikanten Zusammenhang. Somit ist auch ein Umkehrschluss, kleine mittelständische Unternehmen setzten kaum Controlling ein, nicht zulässig. Im Gegenteil: Auch unter diesen Unternehmen sind solche vorzufinden, die sich intensiv der Instrumente des Controllings bedienen.

Institutionelle Gestaltung

Im Rahmen der organisatorischen Einbindung des Controllings geht es um die Frage, wer Träger der Aufgaben des Controllings ist und wie diese Träger mit spezifischen Merkmalen bezüglich dieser Aufgaben ausgestattet sind. Die Zuweisung hängt dabei wesentlich von der Organisation des Unternehmens ab, ist aber häufig auch historisch bedingt und nicht frei von Willkür. Die Schaffung einer eigenständigen Stelle folgt den Regeln der Arbeitsteilung und Spezialisierung in Organisationen. Somit ist davon auszugehen, dass die Einrichtung einer eigenständigen Controllingstelle nicht in allen Unternehmen problemadäquat ist. Liegt es in kleinen und mittleren Unternehmen nahe, die Controllingaufgaben auf vorhandene (Führungs-)Aufgabenträger zu verteilen, drängt sich bei größeren und komplexer strukturierten Unternehmen eine organisatorische Ausgliederung des Controllings auf. Im Folgenden werden die von Kosmider vorgefundenen typischen organisatorischen Einbindungen des Controllings dargestellt.[108] Im Anschluss daran wird die von ihm empfohlene institutionelle Gestaltung einer Weiterentwicklung des Controllings in mittelständischen Unternehmen untersucht.

Die Schaffung einer eigenständigen Organisationseinheit „Controlling" unterliegt einer weitaus stärkeren Kosten-Nutzen-Betrachtung als die schlichte Ausübung der Controllingfunktion (ohne Existenz einer hierfür eigens geschaffenen Institution). Als Investitionsproblem stellt sie kleine und mittlere mittelständische Unternehmen zunächst vor die Frage, wie eine solche Position inhaltlich und finanziell ausgestaltet werden soll, während sie in großen mittelständischen Unternehmen insbesondere im Rahmen von Reorganisationsmaßnahmen diskutiert wird.

Aufgrund der großen Bedeutung für die Unternehmensführung wird im Schrifttum eine möglichst hohe organisatorische Einordnung in die Unternehmenshierarchie gefordert, die sich idealerweise in gleicher Höhe mit der Leitung institutionalisierter Funktionsbereiche befindet.[109] Die Ergebnisse der Untersuchung von Kosmider zeigen einen klaren Zusammenhang zwischen Institutionalisierung und Unternehmensgröße. So wird die Controllingfunktion in kleineren und mittleren mittelständischen Unternehmen zusätzlich von der Unternehmensführung wahrgenommen.[110] Schwerpunkte des Controllings liegen in den systemkoppelnden Aufgaben, während systembildende Aufgaben in Folge der Belastung durch (operative) Führungsaufgaben nur rudimentär wahrgenommen werden.

---

[108] Vgl. Kosmider (1993), S. 135–143.

[109] Vgl. Gaydoul (1980), S. 255–256; Vgl. Hoffmann (1968), S. 2182. Hier wird argumentiert, dass die Einbindung des Controllings in die Unternehmenshierarchie so gewählt werden sollte, dass diese Instanz über die notwendige Autorität zur Erfüllung ihrer Aufgaben verfügt. Eine niedrige Einordnung birgt die Gefahr in sich, dass der Controller zu wenig Autorität besitzt und in Abhängigkeit von seinen Vorgesetzten gerät. Vgl. dazu auch z. B. Ossadnik (2009), S. 67–74.

[110] Vgl. Kosmider (1993), S. 138. Die Übertragung der Aufgaben auf einen Entscheidungsträger der Unternehmensführung ist allerdings nach Kosmiders Controllingbegriff streng genommen nicht effizient, da – obgleich jede Führungskraft für sich Controllingfunktionen wahrzunehmen hat – mit dieser Lösung zumindest keine Verbesserung der (unzureichenden) Koordinationsfunktion erreicht werden kann.

Mit zunehmender Unternehmensgröße stellt Kosmider einen Übergang der Trägerschaft des Controllings von der Unternehmensführung hin zum Leiter des Rechnungswesens fest. Bei dieser Konstellation handelt es sich um eine zusätzliche Aufgabenübernahme, bei der die Gefahr besteht, dass sich das Controlling stark buchhaltungsorientiert, d. h. vergangenheitsorientiert entwickelt.[111] Die nächsthöhere organisatorische Entwicklungsstufe ist die Ablösung der Trägerschaft durch eigenständige und explizite Controllerstellen, deren Implementierung Kosmider vor allem in Unternehmen mit über 500 Beschäftigen feststellt.[112] Geringe Beachtung bei den befragten Unternehmen hingegen findet die Variante, dass Controllingfunktionen durch Assistenten der Geschäftsführung wahrgenommen werden. Nur ca. 7% der untersuchten Unternehmen mit bis zu 500 Beschäftigten haben diese institutionelle Ausgestaltungsalternative realisiert.

Hinsichtlich einer Weiterentwicklung des eigenen Controllings ergibt die Untersuchung unter langfristigem Gesichtspunkt einen eindeutigen Vorzug für den Aufbau einer eigenen Controllingabteilung. Von den Befürwortern einer solchen Lösung halten 73% eine gezielte externe Unterstützung für möglich, 23% gar für unbedingt wünschenswert. Die Inanspruchnahme externer Controllingleistungen wird insgesamt jedoch häufig lediglich als temporäre Unterstützung in Betracht gezogen. Die Abbildung 2.3 fasst die Untersuchungsergebnisse Kosmiders im Überblick zusammen.

[111] Vgl. Kosmider (1993), S. 139; vgl. auch Henzler (1974), S. 60–63.
[112] Vgl. Kosmider (1993), S. 140.

SOLL-Controllingsystem für mittelständische Unternehmen

Aufgaben

- Koordination des Führungssystems als originäre Aufgabe: Fokus liegt auf systembildender Koordination; Systemkopplung gewinnt erst mit Herausbildung der Teilsysteme an Bedeutung
- Unterstützung und Entlastung der Führung
- Beratende Rolle, keine Entscheidungsbefugnis

Instrumente

Informationssystem			Planungssystem	Kontrollsystem
Finanzen	**KLR**	**Investitionen**	**Langfristplanung**	**Überwachung**
Finanzplan, -budget	KST-/KTR-Rechnung	Kosten- und Gewinnvergleiche	Lgfr. Investitionspläne	Kosten
Liquiditätsüberwachung	Betriebsabrechnung		Produkt-/Verfahrensplanung	Umsatz/Absatz
Planbilanzen, -GuV	Kostenplanung	Kapitalwertrechnung	Lgfr. Finanzplanung	Abweichungsanalysen
Finanz-Kennzahlen	D-Rechnung	Investitionskontrolle	Lgfr. Absatz-/Umsatzplanung	
Cash Flow-Rechnungen	Kennzahlenvergleiche		Strateg. Erfolgsfaktoren	
Soll-Ist-Vergleiche	Break-Even-Analyse		Produktlebenszyklus	
			Stärken-/Schwächenprofil	

Es handelt sich hierbei um derivative Koordinationsinstrumente, d. h. controlling- und koordinationsvorbereitende Instrumente, die den verschiedenen Führungsteilsystemen entstammen und durch das Controlling koordiniert werden (Organisation, Personalführung).

Organisation

- Primär nebenamtliche Wahrnehmung
- Eigene Stelle nur bedingt
- Assistentenstelle innerhalb der Unternehmensführung
- Bezug externer Controllingleistungen

IST-Controllingsystem in mittelständischen Unternehmen

Aufgaben

- Überwachungs-/Kontrollfunktion
- Beratende Rolle, keine Entscheidungsbefugnis
- Informationsfunktion

Instrumente

Informationssystem			Planungssystem	Kontrollsystem
Finanzen	**KLR**	**Investitionen**	**Langfristplanung**	**Überwachung**
Finanzplan, -budget	KST-/KTR-Rechnung	Kosten- und Gewinnvergleiche		Kosten
Liquiditätsüberwachung	Betriebsabrechnung			Umsatz/Absatz
Planbilanzen, -GuV	Kostenplanung		Lgfr. Finanzplanung	Abweichungsanalysen
Finanz-Kennzahlen	D-Rechnung	Investitionskontrolle	Lgfr. Absatz-/Umsatzplanung	
Cash Flow-Rechnungen			Strateg. Erfolgsfaktoren	
Soll-Ist-Vergleiche				
			Stärken-/Schwächenprofil	

Die Überwachungsinstrumente werden in den untersuchten mittelständischen Unternehmen mit Abstand am häufigsten eingesetzt. Für die übrigen aufgeführten Instrumente konnte ein geringer bis fallweiser Einsatz nachgewiesen werden.

Organisation

- Primär nebenamtliche Wahrnehmung
- Selten eigene Stellen
- Hauptverantwortlichkeit bei der Unternehmensführung
- Bezug externer Controllingleistungen

Abb. 2.3 Soll-Ist-Vergleich zur Studie von Kosmider (1993)

2.2.3 Studie von Legenhausen

2.2.3.1 Untersuchungsdesign

Die zweite empirische Untersuchung zum Controlling in mittelständischen Unternehmen, die unsere Analyse einbezieht, wurde von Legenhausen im Jahre 1992 im Handelskammerbezirk Bremen durchgeführt.[113] Diese Studie zeichnet sich durch eine besonders umfassende Behandlung ihres Gegenstandes aus.

Ziel der Untersuchung war die Entwicklung eines betriebswirtschaftlichen Controllinginstrumentariums für den Mittelstand unter besonderer Berücksichtigung der folgenden Fragestellungen:[114]

- Wie sind Stand und Entwicklungstendenzen der instrumentellen Ausgestaltung des Kosten- und Erfolgs-, des Finanz- und Investitionscontrollings sowie des kennzahlengestützten Unternehmenscontrollings unter Berücksichtigung der mittelstandsspezifischen Kontextfaktoren zu bewerten?
- Wie sind der Entwicklungsprozess sowie die Innovationsfähigkeit des Controllings in kleinen und mittleren Unternehmen zu beurteilen?
- Welche Anforderungen werden aus Sicht der mittelständischen Praxis an die Ausgestaltung der Controllinginstrumente gestellt?

Gegenstand der Untersuchung Legenhausens ist damit zunächst die Gewinnung von Erkenntnissen über den Stand und die Ausgestaltung von Controllinginstrumenten in mittelständischen Unternehmen. Hiervon ausgehend entwickelt er ein umfangreiches, integriertes, mittelstandsadäquates Controllinginstrumentarium mit Schwerpunkten auf den Bereichen Kosten, Finanzen und Investitionen sowie Kennzahlen. Die Implementierung entsprechender Instrumente soll eine Vorstufe zur Umsetzung eines umfassenden Controllingsystems sein. Besondere Aufmerksamkeit gilt in diesem Rahmen spezifischen Bedingungskonstellationen sowie Kontextfaktoren mittelständischer Unternehmen. Dabei soll als Erklärungsgrundlage für die nur rudimentäre Umsetzung des Controllings in mittelständischen Unternehmen deren besondere Führungssituation herangezogen werden.[115]

Im Vergleich zu der ganzheitlichen Betrachtungsweise des Controllings von Kosmider liegt der Untersuchungsschwerpunkt bei Legenhausen auf der instrumentellen Komponente des Controllingsystems, die – für sich be-

[113] Die Ergebnisse dieser Studie wurden 1998 veröffentlicht. Vgl. dazu und im Folgenden Legenhausen (1998).

[114] Vgl. Legenhausen (1998), S. 60.

[115] Vgl. Legenhausen (1998), S. 5.

trachtet – umfassend analysiert wird. Die funktionellen und institutionellen Aspekte der Ausgestaltung eines Controllingsystems werden zwar thematisiert, sind jedoch nicht Schwerpunkt der Untersuchung.

Eine allgemeingültige Übertragbarkeit der Untersuchungsergebnisse auf alle mittelständischen Unternehmen des deutschsprachigen Raums ist aufgrund der regionalen Begrenzung, des Ausschlusses von Handwerksbetrieben sowie einer Unterrepräsentation des verarbeitenden Gewerbes gegenüber Dienstleistungsunternehmen nur eingeschränkt möglich. Die weitgehende Deckungsgleichheit von Ausgangsstichprobe und tatsächlicher Stichprobe hinsichtlich der Branchenverteilung Bremer Unternehmen erlaubt jedoch die Annahme einer durchaus repräsentativen Datenbasis in Bezug auf den Kammerbezirk Bremen. Die Ausgangsstichprobe umfasst 1.063 mittelständische Unternehmen der Handelskammer Bremen und vermindert sich im Rücklauf auf eine auswertbare, tatsächliche Stichprobe von 139 Unternehmen.

Als Untersuchungsmethode dient die schriftliche, postalische Befragung mittels eines standardisierten Fragebogens, der sich thematisch in die Teile „allgemeine Fragen zum Unternehmen", „Fragen zum Kosten- und Erlöscontrolling", „Fragen zum Bereich Unternehmens- und Finanzcontrolling", „Fragen zum Bereich Investitionscontrolling" und „allgemeine Fragen zum Controlling im Unternehmen" untergliedert.

2.2.3.2 Mittelstandsbegriff

Analog zu Kosmiders Begriffsdefinition verwendet auch Legenhausen zur Abgrenzung mittelständischer Unternehmen einen kombinierten Erklärungsansatz aus quantitativen und qualitativen Merkmalen. Das folgende Raster bildet dabei den Bezugsrahmen, innerhalb dessen die Heranziehung qualitativer Merkmale den bedeutsameren Erklärungswert hat:[116]

- Kleine mittelständische Unternehmen: bis zu 50 Mitarbeiter
- Mittlere mittelständische Unternehmen: 51 – 200 Mitarbeiter
- Große mittelständische Unternehmen: 201 – 500 Mitarbeiter

Abweichend von Kosmiders Abgrenzung legt Legenhausen die Obergrenze einer Untersuchung bei Unternehmen mit durchschnittlich 500 Mitarbeitern fest. Als qualitative Bestimmungsmerkmale der Unternehmensgröße führt er eine Vielzahl von Kriterien an, deren mittelstandstypischen Ausprägungen er anhand der Charakteristika von Großunternehmen tabellarisch gegenüberstellt.[117] Aus dieser Vielzahl von Kriterien isoliert Legen-

[116] Vgl. Legenhausen (1998), S. 21.
[117] Vgl. Legenhausen (1998), S. 17–19.

hausen die zwei Einflussfaktoren „Branchenzugehörigkeit" und „Rechtsform" sowie komplexe Einflusskonstellationen, die spezifische Führungssituation in mittelständischen Unternehmen sowie die organisatorischen bzw. institutionellen Aspekte des Controllings in diesen Unternehmen, die er einer näheren Betrachtung unterzieht. Dabei geht er davon aus, dass diese Besonderheiten mittelständischer Unternehmen sowohl Auslöser für den mangelnden Einsatz von Controllinginstrumenten als auch Bestimmungsfaktoren für die adäquate Gestaltung der Instrumente sind.[118]

Hinsichtlich der Einflussgröße „Branchenzugehörigkeit" auf das Controlling stellt Legenhausen keine Hypothesen auf, sondern untersucht diesen Faktor auf deskriptiver Ebene. Hierbei kann er für Teile des Instrumenteneinsatzes der Praxis durchaus branchenspezifische Schwerpunkte und Lösungen nachweisen. Der Einflussfaktor „Rechtsform" sowie die spezifischen Einflusskonstellationen finden im Rahmen der Entwicklung seines Controllinginstrumentariums an verschiedenen Stellen Berücksichtigung und werden im Abschnitt 2.2.3.4 näher ausgeführt. Explizite Abhängigkeiten und Einflüsse werden indes für keine dieser Einflussgrößen im Rahmen der empirischen Erhebung nachgewiesen.

2.2.3.3 Controllingbegriff

Legenhausen bezieht sich in seiner Untersuchung auf den koordinationsorientierten Controllingbegriff und stützt sich auf die führungssystemorientierte Controllingkonzeption von Küpper.[119] Gleichwohl erkennt auch er die Problematik einer Übertragung dieses Begriffs auf gering segmentierte, mittelständische Unternehmen. Dieses Problem versucht er dadurch zu lösen, dass er den Begriff in Bezug auf die Zielsetzung und das Aufgabenspektrum des Controllings unternehmensgrößenspezifisch modifiziert.[120]

Die Modifizierung der Zielsetzung gelingt allerdings nur scheinbar. Indem er das direkte Controllingziel der Sicherung der Koordinationsfähigkeit des Führungsgesamtsystems in Kenntnis der hiermit verbundenen Übertragungsprobleme auf den Mittelstand als Oberziel bestehen lässt und um ein Unterstützungsziel mit dem Schwerpunkt der Entscheidungsvorbereitung[121] ergänzt, verleiht er seinem Konzept einen stärkeren Bezug auf die Charakteristika mittelständischer Unternehmen. Gleichwohl ist aber der Widerspruch zwischen einem Ziel der Sicherung der Koordina-

[118] Vgl. Legenhausen (1998), S. 38–48.
[119] Vgl. Legenhausen (1998), S. 6–16; vgl. auch Küpper (2008).
[120] Vgl. Legenhausen (1998), S. 156–157.
[121] Vgl. Legenhausen (1998), S. 157; zum Unterstützungsziel vgl. auch Gaulhofer (1988), S. 120–123; Kosmider (1993), S. 80.

tionsfähigkeit des – implizit als segmentiert unterstellten – Führungsgesamtsystems und dem letztlich absolut geringen Segmentierungsgrad des Führungssystems mittelständischer Unternehmen nicht auflösbar.

Die Aufgaben des Controllings entsprechen somit vom Grundsatz her den systembildenden und systemkoppelnden Aufgaben in den Führungssubsystemen „Informationsversorgung“, „Planung“ und „Kontrolle“, wie sie auch für Großunternehmen vorgeschlagen werden.[122] Insofern leitet Legenhausen aus seinem modifizierten Ziel keine veränderten Controllingaufgaben ab. Eine Modifizierung der Aufgaben gelingt ihm indes durch den Hinweis auf spezifische Besonderheiten mittelständischer Unternehmen, die zu einem detaillierten Aufgabenkatalog führen. In Anlehnung an ein von Lewin entworfenes Phasenkonzept unterscheidet er bei der Implementierung des Controllings die Phasen „Einführung“, „Ausbau“ und „Stabilisierung“ [123], für die er spezielle Aufgabenschwerpunkte festlegt. Analog zu Kosmider sieht Legenhausen den Schwerpunkt zunächst in den systembildenden Aufgaben, die erst mit wachsender Systemkomplexität um solche systemkoppelnder Art ergänzt werden.[124] Steht zunächst die Motivations- und Initiierungsfunktion des Controllings im Vordergrund der Controllingaufgaben, werden diese, sobald die Schaffung einer Controllingmentalität erreicht worden ist, durch die originäre Aufgabe des Controllings, d. h. der Koordination des Führungsgesamtsystems, abgelöst.

Insgesamt verwendet Legenhausen in seiner Untersuchung den bereits von Kosmider zu Grunde gelegten Controllingbegriff. Damit handelt er sich – wie Kosmider – das Problem mangelnder Konsistenz des Koordinationsparadigmas mit mittelständischen Unternehmen ein. Bemerkenswert bleibt indes sein Entwurf eines detaillierten und strukturierten Aufgabenkatalogs für mittelständische Unternehmen, auf den im Folgenden näher eingegangen wird.

2.2.3.4 Controllinggestaltung

Die Ausgestaltung von Controllingsystemen für mittelständische Unternehmen (Controllinggestaltung) umfasst funktionale, instrumentelle und institutionelle Aspekte.[125] Aufgrund der bereits erwähnten Spezialisierung seiner Untersuchung liegt der Schwerpunkt der Ausführungen auf dem Controllinginstrumentarium und dessen Konfrontation mit den empirischen Befunden, während die funktionalen und institutionellen Gestal-

---

[122] Vgl. Legenhausen (1998), S. 159 sowie S. 11–13.
[123] Vgl. Lewin (1947), S. 34–35.
[124] Vgl. Kosmider (1993), S. 185; Legenhausen (1998), S. 11.
[125] Vgl. zum Folgenden auch Legenhausen (1998), S. 159–180.

tungsaspekte nur begrenzt empirisch untermauert und damit vor allem auf normativer Ebene thematisiert werden. Zudem ist aufgrund der Heterogenität der Controllingaufgaben in den verschiedenen Entwicklungsphasen eine stringente Trennung der unterschiedlichen Gestaltungsaspekte nicht möglich, so dass der Einbezug komplementärer Gestaltungsaspekte in den jeweiligen Ausführungen unvermeidbar ist.

Funktionale Gestaltung

Systembildung und Systemkopplung sind nach Legenhausen die zentralen Aufgabenbereiche und grenzen das weite Aufgabenfeld des mittelständischen Controllings ab.[126] In diesem Rahmen können designierten Trägern von Controllingaufgaben in mittelständischen Unternehmen folgende drei Aufgaben zugeordnet werden:

- Initiierungs-, Motivations-, und Systembildungsfunktion,
- Koordinations- und Informationsversorgungsfunktion,
- Durchführung bzw. Initiierung und Unterstützung von Planungs- und Kontrollaktivitäten.

Betrachtet man Controlling im Mittelstand als einen stetigen Entwicklungsprozess, so lässt sich der erstgenannte Aufgabenbereich der Phase der Einführung eines Controllings im mittelständischen Unternehmen zuordnen. Kennzeichnend für diese Phase ist ein Mangel an Problembewusstsein, so dass der Nutzen eines geeigneten Controllinginstrumentariums als Grundlage für systematische Planung und Kontrolle nicht erkannt wird. In dieser Phase ist es die Aufgabe des Controllings, eine Veränderung der persönlichen Einstellungen der handelnden Personen im Hinblick auf das Controlling zu bewirken. Hierzu gehört eine Aufklärung der Gründe, die zu einem Verzicht auf Controlling geführt haben als auch ein Abbau von Vorurteilen gegenüber einem führungsorientierten internen Rechnungswesen.

Vor dem Hintergrund, dass insbesondere in kleinen und mittleren mittelständischen Unternehmen häufig kein Personal für Controllingaufgaben verfügbar ist und freigestellt werden kann, stellt sich die Frage, wer im Unternehmen für die Wahrnehmung dieser Initiierungsfunktion in Frage kommt. Empfohlen wird hierfür die Einschaltung Externer (wie z. B. Steuerberater oder Banken). Vorbehalte dagegen könnten ausgeräumt werden, wenn man sich die Bedeutung dieser Initiierungs- und Motivationsfunktion des Controllings verdeutlicht. Erst mit der Schaffung einer Planungs- und Controllingmentalität ist eine Basis dafür gegeben, um den verantwortli-

---

[126] Vgl. Legenhausen (1998), S. 159–164.

chen Personen die grundsätzlichen Ziele und Aufgaben des Controllings als Konzept einer Führungsunterstützung zu vermitteln. Ob die Einschaltung externer Instanzen zur Errichtung eines internen Berichtswesens tatsächlich die adäquate Lösung ist, sei an dieser Stelle dahingestellt. Denkbar ist aber in jedem Fall die Übertragung der anschließenden systembildenden Funktion der Ausbauphase auf bereits intern vorhandene Stellen.

Sind die Voraussetzungen für ein Controlling im Unternehmen geschaffen, verschiebt sich das Aufgabengebiet des Controllings in Richtung auf die originäre Controllingaufgabe einer Koordination des Führungsgesamtsystems. Koordinations- und Informationsversorgungsfunktionen des Controllings fallen somit in die Ausbau- und Stabilisierungsphase der Controllingentwicklung. Diese Aufgaben unterscheiden sich aufgrund der spezifischen Eigenheiten mittelständischer Führungskultur von denen in Großunternehmen erheblich. Besteht in letzteren der Koordinationsbedarf zwischen betrieblichen Entscheidungs- bzw. Funktionsbereichen, so handelt es sich in kleinen und mittleren mittelständischen Unternehmen vor allem um einen primär personell geprägten Koordinationsbedarf. Darüber hinaus erfordern die gering formalisierten Führungsprozesse sowie die personenbezogene Führungskultur den Einsatz persönlicher, direkter Kommunikation. Entwicklung, Einführung und Einsatz von Automatismen stehen in dieser Phase zurück. Dennoch sollte auch bereits bei der Grundsteinlegung eines EDV-gestützten Controllinginstrumentariums darauf Rücksicht genommen werden, dass die einzelnen Systeme später in einem Gesamtzusammenhang interpretiert werden müssen. Vor diesem Hintergrund sollte die EDV in der Ausbauphase dem Controlling unterstellt und die Entwicklung von EDV-gestützten Systemen unter enger Mitwirkung des Controllings durchgeführt werden.[127] Ist die Bereitstellung steuerungsrelevanter Daten für die Entscheidungsträger gesichert, so ist die Voraussetzung dafür geschaffen, dass Controlling seine Aufgaben im Zusammenhang mit den Planungs- und Kontrollaktivitäten im Unternehmen wahrnehmen kann.

Legenhausen kann mit seiner Untersuchung Mängel der Planungsmentalität der Mitarbeiter des Unternehmens nachweisen und betont vor diesem Hintergrund die Bedeutsamkeit der Initiierungs- und Motivationsfunktion: Planung in mittelständischen Unternehmen ist als Ergänzung und nicht als Gegensatz zur Improvisation und Intuition zu sehen, und ihre Notwendigkeit ist der Unternehmensführung zu vermitteln.[128] Aufgrund des Vorrangs

[127] Vgl. Legenhausen (1998), S. 163; Gaydoul (1980), S. 200–221; Horváth/Weber (1997), S. 343.

[128] Vgl. Legenhausen (1998), S. 164; Gaulhofer (1988), S. 164; Kirsch (1983), S. 401; Kosmider (1993), S. 80.

informeller Kommunikation in mittelständischen Unternehmen sollten auch die Planungssysteme mit geringem Formalisierungsgrad aufgebaut werden. Liegen die Planungs- und Kontrollaufgaben in der Einführungsphase in der Regel in den Händen der Unternehmensführung, sollten diese mit dem Ausbau des Controllings an separate Aufgabenträger delegiert werden. Ziel ist es, die Teilplanung auf die einzelnen Fachabteilungen zu übertragen, während die Koordination der Planung dem Controlling obliegt. Dass es sich hierbei um einen Idealzustand handelt, zeigt der Blick in die betriebliche Praxis. Der Übergang von einer personen- zu einer sachbezogenen Führungskultur im Sinne einer zwangsläufigen Entwicklung mittelständischer Unternehmen trifft hier nicht zu. Eine solche Annahme würde vielmehr empirischen Befunden[129] widersprechen, denen zufolge insbesondere in mittelständischen Unternehmen die Bereitschaft geringer ist, koordinierende Planungs- und Kontrollaktivitäten zu delegieren.

Instrumentelle Gestaltung

Legenhausen leitet aus dem Spannungsverhältnis zwischen betriebswirtschaftlichen Anforderungen einerseits und notwendiger Verständlichkeit und Einfachheit andererseits grundsätzliche Anforderungen an ein mittelständisches Controllinginstrumentarium ab.[130] Dabei stehen Verständlichkeit, Praxisnähe und hohe Transparenz an erster Stelle: Ein mittelstandsadäquates Instrumentarium hat zum einen ein breites Spektrum einsetzbarer Methoden abzudecken und zum anderen in Bezug auf die betriebswirtschaftliche Komplexität und Tiefe einen pragmatischen, den betriebswirtschaftlichen Kenntnisstand des Nutzers berücksichtigenden Methoden-Pool anzubieten. Kernbereiche eines im Mittelstand zu implementierenden Instrumentariums sind die Kosten- und Leistungsrechnung, finanzwirtschaftliche Instrumente zur Sicherung der kurzfristigen und strukturellen Liquidität sowie Methoden zur Wirtschaftlichkeitsrechnung von Investitionsvorhaben.

Bezogen auf das von Lewin vorgeschlagene Phasenkonzept ist in der Einführungsphase des Controllings zunächst ein operatives Basisinstrumentarium – gegebenenfalls mit externer Unterstützung – aufzubauen. Die Sammlung und Koordination der Grunddaten sollte dabei durch die EDV erfolgen, wobei die Möglichkeit einer späteren Integration der Daten bereits zu diesem Zeitpunkt zu berücksichtigen ist. Anwender und Nutzer dieses Systems ist nach Legenhausen die Unternehmensführung.

---

[129] Vgl. Schachner/Speckbacher/Wentges (2006), S. 603.
[130] Vgl. Legenhausen (1998), S. 142–145.

In der anschließenden Ausbauphase des Controllings ist eine stufenweise Abgabe controllingrelevanter Aufgaben an einen eigenen (internen) Tätigkeitsbereich in die Überlegungen mit einzubeziehen. Diese können Aufgaben im Bereich der EDV einschließen, beziehen sich aber insbesondere auf den Ausbau des operativen Instrumentariums – speziell der vergangenheitsorientierten Finanzbuchhaltung hin zu einem zukunftsgerichteten Rechnungswesen.

In der Stabilisierungsphase werden die koordinativen Führungsaufgaben annahmegemäß von eigenständigen Controllerstellen übernommen. Diesen kommen auch Aufgaben des Ausbaus controllingtypischer Instrumente, wie beispielsweise der Budgetierung oder von Kennzahlensystemen, sowie die Entwicklung eines strategischen Steuerungsinstrumentariums und die permanente Überprüfung des Informationssystems im Hinblick auf Systemanpassungen und -erweiterungen zu.

Vor dem Hintergrund dieses Phasenmodells entwickelt Legenhausen ein speziell auf den Mittelstand ausgerichtetes Instrumentarium, das aus folgenden Bausteinen besteht:[131]

- Baustein I: Kosten- und Erlösrechnung;
- Baustein II: Unternehmensmodell (Finanzwirtschaftliches Instrumentarium i. e. S.);
- Baustein III: Projektmodell und aggregiertes Gesamtmodell Investitionsplanung und -kontrolle (Finanzwirtschaftliches Instrumentarium i. w. S.);
- Baustein IV: Kennzahlen zur Unternehmensplanung und -kontrolle.

Der erste Baustein seines Modells zur integrierten Finanz- und Investitionsplanung bzw. -kontrolle ist eine zu entwickelnde mittelstandsadäquate Kosten- und Erlösrechnung. Als führungsorientiertes Informationsinstrument soll sie der Unternehmensführung entscheidungsrelevante Daten bereitstellen, wie sie beispielsweise für Preiskalkulationen, Erfolgsermittlungen oder die Bewertung von Beständen und Eigenleistungen benötigt werden. Die Ergebnisse der empirischen Untersuchung legten neben erheblichen Defiziten im Bereich der Kostenplanung auch die Barrieren einer Nutzung dieses Instrumentariums offen. So hemmen ein subjektiv hoch empfundener Komplexitätsgrad des Instruments, geringe Finanz- und Personalressourcen sowie vermutete hohe finanzielle Aufwendungen im Zusammenhang mit der Einführung einer Kostenrechnung die Anwendungen der Kosten- und Leistungsrechnung in der Praxis mittelständischer Unternehmen. Im Falle seiner Nutzung in der Praxis wird das Instrument häufig aufgrund mangelnder Kenntnis des Leistungsspektrums nur als ver-

---

[131] Vgl. Legenhausen (1998), S. 186–413.

gangenheitsorientierte Dokumentationsrechnung eingesetzt. Auch wird die Aussagekraft des Jahresabschlusses im Hinblick auf interne Steuerungszwecke regelmäßig weit überschätzt. Das damit zusammenhängende kollektive – unberechtigter Weise positive – Vorurteil hemmt die Implementierung und den Ausbau der Kostenrechnung in der mittelständischen Praxis. Neben diesen allgemeinen Vorbehalten trifft Legenhausen in seiner empirischen Untersuchung auch auf zahlreiche Missverständnisse gegenüber Kostenrechnungssystemen.

Vor diesem Hintergrund werden die verschiedenen Kostenrechnungssysteme im Hinblick auf ihre Eignung für mittelständische Unternehmen analysiert. Im Ergebnis empfiehlt der Autor die prozessorientierte Kostenrechnung als Lösungsansatz für ein mittelstandsgerechtes Kostenrechnungssystem. Dabei ist sich Legenhausen bewusst, dass es sich hierbei nicht um ein generell und stets überlegenes, für alle kleinen und mittelgroßen Unternehmen gleich effektives Kostenrechnungssystem handeln kann.[132] Sind doch betriebsindividuelle Gegebenheiten als bedeutende Gestaltungsparameter bei der Auswahl und Umsetzung eines Kostenrechnungssystems zu berücksichtigen.

Zugunsten einer besonderen Eignung der Prozesskostenrechnung für den Mittelstand führt Legenhausen verschiedene Argumente an.[133] So veranlasst ihn beispielsweise die Tatsache, dass die traditionelle Vollkostenrechnung in der Praxis ein hohes Ansehen genießt, während die Teilkostenrechnung mit Vorbehalten belastet ist, die Prozesskostenrechnung als adäquates System der Kostenrechnung für den Mittelstand in Betracht zu ziehen. Würde man doch bei einer Umstellung von der traditionellen Vollkostenrechnung auf die Prozesskostenrechnung – anders als bei einem Wechsel zur Teilkostenrechnung – beim Prinzip der Verrechnung des vollen Kostenumfangs bleiben. Dieser Umstand wie auch andere Merkmale der Prozesskostenrechnung sind gerade für mittelständische Unternehmen von Vorteil und machen diese als mittelstandsadäquates Controllinginstrument attraktiv.

Legenhausens empirische Ergebnisse zum Kosten- und Erlöscontrolling zeigen, dass dieses – insbesondere vor dem Hintergrund der Leistungsfähigkeit der Instrumente – nur in sehr unbefriedigendem Maße implementiert ist. Lediglich die Kostenstellenrechnung kann bei mittelständischen Unternehmen der untersuchten Region als etabliert angesehen werden. Hinsichtlich der Anwendung von Kostenrechnungssystemen zeigt sich ein eindeutiger Vorzug vollkostenorientierter Systeme, wobei allerdings mit steigender Unternehmensgröße ein eindeutiger Trend in Richtung Teilkos-

[132] Vgl. Legenhausen (1998), S. 214.
[133] Vgl. Legenhausen (1998), S. 259–260.

tenrechnung zu verzeichnen ist. Für die postulierten Einflussfaktoren können statistisch signifikante Zusammenhänge nachgewiesen werden. So sind hinsichtlich des Zeitbezuges der verrechneten Kosten branchenspezifische Besonderheiten nachweisbar: Unternehmen des Kredit- und Versicherungsgewerbes nutzen die Plankostenrechnung zu 87,5% in der Kostenstellenrechnung, während 66,7% der Unternehmen der Baubranche diese in der Kostenartenrechnung anwenden. Des Weiteren ergibt die Untersuchung, dass Unternehmen des verarbeitenden Gewerbes die Instrumente des Kosten- und Erlöscontrollings überdurchschnittlich einsetzen. Darüber hinaus wird deutlich, dass die Unternehmen der Verkehrs- und Nachrichtenbranchen über ein gut ausgestattetes Kosten- und Erlöscontrolling sowie darüber hinaus auch in den anderen untersuchten Bereichen über das am weitesten entwickelte Controllinginstrumentarium im Vergleich zu Unternehmen anderer Branchen verfügen.

Der zweite und der dritte Baustein des Modells umfasst ein Finanzwirtschaftliches Instrumentarium, das sich aus einem unternehmensbezogenen Modell (Baustein II) und einem (Investitions-)projektbezogenen Modell sowie einem aggregierten Gesamtmodell (Baustein III) zusammensetzt. Beide Modellbausteine beinhalten Elemente bilanzieller, erfolgswirtschaftlicher und zahlungsstromorientierter Planung und Kontrolle. Der Unterschied der Bausteine besteht im Wesentlichen darin, dass in Baustein II keine Investitionen berücksichtigt werden. Hauptaufgaben dieses Instrumentariums sind die Sicherung der strukturellen und situativen Liquidität des Unternehmens mittels folgender Instrumente:[134]

- Plan-Bilanz,
- Plan-Gewinn- und Verlustrechnung,
- Langfristiger Finanzplan,
- Kurzfristiger Finanzplan,
- Erfolgs- und finanzwirtschaftliche Kennzahlen.

Bei dem projektbezogenen Modell handelt es sich – wie beim unternehmensbezogenen Modell – um ein Teilmodell, das mit dem Unternehmensmodell zu einem aggregierten Gesamtmodell zusammengeführt wird. Um ein transparentes Gesamtmodell zu erhalten, sind beide Teilmodelle mit einem vergleichbaren Instrumentarium ausgestattet. Für das projektbezogene Modell bedeutet dies, dass auch dieses Teilmodell Instrumente zur erfolgswirtschaftlichen, bilanziellen und zur lang- und kurzfristigen zahlungsstromorientierten Planung und Kontrolle beinhaltet. Der Unterschied zum Unternehmensmodell besteht darin, dass lediglich projektbezogene

[134] Vgl. Legenhausen (1998), S. 299.

Wirkungen einer Sprunginvestition[135] einbezogen werden. Damit umfasst das projektbezogene Modell folgende Instrumente:[136]

- Bilanzorientierte Daten,
- Erfolgswirtschaftliche Daten,
- Langfristiger Finanzplan,
- Kurzfristiger Finanzplan,
- Dynamische Investitionskennzahlen.

Für die Planungs- und Kontrollaktivitäten im mittelständischen Unternehmen ergibt sich folgender Ablauf: Das Unternehmensmodell (Baustein II) unterstützt zunächst den Entscheidungsträger bei der Planung und Kontrolle „ordentlicher" finanzwirtschaftlicher Aktivitäten, die in der „normalen" Geschäftstätigkeit des Unternehmens anfallen. Die Wirkungen von „außerordentlichen" finanzwirtschaftlichen Aktivitäten, wie dies beispielsweise die Planung einer Sprunginvestition darstellt, werden darauf aufbauend im projektbezogenen Modell erfasst. Sie dienen zugleich als Datenbasis für die Investitionsrechnung. Wird die Investition sodann auf Basis dynamischer Investitionskennzahlen als wirtschaftlich eingestuft, werden beide Teilmodelle zu einem aggregierten Gesamtmodell der Planung und Kontrolle zusammengefasst. Zur Wahrnehmung der Kontrollfunktion werden den Planwerten die entsprechenden Istwerte der Periode gegenübergestellt.

Betrachtet man den Entwicklungsstand der bremischen Unternehmenspraxis zum Finanzcontrolling, so lässt sich feststellen, dass das vorgeschlagene Modell in Teilen Berücksichtigung findet. Hinsichtlich der operativen Instrumente „Liquiditäts- und Finanzplanung" sowie „mittelfristiger Finanzplan" kann man bereits von einem etablierten Standardinstrumentarium ausgehen. Plan- und Bewegungsbilanzen genießen demgegenüber eine geringere Anwendungshäufigkeit, wobei ein mit steigender Unternehmensgröße zunehmender Trend zu erkennen ist. Hinsichtlich des Einsatzes nach Branchen kann festgestellt werden, dass Defizite vor allem in Unternehmen des Baugewerbes vorliegen. Unternehmen der Verkehrs-

---

[135] Legenhausen (1998) bezeichnet damit „alle bedeutsamen Investitionen, die in größeren zeitlichen Intervallen vollzogen werden" und weist in dem Zusammenhang auf diskontinuierliche Investitionsrhythmen hin, deren „Auswirkungen auf den Kapitalbedarf kleiner und mittlerer Unternehmen grundsätzlich eine besondere Notwendigkeit für den Einsatz einschlägiger betriebswirtschaftlicher Instrumente" (S. 347) ergeben. Den Begriff „Sprunginvestition" führt er auf Geiser zurück. Vgl. Geiser (1980), S. 12–14.

[136] Vgl. Legenhausen (1998), S. 359.

und Nachrichtenbranchen sowie des Kredit- und Versicherungsgewerbes zeigten insgesamt den höchsten Entwicklungsstand.

Mit den dargestellten drei Bausteinen liegt den Unternehmen eine adäquate Datenbasis für eine Kennzahlenanalyse (Baustein IV) vor. Die vorgeschlagenen Kennzahlen zur Unternehmensplanung und -kontrolle knüpfen dabei an die Bausteine I bis III an und bilden ein System mit den Analysebereichen „Liquidität“, „Erfolg“ (Rentabilität) und „Stabilität“ (Vermögens- und Kapitalstruktur). Für die Akzeptanz des Systems von Seiten der Entscheidungsträger ist es auch von Bedeutung, dass die Überschaubarkeit des Systems sichergestellt wird. Die gewagte Feststellung, dass jedes Unternehmen mit einer begrenzten Anzahl von Kennzahlen erfassbar und steuerbar ist, sollte nach Ansicht von Legenhausen auch bei der Entwicklung eines mittelständischen Kennzahlensystems als Leitlinie gelten.[137] Darüber hinaus empfiehlt er, auf regelmäßig veröffentlichte Branchenkennzahlen zurückzugreifen, da sich auf diese Weise Vorteile, wie z. B. Branchenvergleiche oder die Nutzung branchenspezifischer Kompetenz, realisieren lassen.

Ob in praxi auf solche veröffentlichten Branchenkennzahlen zurückgegriffen wird, wird von Legenhausen nicht explizit untersucht. Die Ergebnisse seiner Untersuchung zur Anwendung von Kennzahlen zeigen jedoch ein sehr differenziertes Bild. Liegt die durchschnittliche Einsatzhäufigkeit mit über 55% zunächst auf einem scheinbar hohen Niveau, wird dieser Eindruck bei Berücksichtigung der Unternehmensgröße deutlich relativiert. So ist der Nachholbedarf bei kleinen mittelständischen Unternehmen erheblich. Des Weiteren ergibt die Untersuchung, dass umsatzbezogene Kennzahlen mit 70% die größte Verbreitung genießen. Darauf folgen die Kennzahlen des Renditebereichs, die mit bis zu 60% Anwendungshäufigkeit eine eher mittlere Verbreitung aufweisen. Komplexere Kennzahlen (z. B. der ROI) werden hingegen nur von bis zu 40% der befragten Unternehmen ermittelt. Vor dem Hintergrund der vergleichsweise positiven Ergebnisse zum Finanzcontrolling überraschen die Ergebnisse hinsichtlich des Einsatzes von finanzstrukturbezogenen Kennzahlen sowie von Kennzahlen zur operativen Liquiditätsanalyse, die mit einer unter 60% liegenden Einsatzhäufigkeit geringer ausfällt als dies die Anwendungshäufigkeit des finanzwirtschaftlichen Instrumentariums vermuten lässt. Die Verteilung nach Branchen ergibt wiederum einen eindeutigen Schwerpunkt bei den Unternehmen des Kredit- und Versicherungsgewerbes sowie bei Unternehmen des Handels und des verarbeitenden Gewerbes. Die größten Defizite legen die befragten Unternehmen des Baugewerbes offen.

---

[137] Vgl. Legenhausen (1998), S. 412; Rühle von Lilienstern (1982), S. 34.

Institutionelle Gestaltung

Unter der institutionellen Komponente des Controllings fasst Legenhausen zum einen die „organisatorische Einbindung des Controllings" und zum anderen die „konkrete Ausgestaltung der Controllingaufgaben" zusammen.[138] Die empfohlenen institutionellen Gestaltungsaspekte werden im Folgenden dargelegt.[139]

In kleinen und mittleren mittelständischen Unternehmen sind es vor allem die personenbezogene Führungsstruktur und die mangelnde Delegationsbereitschaft, die die Entscheidung hinsichtlich der Trägerschaft von Controllingaufgaben insbesondere in der Einführungsphase beeinflussen. In dieser Phase wird die Übernahme von Controllingaufgaben durch die Geschäftsführung als sinnvolle Lösung angesehen, solange der Aufgabenumfang nicht die Frage nach der Notwendigkeit eigener Stellen aufwirft. Dass diese Lösung auch in der mittelständischen Praxis als sinnvolle Alternative betrachtet wird, bestätigen die Ergebnisse der empirischen Erhebung.

Eine zweite, häufig in der Literatur vorgeschlagene Alternative ist die Bündelung der Aufgaben bei der Leitung des Rechnungswesens. Stark kritisiert wird an dieser Alternative die vergangenheitsorientierte Ausrichtung des externen Rechnungswesens, die mit einer zukunftsbezogenen Orientierung des Controllings zu kollidieren droht. Auch Legenhausen ist überzeugt, dass diese Alternative keine adäquate Lösung für ein mittelständisches Controlling darstellt. Er kommt zu dem Schluss, dass die Institutionalisierung eigenständiger Controllingstellen für den Mittelstand die sinnvollste Lösung darstellt und daher angestrebt werden sollte.

Ein anderer Aspekt der organisatorischen Ausgestaltung des Controllings in mittelständischen Unternehmen betrifft die Frage, wie das Controlling in die Unternehmenshierarchie möglichst zweckmäßig integriert werden kann.[140] Sie wird in der Regel erst in der Ausbau- bzw. Stabilisierungsphase gestellt, wobei im Allgemeinen Einigkeit darüber besteht, dass Controlling in engem Kontakt zur Unternehmensführung einzugliedern und dieser direkt zuzuordnen ist.

In diesem Zusammenhang wird auf die starke Personenbezogenheit der Tätigkeit mittelständischer Controller hingewiesen, die die Bedeutung der Frage nach der hierarchischen Einordnung im Organisationsgefüge insgesamt verblassen lässt. Für den Erfolg des Controllings sind indes die Unterstützung und das Vertrauen seitens der Unternehmensführung bedeut-

[138] Vgl. Legenhausen (1998), S. 165.
[139] Vgl. zum Folgenden Legenhausen (1998), S. 165–177.
[140] Vgl. zum Folgenden Legenhausen (1998), S. 168.

samer, während die hierarchische Einordnung und Zuweisung formeller Kompetenzen demgegenüber vor allem in Großunternehmen als relevant erachtet wird.

Die breiteste Akzeptanz und auch die größte Zustimmung findet nach Legenhausen die Lösung, den Controllingstellen ein Mindestmaß an Linienfunktionen zuzuordnen.[141] Als Möglichkeit bietet er ein Controlling als Stabsfunktion mit funktionaler Weisungsbefugnis an, dem hinsichtlich System- und Verfahrensfragen bei der Planung, Überwachung und Lieferung von Informationen ein Entscheidungs- und Anordnungsrecht zukommt. Auch aus theoretischer Sicht erscheint diese Kombination geeignet, da viele mittelständische Unternehmen ohnehin kein strenges Organisationsprinzip aufweisen und somit einer sachlogischen Einordnung der Controllingfunktionen in die Unternehmenshierarchie keine herausragende Bedeutung zukommen kann. Demgegenüber werden in dieser Konstellation die persönlichen Qualitäten des Stelleninhabers bestmöglich berücksichtigt.

Kommt für ein Unternehmen die Schaffung eigener Controllingstellen aufgrund interner personeller Engpässe nicht in Frage, sollte die Zusammenarbeit mit externen Personen insbesondere im Hinblick auf die Initiierungsfunktion erwogen werden. Sofern externes Potenzial kreativ, objektiv und innovativ ist, ergeben sich Vorteile gegenüber innerbetrieblich voll ausgelasteten Mitarbeitern. Somit könnten betriebsindividuelle Lösungen und organisatorische Änderungen mittels externer Unterstützung leichter erarbeitet und schneller durchgesetzt werden. Darüber hinaus bietet sich eine Inanspruchnahme Externer an, wenn der Umfang der Controllingaufgaben sehr gering ist. Auf diesem Wege können die Nachteile einer Festeinstellung umgangen werden, indem externe Berater aufwandsbezogen abgerechnet werden. Trotz dieser potenziellen Vorteile werden in der mittelständischen Praxis externe Berater für Controllingaufgaben, sei es für eine dauerhafte bzw. fallweise Beratung oder für eine Implementierung der Controllingfunktion, nur in geringem Maße in Anspruch genommen.

Als mögliche externe Träger des Controllings nennt Legenhausen Kreditinstitute, Unternehmensberater, Wirtschaftsprüfer sowie Steuerberater (bzw. entsprechende Gesellschaften), von denen er selbst nur die Vertreter der drei zuletzt genannten Gruppen als geeignet erachtet.[142] Dabei stellt sich die Frage, ob seine Einschätzung im Hinblick auf die Eignung von Wirtschaftsprüfern und Steuerberatern nicht zu optimistisch ist. Sind doch die Ansatzpunkte für controllingbezogene Fachkompetenz im Rahmen des

141 Vgl. Legenhausen (1998), S. 170.
142 Vgl. Legenhausen (1998), S. 171–177.

Ausbildungsganges der betreffenden Berufsstände zu rudimentär ausgeprägt.

Das mögliche Einsatzgebiet Externer liegt vornehmlich in der Einführungsphase, d. h. der Initiierungs- und Motivationsaufgabe, die in eine Unterstützungsfunktion beim Aufbau eines systematischen Planungs- und Kontrollinstrumentariums im Sinne der Systembildungsfunktion münden kann. Da in der Ausbauphase nach Legenhausen eine externe Trägerschaft abzulehnen ist, sollte ein Unternehmen in dieser Phase Möglichkeiten einer unternehmensinternen Lösung klären.[143] Hierbei ist eine sachbezogene Führungsauffassung die Voraussetzung dafür, dass sich das Controlling als fester Bestandteil des Führungssystems etabliert. In der Stabilisierungsphase ist die Sicherstellung eben dieser Auffassung Voraussetzung dafür, dass dem Controlling eine starke Position im Führungsgefüge gesichert werden kann.

Ist die Entscheidung hinsichtlich der Controllingeinführung zugunsten externer Berater gefallen, sollten diesen in einer Vor- bzw. Analysephase folgende Informationen zugänglich gemacht werden:[144]

- Informationen über den organisatorischen Aufbau des Unternehmens, (gegebenenfalls in Form eines Organigramms);
- Stellenbeschreibungen als Informationsgrundlage über Entscheidungsabläufe im Unternehmen;
- Gegebene strukturierende Systeme (z. B. Kontenpläne, Kontierungsrichtlinien, Kostenstellenpläne, Arbeitspläne, Stücklisten und Nummernsysteme des Unternehmens);
- Organisationshilfsmittel (z. B. Warenentnahme-/Begleitscheine, Lieferscheine, Arbeitsscheine, Rechnungsformulare);
- Informationen über Verfahrensabläufe (z. B. Bestellwesen, Rechnungseingangs- und Rechnungsprüfung);
- Informationen über Datenflüsse zwischen Abteilungen bzw. Standorten.

Aufbauend auf der vorstehend skizzierten Phase der Erhebung von Ist-Informationen folgt die Phase der Konzeption eines betriebsindividuellen Controllingsystems. Dabei sollte(n) die Unternehmensführung bzw. die späteren Systemanwender eng mit eingebunden werden. Zur Feststellung des Informationsbedarfs der einzelnen Entscheidungsträger bietet sich die Bildung von Arbeitsgruppen an, deren Ergebnis die Basis für ein adäquates Controllingkonzept liefert. Hierbei sollten sowohl die Struktur des Systems als auch die zur Anwendung kommenden Instrumente festgelegt werden.

[143] Vgl. Legenhausen (1998), S. 176.
[144] Vgl. Legenhausen (1998), S. 177; Pößl (1991), S. 75.

Abbildung 2.4 stellt die theoretischen Postulate und empirischen Befunde im Sinne eines Soll-Ist-Vergleichs zusammenfassend dar.

SOLL-Controllingsystem für mittelständische Unternehmen

Aufgaben	Instrumente				Organisation
	Baustein I	Baustein II	Baustein III	Baustein IV	
	Kosten- und Erlösrechnung	**Unternehmensmodell (Finanzwirtschaftliches Instrumentarium i. e. S.)**	**Projektmodell und aggreg. Gesamtmodell Investitionsplanung und -kontrolle (Finanzwirtschaftliches Instrumentarium i. w. S.)**	**Kennzahlen zur Unternehmensplanung und -kontrolle**	
- Initiierungs-, Motivations-, und Systembildungsfunktion - Koordinations- und Informationsversorgungsfunktion - Initiierung/Durchführung und Unterstützung von Planungs- und Kontrollaktivitäten	Prozesskostenrechnung	Plan-Bilanz Plan-GuV Kurz- und langfristiger Finanzplan Erfolgs- und finanzwirtschaftliche Kennzahlen	Plan-Bilanz Plan-GuV Kurz- und langfristiger Finanzplan Dynamische Investitionskennzahlen	Liquiditätskennzahlen Kennzahlen zur Vermögens- und Kapitalstruktur Rentabilitäts- bzw. Erfolgskennzahlen	- Unternehmensführung als Träger von Controllingaufgaben - Idealiter: Institutionalisierung einer eigenen Controllingstelle - Direkte Zuordnung des Controllings zur Unternehmensführung - Controlling als Stabsfunktion mit funktionalem Weisungsrecht

IST-Controllingsystem in mittelständischen Unternehmen

Aufgaben	Instrumente				Organisation
	Baustein I	Baustein II	Baustein III	Baustein IV	
	Kosten- und Erlösrechnung	**Finanzwirtschaftliches Instrumentarium i. e. S.**	**Investitionsplanung und -kontrolle**	**Kennzahlen zur Unternehmensplanung und -kontrolle**	
- Initiierungs-, Motivations-, und Systembildungsfunktion - Koordinations- und Informationsversorgungsfunktion - Initiierung/Durchführung und Unterstützung von Planungs- und Kontrollaktivitäten	BAB im Rahmen der Kostenträgerrechnung Zuschlagskalkulation im Rahmen der Kostenträgerrechnung Kostenträgerzeitrechnung Ist- und Plankostenrechnung Starre und flexible Plankostenrechnung	Operative Instrumente zur Liquiditäts- und Finanzplanung Plan- und Bewegungsbilanz	Langfristige Investitionspläne Kostenvergleichsrechnung Gewinnvergleichsrechnung Kapitalwertmethode Annuitätenmethode Interne Zinsfußmethode Schätzungen	Umsatzbezogene Kennzahlen Renditekennzahlen Komplexe Kennzahlen Finanzstrukturbezogene Kennzahlen Operative Liquiditätskennzahlen	- Unternehmensführung als Träger von Controllingaufgaben - Idealiter: Institutionalisierung einer eigenen Controllingstelle - Direkte Zuordnung des Controllings zur Unternehmensführung - Controlling als Stabsfunktion mit funktionalem Weisungsrecht

Abb. 2.4 Soll-Ist-Vergleich zur Studie von Legenhausen (1998)

2.2.4 Studie von Dintner/Schorcht

2.2.4.1 Untersuchungsdesign

Die dritte Studie, die mit in die Analyse aufgenommen wird, ist eine umfangreiche empirische Untersuchung zum Controlling in mittelständischen Unternehmen Thüringens von Dintner und Schorcht.[145] Sie umfasst drei aufeinander aufbauende, schriftliche Befragungen, die folgende Themenbereiche abdecken:

- Ermittlung des Ist-Standes der Kosten- und Leistungsrechnung sowie des Controllings in mittelständischen Unternehmen Thüringens im Jahre 1994;
- Entwicklung des Controllings sowie Einsatz von Softwarelösungen im Rahmen des Controllings im Jahre 1996;
- Kennzahlencontrolling in kleinen und mittleren Unternehmen im Jahre 1997.

Ziel der ersten Befragung ist es, sich zunächst einen Überblick über die Ausgestaltung des Rechnungswesens und Controllings zu verschaffen. Der Fragebogen enthält dementsprechend Fragen zur allgemeinen Charakteristik der Unternehmen, zum Aufbau des Rechnungswesens und zur Existenz einzelner Controllinginstrumente. Die zweite Befragung wird mit dem Ziel durchgeführt, weiterführende Erkenntnisse über kontextbezogene Merkmale, den Verbreitungsgrad des Controllings sowie die Qualität des vorhandenen Controllings der untersuchten Unternehmen zu gewinnen. Aus diesen Erkenntnissen sollen Aussagen zum Entwicklungsstand des Controllings in mittelständischen Unternehmen abgeleitet werden. Die abschließende dritte Befragung zielt darauf ab, neben den kontextbezogenen Merkmalen der untersuchten Unternehmen den Anwendungsstand von Kennzahlen in mittelständischen Unternehmen zu analysieren.

Gegenstand der Studie ist somit das mittelständische Controlling, und zwar insbesondere seine Voraussetzungen, Entwicklungstendenzen sowie seine funktionale, instrumentelle und institutionelle Ausgestaltung, wobei der Aspekt einer Kennzahlenorientierung des Controllings besonders berücksichtigt werden soll. Die umfangreiche Erhebung ermöglicht einen umfassenden Überblick über Stand und Tendenzen des Controllings in der mittelständischen Praxis.

Aus Gründen der fehlenden Strukturgleichheit von Stichprobe und Grundgesamtheit können die Ergebnisse der Befragungen nicht als reprä-

---

[145] Die Ergebnisse dieser Studien wurden 1999 veröffentlicht. Vgl. dazu und im Folgenden Dintner/Schorcht (1999).

sentativ angesehen werden. Die Ausgangsstichproben umfassen jeweils 1.000 mittelständische Unternehmen des produzierenden Gewerbes der Industrie- und Handelskammer Thüringens und vermindern sich im Rücklauf auf tatsächlich auswertbare Stichproben von 103 (im Jahre 1994), 128 (im Jahre 1996) bzw. 152 (im Jahre 1997) Unternehmen. Aufgrund der Auswahl anhand des regionalen Zugehörigkeitskriteriums und der Beschränkung auf das produzierende Gewerbe beruht die Ausgangsstichprobe nicht auf einer Zufallsauswahl und ist damit streng genommen nicht verallgemeinerungsfähig. Von einer Deckungsgleichheit der untersuchten Unternehmen im Rahmen der drei Befragungen kann zudem nicht ausgegangen werden, so dass Vergleiche hinsichtlich der Struktur der befragten Unternehmen nur beschränkt möglich sind.

Die Befragungen wurden jeweils auf postalischem Wege mittels standardisierter Fragebögen durchgeführt. Die erste Befragung gliedert sich thematisch in die Teile: „kontextbezogene Merkmale“, „Kosten- und Leistungsrechnung“ und „weitere Controllinginstrumente“ sowie „Einschätzung der Bedeutung betriebswirtschaftlicher Informationen“. In der zweiten Befragung werden die Teilnehmer zu folgenden Themen befragt: „allgemeine Charakterisierung des Unternehmens“, „Controlling (Verständnis, Bedeutung, Einführung, Organisation, Weiterentwicklung, externe Unterstützung)“ sowie „Einsatz von Softwarelösungen“. In der abschließenden, dritten Befragung der Studie mit dem Schwerpunkt eines kennzahlengestützten Controllings konzentrieren sich die Fragen auf die Themen: „allgemeine Charakterisierung des Unternehmens“, „Verständnis und Nutzung von Kennzahlen“ sowie „Verwendungszweck und Ermittlung von Kennzahlen“.

2.2.4.2 Mittelstandsbegriff

Hinsichtlich der Abgrenzung mittelständischer Unternehmen wird die seinerzeit geltende „wirtschaftsbereichbezogene differenzierte, quantitative Mittelstandsdefinition“ des Institutes für Mittelstandsforschung Bonn (IfM) zu Grunde gelegt.[146] Für das produzierende Gewerbe gilt bezüglich der Anzahl der Beschäftigten nachstehende Größenklasseneinteilung:

- Kleine mittelständische Unternehmen: 1 – 49 Mitarbeiter
- Mittlere mittelständische Unternehmen: 50 – 499 Mitarbeiter

[146] Als Konsequenz der Einführung des Euro und der Umstellung der amtlichen Statistik auf Euro-Werte hat sich das IfM Bonn entschlossen, seine quantitative Mittelstandsdefinition anzupassen und die „wirtschaftsbereichbezogene differenzierte, quantitative Mittelstandsdefinition“ aufzugeben. Die aktuelle Größeneinteilung dieses Instituts und anderer sind unter Abschnitt 2.1.2 aufgeführt.

Aufgrund der Tatsache, dass zum Zeitpunkt der Erhebung nicht von allen befragten Unternehmen die Anzahl der Beschäftigten bekannt ist, werden auch Großunternehmen angeschrieben. Diese finden bei der Auswertung der Ergebnisse jedoch keine Berücksichtigung.

Qualitative Merkmale werden nicht als Abgrenzungskriterium mittelständischer Unternehmen herangezogen. Dennoch thematisieren Dintner und Schorcht bestimmte qualitative Aspekte des Controllings in mittelständischen Unternehmen, so dass davon ausgegangen werden kann, dass sie als Erklärungsvariablen in das von ihnen in Ansätzen entworfene Controllingkonzept einfließen. So gehen sie von inhabergeführten Unternehmen aus, in denen ein persönlichkeitsbedingter Führungsstil maßgeblichen Einfluss auf die Controllingfunktion und -organisation ausübt. Der mittelständische Unternehmer führt in der Regel das Unternehmen autoritär bzw. patriarchalisch und seine Entscheidungen sind vornehmlich durch persönliche Interessen und Werthaltungen geprägt. Selbst konstitutive Entscheidungen erfolgen stark traditionsgebunden und nicht zwangsläufig unter Rentabilitätsgesichtspunkten. Die starke Aufgaben- und Entscheidungszentralisation bei den wenigen Entscheidungsträgern führt zur Überlastung und verdeckt den Blick für das Wesentliche. Darüber hinaus arbeitet der Unternehmer in der Regel in der Produktion mit und bildet den Mittelpunkt einer sternförmig aufgebauten Unternehmens- und Kommunikationsorganisation. Der Übergang von einer teamorientierten zu einer funktionalen Organisationsform sowie von einer personalen Koordination zu einer Koordination über Pläne und Steuerungsgrößen ist ein Prozess, mit dem jedes Unternehmen zwangsläufig konfrontiert wird, der jedoch betriebsindividuell eingeführt und begleitet werden muss. Hierin eingeschlossen ist die Hinwendung zu controllingorientierten Methoden und Instrumenten.

Darüber hinaus schließt die Untersuchung eine Analyse der weiter unten aufgeführten Faktoren hinsichtlich ihrer Einwirkung auf die Controllinggestaltung ein. Die Faktoren werden zwar nicht zur Abgrenzung mittelständischer Unternehmen herangezogen, sind nach Auffassung von Dintner und Schorcht jedoch so charakteristisch, dass sie deren Einfluss auf die Controllinggestaltung im Hinblick auf statistische Zusammenhänge analysieren.

2.2.4.3 Controllingbegriff

Obwohl der gesamte erste Teil der Untersuchung der Differenzierung, Klassifikation und Typisierung des Controllings gewidmet ist, legen ihr Dintner und Schorcht keine explizite Controllingdefinition zu Grunde. Dennoch wird in den Ausführungen zum Controlling in Klein- und Mittelunternehmen ein grobes Bild eines mittelständischen Controllingkonzeptes gezeichnet, das hier in Kombination mit den Ausführungen zu den vielfältigen Dimensionen und Spezifizierungen des Controllings als Ansatzpunkt für den zu Grunde gelegten Controllingbegriff dienen soll.

Als bedeutendste Controllingfunktionen werden die Unterstützungs-, Service-, Beratungs- und Moderationsfunktion angeführt, aus denen sich folgende Controllingaufgaben für den Mittelstand ableiten lassen:[147]

- Führungsunterstützung im Hinblick auf Entscheidungsvorbereitung und -unterstützung;
- Systembildende Aufgaben im Hinblick auf das Planungs- und Kontrollsystem sowie das Informationsversorgungssystem;
- Koordination von Planungsaktivitäten;
- Betriebswirtschaftliche Beratung.

Bemerkenswert an der Untersuchung von Dintner und Schorcht ist, dass ihre Studie die Vorgehensweisen der bisher dargestellten Untersuchungen auf den Kopf stellt: Auf Basis der Ergebnisse der Unternehmenspraxis hinsichtlich der Schwerpunktsetzung der Controllingaufgaben wird die Controllingkonzeption ausgewählt.

2.2.4.4 Controllinggestaltung

Im Folgenden wird das von Dintner und Schorcht ansatzweise entwickelte Soll-Konzept den Ergebnissen der zweiten Erhebung aus dem Jahre 1996 gegenübergestellt. Im Rahmen dieser Erhebung werden zunächst drei Gruppen von Faktoren spezifiziert, die als bedeutende Einflussgrößen der Controllinggestaltung gelten. Der Gruppe der internen Kontextfaktoren ordnen sie die Unternehmensgröße, die Branche, die Organisationsstruktur sowie die Rechtsform des Unternehmens zu. Als externen Faktor benennen sie die Umfeldkomplexität, beispielhaft gemessen an der Vielfältigkeit des Leistungsprogramms. Bei der dritten Gruppe handelt es sich um Faktoren des Führungssystems, die sich in mittelständischen Unternehmen auf einen Faktor, den Führungsstil, d. h. den Grad der Entscheidungsbeteiligung der Mitarbeiter, beschränken. Die Autoren gehen in der Untersuchung davon aus, dass diese Faktoren einen wesentlichen Einfluss auf die Gestaltung und damit letztendlich auf den Entwicklungsstand des Controllings ausüben. Auf die von ihnen vorgenommene Analyse der Faktoren und ihre Wirkungsweise wird im Anschluss an die Gestaltungsperspektiven eingegangen.

---

[147] Vgl. Dintner (1999), S. 3 i. V. m. S. 62–66.

Funktionale Gestaltung

Gemäß Dintner und Schorcht ist Controlling ein Subsystem der Führung, wobei Umfang und Aufgaben der Führungsunterstützung je nach Controllingansatz voneinander abweichen. Die Untersuchungsergebnisse zeigen einen eindeutigen Schwerpunkt der Controllingaufgaben bei der Ermittlung von innerbetrieblichen Schwachstellen und Engpässen, der Entwicklung und dem Ausbau des Planungs- und Kontrollsystems sowie der Durchführung von Kontrollen. Darüber hinaus zählen Kontrolle und laufende Anpassung der Planungs-, Kontroll- und Informationssysteme zu den wichtigsten Aufgaben der mittelständischen Controllingpraxis. Wenig Beachtung finden hingegen der Aufbau technischer Informationssysteme sowie die rechtliche und steuerrechtliche Beratung der Unternehmensführung in der Unternehmenspraxis. Die Ergebnisse zeigen damit eine klare Dominanz klassisch operativer sowie systembildender Aufgaben.

Dintner und Schorcht folgern aus den Ergebnissen ihrer Untersuchung, dass in der mittelständischen Unternehmenspraxis die rechnungswesen- und kontrollorientierte sowie die planungs- und kontrollorientierte Controllingkonzeption präferiert werden.[148] Demnach besitzt der Kontrollbereich nach der Controllingauffassung der befragten Unternehmen eine besonders große Bedeutung. Diese Ergebnisse stimmen mit den in anderen empirischen Untersuchungen beobachteten Schwerpunkten des Controllings überein.[149] Darüber hinaus kann auch für den operativen Planungsbereich eine entsprechende Bedeutung in der Praxis nachgewiesen werden. Des Weiteren ergibt die Untersuchung, dass der Unterstützungsfunktion des Controllings in der Praxis überraschender Weise wenig Bedeutung beigemessen wird.

Die Analyse der Abhängigkeit der dem Controlling zugeordneten Aufgaben von den Kontextfaktoren weist nur geringfügige statistische Zusammenhänge nach. Insgesamt zeichnen sich die Unternehmen, die den planungs- und kontrollorientierten Ansatz präferieren, durch eine mittlere Unternehmensgröße aus. Ein Einfluss der aus dem Leistungsprogramm abgeleiteten Umfeldkomplexität auf das Controlling kann nur in geringer Stärke nachgewiesen werden. Auch hinsichtlich des Führungsstils sind keine Tendenzaussagen möglich.

Die Untersuchung ergibt ferner, dass erst mit zunehmender Unternehmensgröße die Wichtigkeit und Realisierbarkeit des Controllings Bedeutung erlangen. Dieses Ergebnis in Kombination mit den Erkenntnissen

[148] Vgl. Dintner/Schorcht (1999), S. 151 sowie Abschnitt 2.1.3.

[149] Vgl. Kosmider (1993), S. 171; Ossadnik/Barklage/van Lengerich (2003), S. 54–55.

zum Controllingverständnis veranlasst Dintner und Schorcht zu der Schlussfolgerung, dass insbesondere bei kleineren Unternehmen noch eine intensive Grundlagenarbeit hinsichtlich des Inhalts, der Aufgaben und der Ziele des Controllings zu leisten ist.

Instrumentelle Gestaltung

Ihrer Untersuchung zur instrumentellen Ausgestaltung mittelständischer Unternehmen stellen Dintner und Schorcht zunächst die Frage nach den spezifischen Eigenarten von Controllinginstrumenten voran. In Anlehnung an Ziener definieren sie diese als Hilfsmittel, das die Umsetzung der Controllingaufgaben in einem konkreten Anwendungsfall ermöglicht.[150] In Abhängigkeit von den zu erfüllenden Aufgaben wird dabei zwischen unmittelbaren und mittelbaren Controllinginstrumenten unterschieden.[151] Zu den unmittelbaren Instrumenten zählen diejenigen, die der Erfüllung systemgestaltender und prozessunterstützender Aufgaben dienen. Mittelbare Instrumente sind dementsprechend diejenigen, die von den Führungskräften direkt zur Planung, Steuerung und Kontrolle eingesetzt werden. Insofern ist das Controlling der Methodenlieferant. Vor diesem Hintergrund ordnen die Autoren die Controllinginstrumente den Kategorien „Informationssystem", „Planungsbereich", „Kontrollsystem" sowie einem in einer ergänzenden Befragung erhobenen Kennzahlenbereich zu. Innerhalb dieser Kategorien unterscheiden sie zwischen operativer und strategischer Ausrichtung der Instrumente.

Eine wesentliche Voraussetzung für ein effektives Controllingsystem ist nach Dintner und Schorcht ein verwertbares Informationssystem. Diese erste Komponente ihres Controllingsystems besteht aus Instrumenten des Finanzbereichs und einer Kosten- und Leistungsrechnung. Dabei bilden die Instrumente des Finanzbereichs die Grundlage für eine controllinggerechte Gestaltung der Kosten- und Leistungsrechnung. Im Bereich des Finanzwesens zeigen die Untersuchungsergebnisse einen intensiven Einsatz der Instrumente, der sich insbesondere auf gesetzliche Erfordernisse zurückführen lässt. Hieraus ergibt sich für die Kosten- und Leistungsrechnung eine umfangreiche Datenbasis für Berechnungen und Auswertungen, die der Erhebung zufolge von den mittelständischen Unternehmen Thüringens auch genutzt wird. Hierbei muss der Entwicklungsstand bzw. die Qualität der Kostenrechnungsinstrumente in den untersuchten Unternehmen jedoch differenziert betrachtet werden. Zwar handelt es sich bei den Kostenrechnungsinstrumenten um die am häufigsten eingesetzten Instru-

[150] Vgl. Dintner/Schorcht (1999), S. 166; Ziener (1985), S. 43.
[151] Vgl. Niedermayr (1994), S. 115.

mente, doch steht dabei die Ist-Kostenrechnung auf Vollkostenbasis an erster Stelle. Die Deckungsbeitragsrechnung als entscheidungsunterstützendes Instrument findet hingegen nur geringe Anwendung. Dintner und Schorcht kritisieren die Vollkostenrechnung als adäquates Mittel zur Entscheidungsfindung und bemängeln den nicht vorhandenen ergänzenden Einsatz von Informationen aus der Teilkostenrechnung oder der Break-Even-Analyse. Ähnlich wie Kosmider kommen auch sie zu dem Ergebnis, dass eine leistungsfähige und führungsorientierte Teilkostenrechnung in der mittelständischen Praxis nur als Ergänzungsrechnung zur Vollkostenrechnung implementiert werden kann.[152]

Darüber hinaus zeigt die Untersuchung erhebliche Defizite im Bereich der Plankostenrechnung. Sofern vorhanden, dominiert in den befragten Unternehmen die Ausrichtung der Plankostenrechnung auf Vollkosten. Vor diesem Hintergrund relativiert sich zudem der Einsatz von Soll-Ist-Vergleichen in den befragten Unternehmen, da davon ausgegangen werden kann, dass in der Kostenkontrolle vor allem auf Vergangenheitswerte zurückgegriffen wird.

Neben dem Finanzbereich und der Kosten- und Leistungsrechnung wird der Planungsbereich als zweite Komponente des Controllingsystems bei den befragten Unternehmen als wichtigster Bereich eingestuft. Hierbei wird die Controllingaufgabe darin gesehen, die Entscheidungsprozesse und die Zielerreichung transparent und nachvollziehbar werden zu lassen. Insgesamt zeigen die Untersuchungsergebnisse einen eindeutigen Schwerpunkt auf den operativen Planungsinstrumenten, während die strategisch ausgerichteten Planungsinstrumente weit weniger häufig genutzt werden. An erster Stelle stehen bei den untersuchten Unternehmen die Budgetierung und Verfahren der Investitionsrechnung. Kennzahlensysteme und Methoden des Projektmanagements werden in den befragten mittelständischen Unternehmen hingegen nur fallweise angewandt. Unter den strategischen Planungsinstrumenten sind die Stärken-Schwächenanalyse sowie die Wettbewerbsanalyse die am häufigsten eingesetzten Instrumente. Interessanterweise kann für diese Instrumente sogar eine intensivere Nutzung nachgewiesen werden als für Instrumente des operativen Informationsbereichs (wie z. B. die ein- und mehrstufige Deckungsbeitragsrechnung, die Grenzplankostenrechnung oder die Break-Even-Analyse).[153]

Die dritte Komponente des Controllingsystems ist das Kontrollsystem, welches aus dem operativen Soll-Ist-Vergleich mit anschließender Abweichungsanalyse sowie der Gap-Analyse zur strategischen Kontrolle besteht. Der Soll-Ist-Vergleich stellt dabei die Vorstufe einer intensiven Analyse

---

152 Vgl. Dintner/Schorcht (1999), S. 188; Kosmider (1993), S. 115.
153 Vgl. Dintner/Schorcht (1999), S. 189.

der Ursachen für aufgetretene Soll-Ist-Abweichungen dar, die ihrerseits den Anstoß für Gegensteuerungsmaßnahmen als eigentliche Controllingaufgabe im Sinne der Steuerung und Regelung des Unternehmens bilden.[154] Die strategische Kontrolle hingegen dient der Anpassung der Strategieplanung an ein sich änderndes Unternehmensumfeld und liefert Anregungen zu Verbesserungen des strategischen Planungsprozesses. Voraussetzung eines funktionierenden Kontrollsystems ist das Vorliegen operativer und strategischer Planungsdaten. Die Befragung zur Ausgestaltung des Kontrollsystems ergibt somit entsprechend den Ergebnissen zum Planungsbereich einen eindeutigen Schwerpunkt auf der operativen Kontrolle. Die Nutzung strategischer Kontrollinstrumente kann dagegen nur in wenigen Fällen nachgewiesen werden. Diese Ergebnisse bestätigen die Ergebnisse anderer empirischer Untersuchungen: Demnach herrscht in der mittelständischen Unternehmenspraxis eine eindeutige Überbewertung operativer Kontrollaktivitäten vor.[155]

Die vierte Komponente des Controllingsystems umfasst in der Untersuchung von Dintner und Schorcht den Bereich der Kennzahlen im Unternehmen. Kennzahlen werden dabei als Hilfsmittel zur Planung, Steuerung und Kontrolle des Unternehmens verstanden und unterstützen das Controlling hinsichtlich seiner Koordinations- und Informationsversorgungsaufgabe.[156] In Orientierung an den mittelstandsspezifischen Gegebenheiten beschränkt sich ihre Auswahl auf die Bereiche des Erfolgs-, Vertriebs- und Finanzcontrollings, wobei folgende Kennzahlentypen im Hinblick auf das Verständnis und die Nutzung in der mittelständischen Unternehmenspraxis analysiert werden:

- Erfolgskennzahlen,
- Finanzierungskennzahlen,
- Marktkennzahlen,
- Weitere Kennzahlen[157].

Basis der internen Erfolgsanalyse im Unternehmen ist eine aussagekräftige Betriebsergebnisrechnung, aus der die verschiedensten Erfolgskenn-

[154] Vgl. Dintner/Schorcht (1999), S. 176; Schröder (2003) S. 168.

[155] Vgl. Kosmider (1993), S. 124; Niedermayr (1994), S. 225; Ossadnik/Barklage/van Lengerich (2003), S. 54.

[156] Vgl. Dintner/Schorcht (1999), S. 208.

[157] Kennzahlen der Materialwirtschaft, der Produktion, des Absatzes sowie des Personalbereichs.

zahlen[158] abgeleitet werden können. In ihrer Befragung gehen Dintner und Schorcht davon aus, dass die untersuchten Unternehmen die Anforderungen an die Ausgestaltung der internen Betriebsergebnisrechnung zumindest insoweit erfüllen, als Daten vorhanden sind, um die abgefragten Kennzahlen ermitteln zu können. Auf eine explizite Untersuchung der Betriebsergebnisrechnung wurde verzichtet. Die Untersuchungsergebnisse zu den Erfolgskennzahlen zeigen, dass die Steuerung in den untersuchten mittelständischen Unternehmen vornehmlich mit den Größen „Umsatz" und „Gewinn" erfolgt. Die Tatsache, dass der ROI deutlich weniger ermittelt wird als seine Bestandteile „Umsatzrendite" und „Kapitalumschlag", veranlasst sie zu der Annahme, dass in den befragten mittelständischen Unternehmen ein betriebswirtschaftliches Basiswissen fehlt. Hinsichtlich der Ermittlung von Deckungsbeiträgen lassen die Befunde vermuten, dass in den untersuchten Unternehmen vor allem vereinfachte, einstufige Deckungsbeitragsrechnungen angewandt werden. Insgesamt bewerten sie die Ergebnisse ihrer Untersuchung zur Anwendung von Erfolgskennzahlen zwar als durchaus positiv, stellen aber gleichzeitig fest, dass teilweise aufgrund von Wissensdefiziten einfach zu ermittelnde Informationen nicht generiert werden.

Finanzierungskennzahlen sind die zweite Gruppe von Kennzahlen, die Dintner und Schorcht untersuchen.[159] Derartige Kennzahlen ermöglichen einen Überblick über die Finanzlage des Unternehmens, die vor dem Hintergrund der besonderen Situation des Mittelstands im Hinblick auf die restriktiven Möglichkeiten der Kapitalbeschaffung, ein i. d. R. diskontinuierliches Investitionsgebaren und die beträchtliche Wahrscheinlichkeit des Auftretens kurzfristiger Finanzierungslücken als Folge mangelhafter mittelfristiger Planung kritisch zu überwachen ist. Die kontinuierliche Beobachtung von Kennzahlen, die die finanzielle Lage des Unternehmens widerspiegeln, sollte somit zum Controllingstandard gehören. Die Ergebnisse der Untersuchung bestätigen, dass die hierin einbezogenen Unternehmen dieser Forderung genügen. So werden sämtliche abgefragten Finanzierungskennzahlen von über der Hälfte der Unternehmen auch genutzt. Schlusslichter sind der dynamische Verschuldungsgrad sowie das Working Capital. Diese Kennzahlen setzt nur ein geringer Prozentsatz der Unternehmen ein, die an der Befragung teilgenommen haben. Einen verhältnis-

[158] Im Einzelnen werden untersucht: Gewinn (Betriebsergebnis), Umsatz, Umsatzrentabilität, Kapitalumschlag, Return on Investment, Gesamtkapitalrentabilität, Eigenkapitalrentabilität, Arbeitsproduktivität, Deckungsbeiträge I und II.

[159] Im Einzelnen werden untersucht: Cash Flow, Tagesfinanzstatus, Liquiditätsgrade I bis III, dynamischer Verschuldungsgrad, Eigenkapitalquote und Working Capital untersucht.

mäßig hohen Bekanntheitsgrad sowie eine positive Beurteilung im Hinblick auf seine Ermittlung kann für den Cash Flow als Indikator der Selbstfinanzierung festgestellt werden.

Marktkennzahlen[160] dienen einer Einschätzung der Absatzsituation der eigenen Produkte und ermöglichen neben Vergleichen mit der Konkurrenz auch eine Beurteilung der Verhaltensweisen von Kunden und Lieferanten. Bei der Auswahl der Kennzahlen für die Untersuchung werden die spezifischen Besonderheiten mittelständischer Unternehmen berücksichtigt, die Dintner und Schorcht wie folgt skizzieren:

- Marktbegrenzung aufgrund beschränkter Kapazitäten (Nischenpolitik);
- Kleindimensionierte, individualisierte Nachfrage in schmalen Marktsegmenten (erhöhte Marktrisiken);
- Gewinnung von Erkenntnissen über den Markt aus engem Kontakt mit Kunden;
- Hoher Anteil an Stammkunden.

Vor diesem Hintergrund empfehlen die Autoren die regelmäßige Ermittlung von Marktpotenzial, Marktanteil, Stammkundenanteil sowie Termineinhaltung als Kennzahlen zur Umfeldanalyse des Unternehmens. Marktkennzahlen werden in der Controlling-Literatur als Steuerungsgrößen nur sehr selten erfasst, sondern in der Regel im Bereich des Marketings thematisiert. Da allerdings nicht davon ausgegangen werden kann, dass mittelständische Unternehmen über ein systematisches Marketing verfügen, ordnen sie diese dem Kennzahlencontrolling zu. Die Ergebnisse der Untersuchung zeigen jedoch, dass die empfohlenen Kennzahlen in den untersuchten Unternehmen nur in wenigen Fällen ermittelt werden. Auch sind diese Kennzahlen einer Vielzahl von Unternehmen, die an der Befragung teilgenommen haben, nicht bekannt. Während die geringe Anwendung der Kennzahl „Marktanteil“ durchaus mit den Schwierigkeiten bei der Ermittlung durch Hinzuziehung externer Informationen zu begründen ist, überrascht doch die geringe Nutzung einfach zu ermittelnder Kennzahlen. So waren die Kennzahlen „Stammkundenanteil“ oder „Termineinhaltung“ mehr als einem Viertel der Unternehmen nicht bekannt. Aussagekräftige Ergebnisse zur Unterstützung der Unternehmenssteuerung und zur Früherkennung werden in diesen Fällen nicht genutzt.

Im Rahmen der weiteren Analyse untersuchen Dintner und Schorcht ferner das Verständnis und die Nutzung der nachfolgend aufgeführten Kennzahlen:[161]

---

[160] Im Einzelnen werden untersucht: Marktpotenzial, Marktanteil, Stammkundenanteil, Termineinhaltung (Lieferbereitschaftsgrad).

[161] Vgl. Dintner/Schorcht (1999), S. 262.

- Durchschnittlicher Lagerbestand, Lagerreichweite und Bevorratungsintensität als Kennzahlen der Materialwirtschaft;
- Kapazitätsauslastung, Durchlaufzeit, Maschinenauslastung, Ausschussquote und Reklamationsgrad als Kennzahlen der Produktionswirtschaft;
- Fluktuationsrate als Kennzahl des Personalbereichs.

Die Analyse dieser Kennzahlen ergibt einen eindeutig geringeren Bekanntheitsgrad als bei den zuvor genannten Kennzahlen. Dies lässt auf einen Aufklärungsbedarf hinsichtlich des Aussagegehalts und der Nutzungsmöglichkeiten von Kennzahlen in der mittelständischen Unternehmenspraxis schließen. Während die geringe Ermittlung der Fluktuationsrate vor dem Hintergrund der Unternehmensgröße mittelständischer Unternehmen einfach zu begründen ist, überrascht doch die geringe Nutzung von Kennzahlen der Material- und Produktionswirtschaft. Dieses Ergebnis deutet auf vorliegende Defizite im Bereich der Lagerhaltung der untersuchten Unternehmen hin.

Dintner und Schorcht erfragen in ihrer Untersuchung neben einem Kanon vorgegebener auch die Nutzung unternehmensindividueller Kennzahlen.[162] Diese Möglichkeit nehmen mit ca. 9% der befragten Unternehmen jedoch nur wenige Untersuchungsteilnehmer wahr. Als zusätzliche Kennzahlen werden genannt: Wertschöpfung, Auftragseingang, Sollzeit-Erfüllung, geleistete Überstunden, Krankenstand, Zahlungsmoral der Kunden sowie offene Forderungen.

Abschließend bleibt anzumerken, dass mittels der Untersuchung statistische Abhängigkeiten zwischen verschiedenen Kennzahlen sowie ferner zwischen Kennzahlen und Unternehmensgröße nicht nachgewiesen werden können. Die einzige Auffälligkeit, die identifiziert werden kann, ist die Tatsache, dass bei der Antwortalternative „gar nicht“ im Hinblick auf die Häufigkeit einer Kennzahlenermittlung die kleinen Unternehmen i. d. R. den größten Anteil aufweisen.

Institutionelle Gestaltung

Die institutionelle Ausgestaltung des Controllings behandelt die Frage, wie die Controllingfunktionen auf die Organisationseinheiten verteilt werden. Dintner und Schorcht untersuchen diesbezüglich die drei Aspekte „Institutionalisierung des Controllings“, „Qualifikation der Controllingverantwortlichen“ und „Einordnung der Stelle in die Unternehmenshierarchie“.[163]

[162] Vgl. Dintner/Schorcht (1999), S. 211.
[163] Vgl. Dintner/Schorcht (1999), S. 154–165.

Hinsichtlich der Institutionalisierung des Controllings führt die Untersuchung zu keinen neuen Erkenntnissen. Auch Dintner und Schorcht identifizieren die Problematik der Institutionalisierung des Controllings für kleine und mittlere mittelständische Unternehmen hinsichtlich der finanziellen und inhaltlichen Ausgestaltung, die die Einrichtung einer eigenständigen Stelle für diese Unternehmen in Frage stellt.[164] So ergibt auch diese Untersuchung, dass eine Institutionalisierung erst mit zunehmender Unternehmensgröße an Bedeutung gewinnt. Während in kleineren Unternehmen vor allem der Leiter des Rechnungswesens oder ein Mitglied der Unternehmensführung die Aufgaben des Controllings wahrnimmt, ist es in mittleren Unternehmen häufig bereits eine eigene Controllingstelle oder zumindest eine eigens dafür abgestellte Person, die mit diesen Aufgaben betraut ist.

Die Untersuchung der Qualifikation der Hauptverantwortlichen für das Controlling ergibt, dass diese in mittleren Unternehmen in der Regel über eine betriebswirtschaftliche Ausbildung mit Fachkenntnissen im Controlling oder ausschließlich über Fachkenntnisse im Controlling verfügen. Die Controllingverantwortlichen in den kleineren befragten mittelständischen Unternehmen besitzen hingegen häufig weder eine wirtschaftswissenschaftliche Ausbildung noch Fachkenntnisse im Controlling.

Die Untersuchungsergebnisse bezüglich der Einordnung der Controllingstelle in die Unternehmensstrukturen zeigen, dass in den Sollvorstellungen der befragten Unternehmen die Unternehmensleitung gefolgt vom Leiter des Rechnungswesens an erster Stelle als verantwortlich für die Wahrnehmung von Controllingaufgaben angesehen wird. In der Realität indes erfüllen am häufigsten die Leiter des Rechnungswesens gefolgt von der Unternehmensleitung diese Aufgaben. Dintner und Schorcht kommentieren dieses Ergebnis mit dem Zusatz, dass eine solche Lösung, d. h. die institutionelle Übertragung der Controllingfunktion an einen Entscheidungsträger im Unternehmen, dem grundlegenden Verständnis des Controllings entgegensteht, da auf diese Weise eine Verbesserung der Koordinationssituation im Unternehmen nicht erreicht werden könne.[165] Wenngleich dieser Einwand durchaus berechtigt ist, sollte eine solche Kritik zum Anlass genommen werden, das zu Grunde gelegte Controllingverständnis, d. h. die Fokussierung auf die Koordinationsfunktion, im Hinblick auf die Eignung für mittelständische Unternehmensstrukturen zu überdenken.

Die Untersuchungsergebnisse hinsichtlich der Auswirkungen der Kontextfaktoren auf die funktionale, instrumentelle und institutionelle Ausgestaltung des Controllings und die Prüfung der aufgestellten Hypothesen er-

---

[164] Vgl. Dintner/Schorcht (1999), S. 154.
[165] Vgl. Dintner/Schorcht (1999), S. 157.

gibt, dass lediglich die Unternehmensgröße einen sowohl den Entwicklungsstand als auch die Ausgestaltung des Controllings bestimmenden Faktor darstellt. Die Beobachtungen bestätigen die Ergebnisse anderer Untersuchungen[166] und lassen sich wie folgt zusammenfassen:[167] Mit zunehmender Unternehmensgröße weisen die Controllingsysteme der untersuchten Unternehmen einen höheren Entwicklungsstand auf, der sich nach Dintner und Schorcht daran zeigt, dass

- planungs- und kontrollorientierte Controllingaufgaben in den Vordergrund rücken;
- ein gefestigtes Controllingverständnis vorliegt;
- die Institutionalisierung des Controllings an Bedeutung gewinnt;
- die Mitarbeiterzahl im Controllingbereich steigt;
- Controller bzw. der Leiter des Rechnungswesens selbst oder in Verbindung mit anderen Personen die Koordination der Planungs-, Kontroll- und Informationsversorgungsaufgaben übernimmt;
- Koordinatoren zunehmend Kenntnisse auf dem Gebiet des Controllings besitzen;
- Planungs-, Überwachungs- und Berichtsinstrumente in verschiedenen Unternehmensbereichen stärker eingesetzt/weiterentwickelt werden;
- die Anwendung bzw. Nutzungsintensität sowohl taktisch/operativer als auch strategischer Instrumente und Methoden steigt.

Darüber hinaus stellen Dintner und Schorcht keinen Einfluss der vermuteten Kontextfaktoren auf die Ausgestaltung des Controllings fest: Während sie für „Branchenzugehörigkeit", „Umfeldkomplexität" und „Führungsstil" keine statistisch signifikanten Zusammenhänge nachweisen können, verzichten sie hinsichtlich „Organisationsstruktur" und „Rechtsform" aufgrund der geringen Differenziertheit der Untersuchungsgesamtheit auf eine tiefergehende Untersuchung dieser Faktoren. Abschließend stellen sie zur Hypothesenprüfung fest, dass aus den Untersuchungsergebnissen nur die Unternehmensgröße mit statistisch abgesicherter Signifikanz als Kontextfaktor für den Entwicklungsstand des Controllings hervorgeht.

Die Abbildung 2.5 stellt die postulierten und empirisch erhobenen Untersuchungsergebnisse von Dintner und Schorcht zusammenfassend dar.

[166] Vgl. Gaydoul (1980); Kosmider (1993); Niedermayer (1994); Ossadnik/Barklage/van Lengerich (2003).

[167] Vgl. Dintner/Schorcht (1999), S. 201–205.

SOLL-Controllingsystem für mittelständische Unternehmen

Aufgaben	Instrumente: Informationssystem	Instrumente: Planungsbereich	Instrumente: Kontrollsystem	Instrumente: Kennzahlen	Organisation
- Führungsunterstützung im Hinblick auf Entscheidungs-vor- und -nachbereitung - Systembildende Aufgaben im Hinblick auf Planung und Kontrolle sowie Informationsversorgung - Koordination von Planungsaktivitäten - Betriebswirtschaftliche Beratung	**operativ** Ist/Plan-Kostenrechnung- und Ist-Kostenträgerrechnung auf Vollkostenbasis Deckungsbeitragsrechnungen Grenzplankostenrechnung Kurzfristige Erfolgsrechnung Target Costing Prozesskostenrechnung Break-Even-Analyse Kosten-Nutzen-Analyse **strategisch** Szenario-Technik Prognosemodelle	**operativ** Budgetierung Investitionsrechnungsverfahren Kennzahlensysteme Methoden des Projektmanagements **strategisch** Stärken-Schwächenanalyse Produkt-Markt-Portfolio Technologie-Portfolio Benchmarking Erfolgsfaktoren-Analyse	**operativ** Soll-Ist-Vergleich Abweichungsanalysen **strategisch** Gap-Analyse	Erfolgskennzahlen Finanzierungskennzahlen Marktkennzahlen Materialwirtschaftliche Kennzahlen Kennzahlen der Produktions-wirtschaft Branchenvergleichskennzahlen Kennzahlen für Entlohnung	- Institutionalisierung des Controllings abhängig von der Unternehmensgröße - Organisation von Qualifikation des Controllingträgers beeinflusst - Einordnung der Controllingstelle in die Unternehmenshierarchie Soll: 1. Unternehmensführung 2. Leiter Rechnungswesen

IST-Controllingsystem in mittelständischen Unternehmen

Aufgaben	Instrumente: Informationssystem	Instrumente: Planungsbereich	Instrumente: Kontrollsystem	Instrumente: Kennzahlen	Organisation
- Führungsunterstützung im Hinblick auf Entscheidungs-vor und -nachbereitung - Systembildende Aufgaben hinsichtlich des Planungs- und Kontrollsystems sowie des Informations-versorgungssystems - Koordination von Planungsaktivitäten - Betriebswirtschaftliche Beratung	**operativ** Ist-KST- und -KTR-Rechnung auf Vollkostenbasis Kosten-Nutzen-Analyse Plankostenrechnung auf Vollkostenbasis Deckungsbeitragsrechnungen Kurzfristige Erfolgsrechnung Break-Even-Analyse Grenzplankostenrechnung Prozesskostenrechnung Target Costing **strategisch** Prognosemodelle Szenario-Technik	**operativ** Investitionsrechnungsverfahren Budgetierung Methoden des Projektmanagements Kennzahlensysteme **strategisch** Stärken-Schwächenanalyse Benchmarking Erfolgsfaktoren-Analyse Produkt-Markt-Portfolio Technologie-Portfolio	**operativ** Soll-Ist-Vergleich Abweichungsanalysen **strategisch** Gap-Analyse	Erfolgskennzahlen Finanzierungskennzahlen Marktkennzahlen	- Kleine Unternehmen: Leiter Rechnungswesen/Unternehmensführung - Mittlere/große Unternehmen: spezifische Stelle/Person - Kleine Unternehmen: keine controllingspezifischen Fachkenntnisse - Mittlere/große Unternehmen: betriebswirtschaftliche bzw. controllingspezifische Kenntnisse - Ist: 1. Leiter Rechnungswesen 2. Unternehmensführung

Abb. 2.5 Soll-Ist-Vergleich zur Studie von Dintner/Schorcht (1999)

2.2.5 Studie von Kappler/Scheytt

2.2.5.1 Untersuchungsdesign

Die vierte Studie stellt die Ergebnisse eines empirischen Forschungsprojekts von Kappler und Scheytt aus dem Jahre 1998 dar, in dem die Praktiken der strategischen Planung und des strategischen Controllings in mittelständischen Unternehmen der Regionen bzw. Länder Tirol, Voralberg und Südtirol analysiert werden.[168] Teilnehmer sind solche Unternehmen der gewerblichen Wirtschaft, die vorrangig in dem Größensegment zwischen 20 und 250 Mitarbeitern tätig sind. Die untersuchten Unternehmen gehören den Branchen Gewerbe und Handwerk, Industrie, Handel, Verkehr sowie Tourismus und Freizeitwirtschaft an.

Primäres Ziel der Erhebung ist die Feststellung eines „state of the art" der strategischen Planung und des strategischen Controllings in kleinen und mittelständischen Unternehmen der betreffenden Region. Im Zentrum der Analyse stehen die zur Anwendung kommenden Methoden, Konzepte und Instrumente. Dabei soll der „state of the art" von Planung und Controlling der untersuchungsrelevanten Unternehmen der Region anhand ihrer Präsentationen bzw. Beiträge in Medien festgestellt werden. Anwendungsorientierte, praxisnahe und zukunftsichernde Methoden, Konzepte und Instrumente sollen nach dem Verständnis in Zusammenarbeit zwischen Unternehmen und Wissenschaft entwickelt und umgesetzt werden.[169]

Die Studie und die hierzu erfolgenden weiteren Ausführungen beschränken sich auf den erstgenannten Punkt als erste Stufe einer umfassenden Untersuchung mittelständischer Unternehmen der Region. Dokumentationen der bereits konzipierten weiteren Stufen einer tiefergehenden Analyse liegen (nach derzeitigem Kenntnisstand der Verfasser) noch nicht vor. Da der Bezugsrahmen für die wesentlichen Kontextfaktoren der strategischen Planung und des strategischen Controllings in kleinen und mittelständischen Unternehmen noch erarbeitet wird, beschränken sich die folgenden Ausführungen auf begriffliche Grundlagen und auf Sollvorgaben für die Controllinggestaltung.

Gegenstand der Untersuchung ist der Aspekt der betrieblichen Planung, Steuerung und Kontrolle, sofern diese die strategische Ebene betreffen. Erfragt werden insbesondere Abläufe und Routinen der strategischen Planung und des strategischen Controllings. Dabei stehen die angewandten

---

168 Die Ergebnisse dieser Studie wurden im Jahr 2000 als Arbeitspapiere des Instituts für Organisation und Lernen der Universität Innsbruck veröffentlicht. Vgl. dazu und im Folgenden Kappler/Scheytt (2000a) und (2000b).

169 Vgl. Kappler/Scheytt (2000b), S. 3.

Instrumente im Vordergrund. Funktionale und institutionelle Gestaltungsaspekte werden nicht behandelt.

Eine Verallgemeinerung der Untersuchungsergebnisse auf alle mittelständischen Unternehmen ist indes nur beschränkt möglich. Hinsichtlich der Repräsentativität der Stichprobe zeigt sich, dass der Anteil von kleinen Unternehmen mit bis zu 50 Mitarbeitern im Vergleich zu deren Anteil in der Grundgesamtheit geringer ist, während der Anteil der mittleren Unternehmen mit 50 bis 250 Mitarbeitern in der Stichprobe bedeutend höher ist als deren Anteil in der Grundgesamtheit. Diese Tendenz tritt besonders deutlich in der Region Voralberg zu Tage. Darüber hinaus untersuchen Kappler und Scheytt die Repräsentativität der Stichprobe nach Wirtschaftszweigen und Branchen.[170] Dabei kann lediglich für die Voralberger Unternehmen nachgewiesen werden, dass die Branchenverteilung repräsentativ für die Grundgesamtheit ist. Die Ausgangsstichprobe der Untersuchung umfasst 1.406 Unternehmen, die sich im Rücklauf auf 461 Unternehmen reduziert. Davon können zwei Fragebögen nicht mehr in die Auswertung einbezogen werden, da sie zu spät eingegangen sind.

Die Untersuchungsmethode besteht in einer schriftlichen Befragung mittels eines standardisierten Fragebogens. Ergänzend finden in ausgewählten, unmittelbar persönlichen Kontakten mit Unternehmen mündliche Befragungen in narrativ-biografischen Interviewsituationen und Fallanalysen statt. Der Fragebogen umfasst 14 Fragen zu den Themen: „Einführung und Abläufe der strategischen Planung und des strategischen Controllings", „angewandte Hilfsmitteln", „Weiterentwicklung der strategischen Planung und des strategischen Controllings" sowie „demografische Daten".

2.2.5.2 Mittelstandsbegriff

Kappler und Scheytt legen ihrer Untersuchung keine explizite Mittelstandsdefinition zu Grunde und orientieren sich hinsichtlich der Größenstruktur der ausgewählten Unternehmen an der Anzahl der Mitarbeiter.[171] Die Befragung erstreckt sich auf Unternehmen mit 20 bis 250 Mitarbeitern.

Aufgrund des zur Verfügung stehenden Adressmaterials ergeben sich regionale Unterschiede. In Tirol umfasst die Untersuchung Unternehmen mit 20 bis 150 Beschäftigten, während in Voralberg und Südtirol Unternehmen mit 20 bis 250 Beschäftigten einbezogen werden. Der untere Grenzwert wird bewusst bei 20 Mitarbeitern festgelegt, da angenommen

---

170 Vgl. Kappler/Scheytt (2000a), S. 18–23.

171 Vgl. Kappler/Scheytt (2000a), S. 13.

wird, dass ab dieser Größe eine Führung auf „Zuruf" nicht mehr gegeben ist bzw. die Überschaubarkeit des Unternehmens ohne entsprechende Informationssysteme erhebliche Einbußen erleidet. Eine einheitliche Klassifizierung nach Mitarbeitergrößenklassen wird nicht vorgenommen.

2.2.5.3 Controllingbegriff

Auch hinsichtlich des Controllingbegriffs wird der empirischen Untersuchung keine explizite Definition zu Grunde gelegt. Damit zwängen sich Kappler und Scheytt nicht vorab in ein enges Korsett. Mit der Abfrage von Informationen zur Erfolgskontrolle und Zukunftsplanung sowie der Untersuchung von Instrumenten in der Bandbreite von „Beobachtungen des Kontostandes" bis hin zu „Wettbewerbs- und Markt-Analysen" und „Budgets" deuten sie ein weites Controllingverständnis an.[172]

2.2.5.4 Controllinggestaltung

Aus den vorgenannten Gründen und nicht zuletzt wegen des noch offen gelassenen theoretischen Bezugsrahmens beschränken sich die folgenden Ausführungen auf die instrumentelle Ausgestaltung der untersuchten mittelständischen Unternehmen. Zugunsten einer besseren Vergleichbarkeit mit den übrigen untersuchten Studien wird hierbei der Differenzierung nach der Unternehmensgröße (gemessen an der Mitarbeiterzahl) sowie nach Branchen der Vorrang gegeben und auf eine Darstellung der regionalen Unterschiede weitgehend verzichtet.

Die Untersuchung der Frage, wie häufig und zu welchen Zeitpunkten sich die befragten mittelständischen Unternehmen mit Erfolgskontrolle und Zukunftsplanung auseinandersetzen, ergibt, dass sich die Mehrzahl „monatlich" gefolgt von „ständig" mit dieser Thematik auseinandersetzen. In einer Differenzierung nach Branchen zeigt die Häufigkeitsbetrachtung, dass sich Unternehmen aus den Bereichen Verkehr und Tourismus unerwartet oft einer Erfolgskontrolle und Zukunftsplanung widmen, während Industriebetriebe nur im Mittelfeld zu finden sind.

Den teilnehmenden Unternehmen wird eine Liste von 28 Instrumenten mit der Option vorgelegt, auch sonstige Instrumente angeben zu können. Zur Analyse, welche Steuerungsinstrumente aus welchen Gründen mit welcher Wirksamkeit und auf Basis welchen Wissens in den befragten Unternehmen Anwendung finden, klassifizieren Kappler und Scheytt die Instrumente nach fünf Evolutionsstufen passiver und aktiver Außenorientie-

---

172 Vgl. Kappler/Scheytt (2000a), S. 30.

rung sowie nach dem Grad der Technisierung bzw. Automatisierung des Rechnungswesens.[173]

Zunächst ergibt die Untersuchung eine klare Dominanz des pagatorischen Rechnungswesens. Mit 93% dienen fast allen Unternehmen die „Zahlen aus der Buchhaltung" als Informationsgrundlage zur Unternehmenssteuerung. Einen großen Anteil hieran haben „Zwischenbilanzen", die rund 50% dieser Unternehmen zur Steuerung heranziehen. Darüber hinaus treten die „Zahlen aus der Buchhaltung" häufig in Verbindung mit „Preis- und Kostenkalkulationen" auf. Nur die Hälfte der Unternehmen, die über Kalkulationsverfahren verfügen, bauen ihre Verfahren tatsächlich auf Daten aus der Kosten- und Leistungsrechnung auf. Insgesamt scheint die Kosten- und Leistungsrechnung noch nicht den ihr zustehenden Einzug in die größeren Unternehmen gefunden zu haben. Knapp ein Drittel dieser Unternehmen verfügt nicht über ein solches Rechnungssystem.

Zu den Steuerungsinstrumenten der (niedrigsten) Evolutionsstufe 0 zählen Kappler und Scheytt Hilfsmittel, die folgendermaßen umschrieben werden:

- „Das richtige Gespür";
- „Ratschläge von Familienmitgliedern";
- „Viel Kreativität";
- „Findet bei mir nur im Kopf statt".

Diese intuitiven Instrumente werden nach der Erhebung in allen Unternehmensbereichen verwendet. Insbesondere kleine Unternehmen greifen auf diese Hilfsmittel häufig zurück. Auch für die Branchen „Gastronomie", „Hotellerie", „Textil" sowie „Spengler und Glaser" kann eine überdurchschnittliche Verwendung nachgewiesen werden.

Die zweite Gruppe von Instrumenten wird der Evolutionsstufe 1 zugeordnet und umfasst Zahlen aus der Buchhaltung, Beobachtung des Kontostandes sowie Ein- und Auszahlungsaufzeichnungen. Knapp 95% der Unternehmen verwenden mindestens eines dieser Hilfsmittel.

Zur dritten Gruppe (Evolutionsstufe 2) zählen folgende Instrumente:

- Kosten- und Leistungsrechnung,
- Investitionsrechnungen,
- Preis- und Kostenkalkulationen,
- Zwischenbilanzen,
- Informationen von Interessensvertretungen,
- Verfahren zur Finanzplanung.

[173] Vgl. Kappler/Scheytt (2000a), S. 33–40.

In Verbindung mit den Ergebnissen zu den Instrumenten der Evolutionsstufe 1 zeigen sich interessante konträr auftretende Ausprägungen. Während Instrumente der Stufe 1 vor allem in kleinen mittelständischen Unternehmen eingesetzt werden, finden die Instrumente der Stufe 2 vornehmlich bei größeren Unternehmen Verwendung.

Zu den Instrumenten der Evolutionsstufe 3 zählen Budgets, internes Vorschlagswesen sowie Kennzahlen. Eine statistisch signifikante Häufigkeit in der Verwendung dieser Instrumente kann für Unternehmen mit mehr als 40 Mitarbeitern, für Unternehmen mit mehr als 50 Mio. ATS Umsatz (ca. 3,6 Mio. €), für Kapitalgesellschaften sowie für Unternehmen der Industrie, des Handels und des Tourismus' nachgewiesen werden.

Die Anwendung der Instrumente der (höchsten) Evolutionsstufe 4 – namentlich strategische Analysen, strategische Planungsinstrumente sowie schriftliche, langfristige Pläne – setzen bereits ein betriebswirtschaftliches Grundwissen voraus. Dementsprechend greifen vor allem Unternehmen mit mindestens 80 Mitarbeitern sowie solche mit einer Umsatzstärke von mindestens 100 Mio. ATS (ca. 7,2 Mio. €) auf diese Instrumente zurück. Darüber hinaus kann festgestellt werden, dass diese Instrumente vor allem von Kapitalgesellschaften, Industrieunternehmen sowie Unternehmen der Maschinenbaubranche zur Unternehmenssteuerung verwendet werden. Insgesamt werden jedoch solche Instrumente von den Unternehmen dieser Gruppe, die Gegenstand der Untersuchung waren, nur in geringem Maße angewendet.

Im Hinblick auf die passiv und aktiv außenorientierten Steuerungsinstrumente[174] können keine signifikanten Ergebnisse ermittelt werden. Insgesamt arbeiten über 60% der Unternehmen, die an der Untersuchung teilgenommen haben, mit diesen Instrumenten, wobei bezüglich beider Instrumentengruppen ähnliche Verteilungsergebnisse vorliegen. In den Unternehmen der „Metall- und Baubranche“ sowie der „Kfz-Branche“ werden diese Instrumente seltener eingesetzt. Durchschnittlich höher ist die Verwendung in den Wirtschaftszweigen „Gastronomie“ und „Hotellerie“ sowie im „Groß- und Einzelhandel“.

Der Technisierungsgrad der untersuchten Unternehmen ist positiv zu beurteilen. So hat die EDV-Unterstützung auch in den kleinen mittelständischen Unternehmen Einzug gehalten. Dabei ist jedoch festzuhalten, dass

[174] Als Antwortmöglichkeiten bezüglich der passiven Instrumente wurden vorgegeben: Informationen über die Konkurrenz, Fachzeitschriften, Messebesuche und Marktforschungsberichte. Als Antwortmöglichkeiten bezüglich der aktiven Instrumente stehen zur Auswahl: Steuer- Unternehmens- und Rechtsberater, Gespräche mit Mitarbeitern, Beratung durch die Hausbank sowie Gespräche mit anderen Unternehmern.

nur wenige Unternehmen über (integrierte) Software verfügen, die auch in entscheidungsorientierter Hinsicht den individuellen Anforderungen gerecht wird. Hinsichtlich der Erwartungshaltung zeigt sich, dass der Wunsch nach dem „magischen Knopfdruck", der alle notwendigen Informationen zur Verfügung stellt, über alle Unternehmen hinweg besteht. Auf der anderen Seite offenbart sich aber nur eine geringe Bereitschaft, Zeit, Kreativität und Wissen in die Entwicklung entsprechender Software zu investieren.

Die Wirksamkeit der eingesetzten Steuerungsinstrumente wird insgesamt erwartungsgemäß zufriedenstellend beurteilt. Unternehmen, die am häufigsten mit Instrumenten der Stufe 3 und 4 arbeiten, geben eine hohe Zufriedenheit an. Der Einsatz von Instrumenten der Stufen 0 und 1 sowie die Verwendung außenorientierter Instrumente scheinen die Bedürfnisse der Anwender hingegen weniger zu befriedigen.

Als Gründe für die Einführung von Steuerungsinstrumenten werden mit abnehmender Häufigkeit eine bessere Informationsversorgung, Kostensenkung, Kontrollmöglichkeiten, Zielerreichung, Ertragserhöhung sowie erhöhter Konkurrenzdruck genannt. Letztgenannter ist insbesondere bei Unternehmen mit weniger als 50 Mitarbeitern und bei Unternehmen des Gewerbes und Handwerks ausschlaggebend.

Abschließend wird die Frage nach dem Erwerb des für den Einsatz der Instrumente notwendigen Steuerungswissens gestellt. Die vier meistgenannten Antwortmöglichkeiten sind – in absteigender Häufigkeit – „durch Praxis und Erfahrung", „Schulen und Universitäten", „Fachliteratur" sowie „gesunder Hausverstand". Demnach scheint initiative Wissensaneignung in Kombination mit dem Einsatz intuitiver, nicht systematisierter Methoden der Unternehmenssteuerung gängige Praxis zu sein. Aufgrund des eingeschränkten Designs der Studie wird auf eine grafische Darstellung der postulierten und empirisch erhobenen Untersuchungsergebnisse abgesehen.

2.2.6 Studie von Zimmermann

2.2.6.1 Untersuchungsdesign

Die fünfte Studie, die Eingang in die Analyse findet, stammt von Zimmermann aus dem Jahre 2000 und ist eine umfassende empirische Untersuchung zum Controlling in international tätigen mittelständischen Unternehmen aus dem verarbeitenden Gewerbe.[175] Teilnehmer der Befragung

[175] Die Ergebnisse dieser Studie wurden 2001 veröffentlicht. Vgl. dazu und im Folgenden Zimmermann (2001).

sind Manager und Träger von Controllingfunktionen mittelständischer Unternehmen aus Baden-Württemberg, Bayern, Hamburg, Hessen, Niedersachsen, Nordrhein-Westfalen, Reinland-Pfalz, dem Saarland und Schleswig-Holstein.

Der Untersuchung liegen drei Forschungsziele zu Grunde: Die theoretisch fundierte Entwicklung eines Instrumentariums zur Analyse des Controllings in mittelständischen Unternehmen, die empirische Analyse des Status quo der Nutzung sowie die Ableitung von Handlungsempfehlungen für Forschung und unternehmerische Praxis.[176] Hinter diesen Zielsetzungen steht die übergeordnete Frage nach der tatsächlichen Übertragbarkeit von Erkenntnissen der allgemeinen Controllingforschung auf das Untersuchungsobjekt mittelständischer Unternehmen, die von Zimmermann im Wesentlichen bejaht wird.[177]

Der Untersuchungsgegenstand ist die Gestaltung des Controllings in mittelständischen Unternehmen, ergänzt um den Komplex der Controlling-Einführung. Beide Untersuchungsbereiche werden zudem unter verhaltensbezogenen Gesichtspunkten hinsichtlich des Controllingerfolges untersucht. Das von Zimmermann entwickelte Controllingkonzept umfasst neben den Controllingzielen und dem Controllingsystem – bestehend aus Funktionen, Instrumentarium und Organisation – auch die Querschnittsdimensionen „Grundausrichtung des Controllingkonzeptes“ (reaktiv/initiativ) sowie „Orientierung des Controllingkonzeptes“ (operativ/strategisch). Das Konzept dient sowohl der Beschreibung von Auffassung, Ausprägung und Gestaltung der Controlling-Funktion in den unterschiedlichen Unternehmen als auch als Grundlage zur Identifikation und Analyse von unterschiedlichen Controllingprofilen.

Eine Allgemeingültigkeit der Untersuchungsergebnisse für alle deutschen mittelständischen Unternehmen wird aufgrund der Stichprobenauswahl und der Erhebungsform nicht beansprucht. Ziel der Analyse ist vielmehr die Erkenntnissicherung und -erforschung in Bezug auf Einflussfaktoren und Zusammenhänge von Controllinggestaltung und -performance. Die Ausgangsstichprobe umfasst 268 mittelständische Unternehmen, welche sich auf eine Stichprobe von 86 Unternehmen reduziert, die an der Befragung teilnehmen.

Die Erhebung wird anhand eines standardisierten Fragebogens mehrheitlich in persönlichen Interviews durchgeführt. Darüber hinaus beteiligen sich zwei Unternehmen schriftlich an der Untersuchung. Der Fragebogen gliedert sich thematisch in vier Abschnitte: „allgemeine Charakterisierung des Unternehmens“, „Controllingexistenz und Erfahrung mit dem Control-

176 Vgl. Zimmermann (2001), S. 4.
177 Vgl. Zimmermann (2001), S. 465.

ling", „Controllinggestaltung" und schließlich „Organisation und Führung des Unternehmens".

2.2.6.2 Mittelstandsbegriff

Auch Zimmermann wählt für seine Untersuchung einen bidimensionalen Definitionsansatz.[178] Die Abgrenzung mittelständischer Unternehmen basiert zum einen auf der Unternehmensgröße als quantitativem Merkmal sowie zum anderen auf verschiedenen qualitativen, die Führungs- und Unternehmensstruktur betreffenden Merkmalen.

Die quantitative Abgrenzung erfolgt, wie schon bei den bisher untersuchten Studien, auf der Grundlage der Mitarbeiteranzahl. Hiervon abweichend beträgt der obere Schwellenwert für Unternehmen jedoch durchschnittlich 2.000 Mitarbeiter. Der Untersuchung liegt im Hinblick auf die Anzahl der Beschäftigten folgende Größenklasseneinteilung zu Grunde:

- Kleine mittelständische Unternehmen: 10 – 25 Mitarbeiter
- Mittlere mittelständische Unternehmen: 26 – 250 Mitarbeiter
- Große mittelständische Unternehmen: 251 – 1.000 Mitarbeiter
- Sehr große mittelständische Unternehmen: 1.001 – 2.000 Mitarbeiter

Bestimmendes Merkmal des Mittelstandsbegriffs bei Zimmermann ist die Inhaberschaft, d. h. dass das Unternehmen ein Unternehmensleitungsorgan mit mindestens einem Miteigentümer besitzt, der zu maßgeblichen unternehmenspolitischen Entscheidungen befugt ist. Darüber hinaus kann das Unternehmen aus mehreren (auch ausländischen) Unternehmenseinheiten bestehen, sofern diese sich mit dominanter Mehrheit im Eigentum des Stammhauses befinden. Ein weiteres konstituierendes Merkmal ist die rechtliche und wirtschaftliche Unabhängigkeit des Unternehmens.

Die Beschränkung auf gewerbliche Industrieunternehmen und damit den Ausschluss von Handels- und Dienstleistungsunternehmen begründet Zimmermann mit der Annahme, dass sich Bedeutung und Ausgestaltung des Controllings in Unternehmen der unterschiedlichen Wirtschaftsbereiche sehr unterschiedlich darstellen.[179]

2.2.6.3 Controllingbegriff

Zimmermann nähert sich dem Controllingbegriff über den dem Controlling zugewiesenen Aufgabenbereich und stützt sich dabei auf die Definiti-

---

[178] Vgl. Zimmermann (2001), S. 29–31.
[179] Vgl. Zimmermann (2001), S. 31.

on von Horváth[180], die er in Anlehnung an Reichmann[181] relativiert. Während er einerseits auf Horváths systemtheoretisch inspirierte Controllingdefinition zurückgreift, schwächt er diese andererseits in Anlehnung an Reichmanns Controllingauffassung ab: So versteht er die Koordination nicht als die primäre Controllingfunktion, sondern als eine Funktion unter anderen. Darüber hinaus räumt er der Institutionalisierung des Controllings einen geringeren Stellenwert ein, als es seine Kennzeichnung des Controllings als Subsystem des Unternehmens zunächst andeutet: Die Institutionalisierung in Stellen oder Abteilungen wird nicht als konstituierendes Merkmal gesehen, wohl aber die Form der integrierten Wahrnehmung von Controllingaufgaben.[182]

Demnach übt Controlling als Subsystem des Leitungssystems eines Unternehmens in erster Linie führungsunterstützende Funktionen aus und dient der Unternehmensführung bei der Erfüllung ihrer Aufgaben durch eine zielorientierte Informationsversorgung sowie die Koordination von Planungs-, Kontroll- und Informationssystemen. Die Koordination beinhaltet sowohl systembildende als auch systemkoppelnde Aufgaben.

Mit dieser Begriffsdefinition klammert Zimmermann das Koordinationswesen nicht per se aus seiner Betrachtung aus, weist es hinsichtlich seines Wirkungskreises in mittelständischen Unternehmen jedoch in seine Schranken: Die Koordination (institutionalisierter) Führungsteilsysteme bzw. Leitungsbereiche weicht zugunsten der Koordination von Führungsteilfunktionen. Damit legt Zimmermann einen seinem Untersuchungsstil entsprechenden robusten Controllingbegriff vor.

2.2.6.4 Controllinggestaltung

Im Hinblick auf die Controllinggestaltung sei das von Zimmermann (als Norm) entworfene Controllingkonzept im Folgenden mit seinem funktionalen, instrumentellen und institutionellen Grundgerüst dargestellt und mit den von ihm erhobenen empirischen Befunden konfrontiert. Neben den drei Dimensionen sieht das Konzept Aussagen zur Grundhaltung (reaktiv/initiativ) sowie zum Grad der strategischen Orientierung des Controllings in mittelständischen Unternehmen vor. Ersteres beschreibt den Aktivitätsgrad des Controllings in der Spannweite von initiativ bis reaktiv. Zimmermann bezeichnet ein Controlling als initiativ, wenn die Träger von Controllingfunktionen eigeninitiativ Schwachstellen aufspüren und Gegenmaßnahmen anregen bzw. einleiten. Ist das Controlling demgegenüber

---

[180] Vgl. Horváth (2006), S. 134–135.
[181] Vgl. Reichmann (1985), S. 889.
[182] Vgl. Zimmermann (2001), S. 14.

vergangenheitsorientiert ausgerichtet und auf Anstöße (seitens der Unternehmensführung) angewiesen, so bewertet er es als reaktiv.[183]

Bevor die theoretischen Erkenntnisse mit den empirischen Ergebnissen konfrontiert werden, wird die Struktur der tatsächlichen Stichprobe vorgestellt. Auf den ersten Blick zeigen die in Tabelle 2.5[184] aufgeführten Ergebnisse zur Unternehmensgröße eine Dominanz mittelgroßer mittelständischer Unternehmen. Der Mittelwert von 369 Beschäftigten weist jedoch auf eine hohe Präsenz größerer mittelständischer Unternehmen hin.

Tabelle 2.5 Struktur der Erhebung nach Beschäftigtengrößenklassen

Mittelständische Unternehmen	Beschäftigten-größenklasse	Absolute Häufigkeit	Relative Häufigkeit
kleine	< 25	6	7,1
mittelgroße	26 - 250	45	53,5
große	251 - 1.000	26	31,2
sehr große	1.001 - 2.000	7	8,3

Funktionale Gestaltung

Bei der Erarbeitung des Aufgabenspektrums seines Controllingkonzeptes weist Zimmermann auf die Unterschiedlichkeit der wissenschaftlichen Meinungen dazu hin, welche Führungsaufgaben durch das Controlling zu betreuen bzw. zu unterstützen sind. Indem er postuliert, die Controllingaufgaben als Mittel zur Erfüllung der Controllingziele seien aus diesen abzuleiten, entzieht er sich der Diskussion um ein adäquates Aufgabenverständnis.[185] Er bemängelt, dass in Literaturbeiträgen den Controllingzielen häufig nicht der Stellenwert eingeräumt wird, den er ihnen beimisst.[186] Häufig werden Controllingaufgaben als Ausgangsbasis zur Gestaltung von Controllingkonzepten herangezogen, ohne dass vorab die Controllingziele thematisiert worden wären. Aus den abstrakten Oberzielen „Entlastung“ und „Unterstützung“ der Unternehmensführung deduziert er die Subziele des Controllings als Beitrag zur Sicherstellung von:[187]

- Planung,
- Kontrolle und Steuerung,

[183] Vgl. Zimmermann (2001), S. 92.
[184] Vgl. Zimmermann (2001), S. 251.
[185] Vgl. Zimmermann (2001), S. 110.
[186] Vgl. Zimmermann (2001), S. 94–95.
[187] Vgl. Zimmermann (2001), S. 98.

- Informationskongruenz und Verbesserung der Entscheidungsqualität,
- Früherkennung,
- Delegation von Entscheidungen und Aufgaben.

Dem Postulat der Ziel-Mittel-Relation und der mutmaßlichen Bedeutung für mittelständische Unternehmen folgend leitet er nachstehende Controllingaufgaben ab:

- Aufgaben im Rahmen der Planung,
- Aufgaben im Rahmen der Kontrolle und Steuerung,
- Aufgaben im Rahmen der Informationsversorgung,
- Querschnittsaufgaben.

Für jeden dieser Bereiche entwirft er einen umfangreichen und ins Detail gehenden Aufgabenkatalog, wobei er jeweils zwischen materiell-inhaltlichen und formalen (strukturbildenden) Aufgaben unterscheidet.[188] Für die Planung bedeutet dies, dass das Controlling sicherzustellen hat, dass geplant werden kann und geplant wird. Das Aufgabenspektrum reicht damit von der Ermittlung von Planungsdefiziten über die (Mitwirkung an der) Planung strategischer und operativer Ziele bis hin zum Aufbau eines Planungssystems.

Die große Vielfalt an Planungsaufgaben, die Zimmermann dem Controlling in seinem Konzept zuerkennt, reduziert sich in seiner empirischen Erhebung jedoch auf wenige Basisaufgaben. Den höchsten Stellenwert nimmt die Mitwirkung und Durchführung der operativen Planung ein, gefolgt mit deutlichem Abstand von systembildenden Aufgaben, allen voran dem Aufbau eines Planungssystems. Aufgaben im Bereich der langfristigen und strategischen Planung werden von den befragten Unternehmen eher als unbedeutend für das Controlling eingestuft.

Im Rahmen der Kontrolle und Steuerung ergeben sich analog zum Planungsbereich materielle und formale Controllingaufgaben, die sich aus den Controllingzielen ableiten. Zentrale materielle Aufgabe ist nach Zimmermann die systematische Suche nach Soll-Ist-Abweichungen. Aus dieser Aufgabe leiten sich sämtliche Steuerungs- und Kontrollaktivitäten im (mittelständischen) Unternehmen ab. Wesentliche Aufgaben sind die Ermittlung von Kontrolldefiziten und -schwachstellen und die Einleitung bzw. das Vorschlagen von Gegensteuerungsmaßnahmen. Darüber hinaus fallen für das Controlling formale (systembildende) Aufgaben an, wie u. a. der Aufbau und die Weiterentwicklung des Kontrollsystems. Schließlich hat das Controlling die Unternehmenskontrolle auch methodisch zu unterstützen, indem es Maßstäbe und Instrumente vorgibt. In Zusammenarbeit mit

[188] Vgl. Zimmermann (2001), S. 119–121.

der Planung muss es dafür Sorge tragen, dass Plan- und Kontrollzeiträume sowie -größen regelmäßig abgestimmt, Abweichungsursachen nachgehalten, analysiert und gegebenenfalls in der Planung berücksichtigt werden.

Empirisch kann Zimmermann im Kontroll- und Steuerungsbereich eine große Bandbreite des aufgestellten Aufgabenkatalogs nachweisen. Analog zu den Ergebnissen im Planungsbereich wird der Kontrolle operativer Ziele die höchste Bedeutung beigemessen. In diesem Zusammenhang steht auch die hohe Einschätzung der Überwachung der Rentabilitätsentwicklung. Darin zeigt sich nach Zimmermann die Dominanz des eigentlichen Kontrollaspekts des Controllings, die sonst gerne abgestritten wird.[189] Einen hohen Stellenwert in der Einschätzung der befragten Unternehmen genießt der Aufbau des Kontrollsystems. Die Steuerungsfunktion in den mittelständischen Unternehmen beschränkt sich auf die Prognose von Zielabweichungen und die Sensibilisierung der Entscheidungsträger für Gegensteuerungsmaßnahmen. Eigenständige Steuerungsaufgaben im Sinne eines initiativen Controllings, wie die Entwicklung oder Durchführung solcher Maßnahmen, haben in den befragten Unternehmen nur geringe Bedeutung. Langfristige und strategische Aufgaben (Kontrolle der Orientierung von Handlungsträgern an Unternehmensphilosophie und -richtlinien, strategische Kontrolle) sind analog zu den Planungsaufgaben von geringer Bedeutung. Während im Planungsbereich davon auszugehen ist, dass diese Aufgaben der obersten Unternehmensführung vorbehalten sind, könnte eine diesbezügliche Kontrolle durchaus Gegenstand des Controllings sein.

Der dritte Aufgabenbereich des Controllingkonzeptes ist die Informationsversorgung. Als materielle Informationsaufgaben ergeben sich u. a. die Informationsbeschaffung und das aktive Anbieten von verfügbaren Informationen, die Vereinfachung der eigenen Informationsanforderungen und die Ermittlung spezifischer erfolgsbeeinflussender Größen. Zentrale formale Aufgaben des Controllings sind in diesem Bereich der Aufbau eines Informationsversorgungssystems und die Einrichtung eines unternehmensinternen Berichtswesens. Daneben sollte auch der Anspruch Berücksichtigung finden, dass die Informationsversorgung Früherkennungsfunktionen erfüllt. Als Aufgaben führt Zimmermann die Entwicklung von Frühwarnindikatoren oder das Aufzeigen von frühen Entwicklungen mit Hilfe geeigneter (quantifizierbarer) Informationen an.[190]

Die empirischen Ergebnisse seiner Untersuchung zeigen, dass diesem dritten Aufgabenbereich von den untersuchten mittelständischen Unternehmen die höchste Bedeutung beigemessen wird. Nahezu allen Aufgaben

[189] Vgl. Zimmermann (2001), S. 261.
[190] Vgl. Zimmermann (2001), S. 117.

in diesem Bereich wird eine relativ hohe Bedeutung zugemessen. Besonders hervorgehoben werden formale Aufgaben, wie der Aufbau eines Informationsversorgungssystems, die Entwicklung von Frühwarnindikatoren sowie Aufgaben, die der unmittelbaren Erhöhung des Entscheidungsnutzens von Informationen dienen.

Insgesamt zeigt die empirische Untersuchung der Aufgabenbereiche Planung, Kontrolle und Steuerung sowie Informationsversorgung, dass in der Praxis der Schwerpunkt eindeutig auf die systembildenden, formalen Aufgaben gelegt wird. Bei dem letzteren Aufgabenbereich handelt es sich um so genannte Querschnittsaufgaben. Hierunter fasst Zimmermann zwei Bereiche zusammen. Zum einen handelt es sich um Aufgaben, die den systemkoppelnden Aspekt der Koordination betreffen. In mittelständischen Unternehmen ist dies die Koordination der unterschiedlichen Abteilungen bzw. der Personen, die die vorgenannten planungsbezogenen und informationsversorgenden Aufgaben ausüben. Diese Aufgabe entfällt organisationsbedingt bei kleineren mittelständischen Unternehmen. Zum anderen betrifft es Aufgaben, die zur Erleichterung der Delegation von Entscheidungen und Aufgaben in (mittelständischen) Unternehmen beitragen. Dies sind z. B. die Entpersonifizierung von Informations- und Kontrollprozessen hinsichtlich einer Verbesserung der Übertragung auf nachgeordnete Ebenen oder die Dokumentation von Ergebnissen aus delegierten Entscheidungen. Hierunter fällt auch die Sicherstellung zielorientierten Verhaltens der Unternehmensmitglieder. Ergänzend findet die vielfach genannte Forderung des Controllers als kritischem Austauschpartner im Aufgabenkatalog Berücksichtigung.

Empirisch kann in der Untersuchung nur eine geringe Bedeutung der systemkoppelnden Koordinationsfunktion des Controllings nachgewiesen werden. Wenngleich dieser Befund im Gegensatz zum allgemeinen Begriffsverständnis der Controllingforschung steht, überrascht er nicht. Steht doch dieser Befund im Einklang mit den spezifischen Besonderheiten der Führungssituation in mittelständischen Unternehmen. Die höchste Bedeutung nehmen in der Praxis die Sicherstellung der Zielorientierung und die Anforderung an die Träger von Controllingfunktionen ein, der Unternehmensführung als kritischer Diskussionspartner zur Verfügung zu stehen. Eine delegationsfördernde Funktion des Controllings kann demgegenüber in der Einschätzung der befragten Unternehmen nicht nachgewiesen werden.

Instrumentelle Gestaltung

Die Entwicklung eines Soll-Instrumentariums stellt zunächst auch Zimmermann vor die Problematik einer fehlenden allgemeingültigen Definition von Controllinginstrumenten. Ungeachtet dessen konzentriert er sich auf das Instrumentarium der Teildisziplinen Planung, Kontrolle und Informationsversorgung unter besonderer Berücksichtigung der identifizierten Controllingaufgaben.[191] Abgeleitet aus den Aufgaben werden die Instrumente zusätzlich nach der Art des Informationsprozesses gegliedert, wobei zwischen analytischen und prognostischen Instrumenten sowie Bewertungs- und Entscheidungsinstrumenten unterschieden wird. Tabelle 2.6[192] zeigt die Systematisierung dieser Controllinginstrumente.

Die Leistungsfähigkeit des Controllingsystems hängt nach Zimmermann entscheidend von der Qualität der Daten- und Informationsbasis im Unternehmen ab.[193] Erst eine solide Basis ermöglicht eine adäquate instrumentelle Ausgestaltung. Indikatoren für die Qualität sind Datenverfügbarkeit, Zweckneutralität sowie der Integrationsgrad der Informationen.

Die Anwendung der aufgeführten Controllinginstrumente setzt eine entsprechende Datenverfügbarkeit im Unternehmen voraus. In seiner empirischen Untersuchung kann Zimmermann nachweisen, dass in der Praxis häufig selbst leicht zu handhabende Instrumente, wie die „einfache" Deckungsbeitragsrechnung aufgrund der (vermuteten) aufwändigen Datenbeschaffung nicht angewendet werden, obgleich ihr Nutzen durchaus erkannt wird.[194] Entscheidend ist somit zunächst die Datenaufbereitung im Unternehmen, auf der ergänzende und grundsätzlich neue Controllinganwendungen aufbauen können.

Neben der Verfügbarkeit einer Datenbasis wird deren Zweckneutralität als wichtiges Kriterium für die Leistungsfähigkeit eines Controllingsystems gefordert. Der Vorteil einer zweckneutralen Speicherung liegt in der Möglichkeit, Daten flexibel für Sonderauswertungen oder fallspezifische Analysen heranzuziehen und zu nutzen. Datenredundanzen werden vermieden.

Der Integrationsgrad der Informationen als drittem controllingrelevantem Güteindikator kann innerhalb eines Spektrums festgestellt werden, das „von allein stehenden Informationen" bis hin zu so genannten „Informationskreisen" reicht, die wiederum mit anderen Informationskreisen des Unternehmens respektive der Unternehmensumwelt in Verbindung stehen. Dieser Grad ist mit entscheidend für die Schnelligkeit, in der Daten verfügbar sind, und somit letztendlich für die Qualität des (entscheidungsorientierten) Controllings.

---

[191] Vgl. Zimmermann (2001), S. 121–126.
[192] Vgl. Zimmermann (2001), S. 123–124.
[193] Vgl. Zimmermann (2001), S. 125.
[194] Vgl. Zimmermann (2001), S. 268.

Tabelle 2.6 Controllingaufgaben und Controllinginstrumente

Controllingaufgaben	Planung		Kontrolle und Steuerung		Informationsversorgung		Querschnittsaufgaben			
Controllinginstrumente	Formal-systemorientiert	Inhaltlich-materiellorientiert	Formal-systemorientiert	Inhaltlich-materiellorientiert	Formal-systemorientiert	Inhaltlich-materiellorientiert	Koordination	Erleichterung der Delegation	Sicherstellung der Zielorientierung	Sparring-Partner - Funktion
Analytik										
Kostenartenrechnung		x		x		x	x			
Kostenträgerrechnung		x		x		x				
Kostenstellenrechnung	x	x	x	x		x				
Deckungsbeitragsrechnung				x						
Stufenweise Fixkosten-deckungsrechnung				x						
Plankostenrechnung (Vollk.)		x								
Plankostenrechnung (Teilk.)		x								
D-Flussrechnung				x	x					
Betriebsabrechnung				x	x					
Kennzahlensystem/BSC	x	x	x	x		x	x	x	x	
Finanzplan	x	x	x	x			x			
Liquiditätsplan	x	x	x	x			x		x	
Kurzfr. Erfolgsrechnung		x		x		x				
Plan-GuV/-Bilanz		x					x			
Portfolio-Analyse				x		x				x
Prognose										
Investitionspläne (lgfr.)		x								x
Produktprogrammplanung (lgfr.)		x								
Finanzplanung (lgfr.)		x								
Absatz-/Umsatzplanung (lgfr.)		x								x
Hochrechnungen						x				
Früherkennungssysteme				x		x		x		x
Szenariopläne/-technik		x						x	x	x
Bewertung und Entscheidung										
ABC-Analyse	x		x		x					
Lebenszyklusanalyse		x		x		x				
Make-or-Buy Analyse										x
Chancen-Risiko-Analyse										x
Kosten-Nutzen-Analyse										x
Potenzialanalyse										x
Break-Even-Analyse		x		x		x				
Marktpositionierungs-Analyse				x						
Stärken-Schwächen-Analyse				x		x				

Diese Kriterien sollten bereits bei der Controllingeinführung berücksichtigt werden. Eine frühzeitige und vorausschauende Datenstrukturierung erleichtert die spätere Erweiterung und Umgestaltung des Controllinginstrumentariums. Ist die Daten- und Informationswirtschaft dagegen nur auf den aktuellen Monat ausgerichtet, kann sich dies als Hemmschuh für den weiteren (strategischen) Ausbau des mittelständischen Controllings erweisen.

In seiner empirischen Untersuchung der Einsatzintensitäten der aufgeführten Instrumente weist Zimmermann eine Dominanz der analytischen Instrumente gegenüber den Instrumenten der Prognose sowie der Bewertung und Entscheidung nach.[195] Bei den analytischen Instrumenten nehmen die kurzfristige Erfolgsrechnung und die Kostenartenrechnung die Spitzenpositionen ein. Demgegenüber stehen die deutlich geringeren Einsatzintensitäten der Kostenstellen- und Kostenträgerrechnung. Letztere ermöglichen jedoch erst die Steuerung der Kostenverursacher im Sinne eines entscheidungsorientierten Erfolgscontrollings. Für prospektive Instrumente, wie beispielsweise Planbilanz, Plan-Gewinn- und Verlustrechnung und der Plankostenrechnung, kann nur eine geringe Einsatzintensität nachgewiesen werden. Damit liegt der Schluss nahe, dass auch der Einsatz der analytischen Instrumente, allen voran der kurzfristigen Erfolgsrechnung, im Wesentlichen einer reinen Ist-Ist-Kontrolle dient. Plan-Ist-Kontrollen im Sinne von Zielkontrollen zu Steuerungszwecken spielen dagegen in den untersuchten Unternehmen nur eine geringe Rolle.

Die Befragung zu geschlossenen Kennzahlensystemen ergibt mit einem deutlich unter dem Mittelmaß liegenden durchschnittlichen Intensitätswert bei den untersuchten Unternehmen ein überraschendes Ergebnis. Die nähere Analyse von Kennzahlengruppen zeigt einen Schwerpunkt bei den Vertriebs- und Fertigungskennzahlen innerhalb des Controllings. Produktivitäts- und Rentabilitätskennzahlen finden demgegenüber nur in einem sehr bescheidenen Maße Eingang in das Kennzahlenwerk des Controllings der untersuchten mittelständischen Unternehmen. Die geringste Bedeutung innerhalb der analytischen Instrumente wird der Portfolio-Analyse zugemessen. Dieser Befund bestätigt die ernüchternden Ergebnisse Zimmermanns zur strategischen Orientierung von Controllingzielen und -aufgaben in den mittelständischen Unternehmen.

Prognostische Instrumente sind im Controlling der untersuchten mittelständischen Unternehmen selten. Die höchste Bedeutung erlangte der Einsatz von Frühwarnindikatoren. Die gesamte langfristige Planung sowie Hochrechnungen und Szenariotechnik spielen bei den befragten Unternehmen keine nennenswerte Rolle. Zimmermann interpretiert diese Ergeb-

---

[195] Vgl. Zimmermann (2001), S. 272.

nisse vor dem Hintergrund seiner theoretischen Analyse dahingehend, dass Planung nicht nur innerhalb des Controllings kaum Anwendung findet, sondern ihr darüber hinaus im (gesamten) Führungsinstrumentarium der untersuchten mittelständischen Untenehmen grundsätzlich kein nennenswerter Stellenwert zuerkannt wird. Nach Gesprächen mit Vertretern der Unternehmen, die an der Untersuchung teilnehmen, stellt Zimmermann fest, dass nach der hierbei von ihm festgestellten Auffassung Planung kein adäquates Instrument zur Unsicherheitsreduktion sei. Planung sei nur sinnvoll, wenn eine Fortschreibung des Status quo realistisch sei. Dies sei jedoch überwiegend nur in Großunternehmen gegeben.[196]

Die Erhebung der Instrumente zur Bewertung und Entscheidung hat bereits einen niedrigen Entwicklungsstand in der mittelständischen Praxis offenbart. Die ABC-Analyse, die überwiegend im Leistungsbereich und in geringem Maße zur Bewertung von Kunden und Lieferanten eingesetzt wird, findet nur mittelmäßig intensive Verwendung. Die übrigen untersuchten Instrumente werden kaum eingesetzt. Den kostenorientierten Instrumenten (Kosten-Nutzen-Analyse etc.) wird gegenüber den strategischorientierten Instrumenten (Stärken-Schwächen-Analyse etc.) Vorrang eingeräumt.

Insgesamt kommt über sämtliche Instrumentenbereiche hinweg den quantitativen, einperiodischen und überwiegend auf kostenrechnerischer Basis funktionierenden Instrumenten die höchste Bedeutung zu. Qualitativ-strategische und langfristig-orientierte Instrumente haben nach Zimmermanns Befunden kaum Eingang in das Controlling der von ihm untersuchten mittelständischen Unternehmen gefunden.

Die Untersuchung der Qualität der Daten- und Informationsbasis ergibt, dass den Controllingsystemen bei der Mehrzahl der befragten Unternehmen überwiegend unsystematische Datensammlungen zu Grunde liegen. Sie sind ausgerichtet nach finanzbehördlichen Anforderungen auf der Basis grobstrukturierter Datenbestände mit ansatzweiser, zweckgebundener Entscheidungsorientierung. Dabei spielen strategische Grundausrichtung und Unternehmensgröße eine entscheidende Rolle. Unternehmen, die nicht über eine klare strategische Gesamtsicht der Unternehmensentwicklung verfügen, fehlt mit hoher Wahrscheinlichkeit auch die notwendige Datenbasis, die zur Umsetzung entscheidungsorientierter Controllingaufgaben und -instrumente notwendig ist. Zimmermann kommt zu dem Ergebnis, dass die Schaffung der datenmäßigen Voraussetzung strategisch-orientierter Controllingaktivitäten nicht nur von der Unternehmensgröße, sondern

---

[196] Vgl. Zimmermann (2001), S. 461.

ganz wesentlich auch von der grundsätzlichen Neigung der Unternehmensführung hinsichtlich strategischer Managementkonzepte abhängt.[197]

Institutionelle Gestaltung

In seiner Untersuchung widmet sich Zimmermann sehr ausführlich den organisatorischen Gestaltungsaspekten des Controllings. Die Beantwortung der Frage, wer im Mittelstand die Trägerschaft von Controllingaufgaben übernimmt und wie diese mit unterschiedlichen Merkmalen bezüglich der Controllingaufgaben ausgestattet ist, diskutiert er mit Hilfe folgender vier Strukturdimensionen:[198]

- Spezialisierung und Zentralisierung bzw. Dezentralisierung,
- Konfiguration,
- Entscheidungsdelegation (Kompetenzverteilung),
- Regelungsdichte (Formalisierung und Standardisierung).

Der empirischen Untersuchung stellt er zunächst in einer theoretischen Analyse verschiedene controllingspezifische Ausprägungen und Erscheinungsformen dieser Strukturdimensionen voran. Sollvorstellungen bezüglich der organisatorischen Gestaltung werden von Zimmermann nicht genannt. So betont er an verschiedenen Stellen, dass die Frage nach der organisatorischen Ausgestaltung des Controllings nur in Abhängigkeit von den konkreten Aufgaben und Zielen, die den Controllingträgern vorgegeben werden, und der spezifischen Unternehmenssituation beantwortet werden kann.[199] Die weiteren Ausführungen beschränken sich auf jene (wenigen) Vermutungen, die Zimmermann zur Organisation des Controllings in mittelständischen Unternehmen anstellt und den Ergebnissen seiner empirischen Untersuchung gegenüberstellt. Im Anschluss daran wird auf ausgewählte, hypothesenartig formulierte Zusammenhänge und deren empirische Überprüfung eingegangen.

Obwohl eine umfassende Controllinghierarchie denkbar ist, vermutet Zimmermann, dass unterschiedliche Formen dezentraler Controllingstellen für (kleinere) mittelständische Unternehmen aufgrund der geringen dezentralen Strukturierung nur eine untergeordnete Rolle spielen.[200] Er geht davon aus, dass in kleinen und mittleren mittelständischen Unternehmen die Funktion des Controllers häufig von einem Mitglied der Geschäftsführung

[197] Vgl. Zimmermann (2001), S. 365.
[198] Vgl. Zimmermann (2001), S. 128.
[199] Vgl. z. B. Zimmermann (2001), S. 132.
[200] Vgl. Zimmermann (2001), S. 130.

zusammen mit anderen Aufgaben wahrgenommen wird.[201] Findet sich im Unternehmen dennoch ein Träger von Controllingfunktionen außerhalb der Geschäftsführung, stellt sich die Frage nach der Definition seiner Kompetenzen. Diese sollte den Träger befähigen, die Controllingaufgaben zielorientiert und ordnungsgemäß durchzuführen.[202] In der mittelständischen Praxis scheitert diese Forderung häufig jedoch aus verschiedenen Gründen. Wird Delegationsbereitschaft von der Unternehmensführung nicht vorgelebt, ist es schwierig, ein Betriebsklima im Unternehmen zu schaffen, das Delegationsbereitschaft Vorschub leistet. Weitere Barrieren ergeben sich sowohl aus einer geringen Bereitschaft und Fähigkeit nachgeordneter Stellen, eigenverantwortlich zu handeln, als auch aus etwaigen fachlichen Qualifikationsmängeln des Trägers von Controllingfunktionen.

Die deskriptive Analyse seiner empirischen Erhebung führt hinsichtlich der Controllingorganisation zu folgenden Ergebnissen: Nur knapp 40% der befragten Unternehmen institutionalisieren das Controlling bei der Einführung. Während die Mehrzahl dieser Unternehmen (91%) die Controllinginstitution in den Folgejahren beibehält, entscheiden sich in der Folgezeit von den Unternehmen, die zunächst von einer Institutionalisierung abgesehen haben, nur wenige (30%) dafür, diese einzuführen. Bei den Unternehmen, die das Controlling nicht institutionalisiert haben, liegt die Trägerschaft – wie von Zimmermann vermutet – mehrheitlich bei der Geschäftsführung bzw. zu gleichem Prozentsatz beim Rechnungswesen bzw. der Buchhaltung.

Die organisatorische Dezentralisierung von Controlling-Aktivitäten nach dem Kriterium „Objekt" (z. B. Sparten- oder Tochtergesellschaftscontrolling) bzw. nach dem Verrichtungskriterium „Funktionsbereich" (z. B. Marketing- oder Beschaffungscontrolling) spielt in den untersuchten Unternehmen, wie von Zimmermann erwartet, insgesamt keine zentrale Rolle.[203] Ist dennoch ein funktional spezialisiertes Controlling implementiert, so bezieht es sich bei der Mehrzahl der Unternehmen auf die betrieblichen Hauptfunktionen Finanzen, Fertigung und Vertrieb. Auffallend ist insbesondere die geringe controllingbezogene Durchdringung der Forschungs- und Entwicklungsaktivitäten in mittelständischen Unternehmen, wobei dieses Defizit von den untersuchten Unternehmen durchaus als solches erkannt wird.

Bemerkenswertes ergibt die Untersuchung von Zimmermann hinsichtlich der Auswirkung organisatorischer Gestaltungsmerkmale auf die Cont-

---

201 Vgl. Zimmermann (2001), S. 133.

202 Vgl. Zimmermann (2001), S. 133; vgl. hierzu auch Ossadnik (2009), S. 71.

203 Vgl. Zimmermann (2001), S. 276.

rolling-Performance[204] in mittelständischen Unternehmen. Neben einer höheren Beanspruchung als „Sparring-Partner" durch die Unternehmensführung sowie einer höheren controllingbezogenen Kompetenzausstattung eines institutionalisierten Trägers von Controllingaufgaben wird eine grundsätzliche Überlegenheit institutionalisierter gegenüber nicht-institutionalisierten Controllingkonzepten identifiziert. Ferner stellt er fest, dass eine Differenzierung bzw. Spezialisierung nach Funktionsbereichen die Leistungsfähigkeit des Controllingkonzeptes fördert.[205] Auch die Formalisierung und Standardisierung von Controllingaktivitäten im Sinne von Stellen- bzw. Funktionsbeschreibungen sowie Controlling-Leitlinien führt nachweislich zu einer positiven Erfolgswirkung. Dies trifft für funktionale, d. h. nicht-institutionalisierte Controllingkonzepte im stärkeren Maße als für institutionalisierte Konzepte zu. Abbildung 2.6 stellt die Untersuchungsergebnisse von Zimmermann im Überblick dar.

[204] Die Performance- oder Erfolgsmaßzahl wurde dabei mit Hilfe eines abgefragten (gewichteten) Erfüllungsgrades vorgegebener und frei genannter Controllingziele ermittelt. Die absoluten Erfolgswerte der Unternehmen wurden am erreichten Maximalwert relativiert und als relative Erfolgswerte den erfolgsbezogenen Analysen zu Grunde gelegt. Vgl. Zimmermann (2001), S. 402.

[205] Hierbei wurde die organisatorische Trennung in unterschiedliche Stellen nicht vorausgesetzt. Vgl. Zimmermann (2001), S. 411–412.

SOLL-Controllingsystem für mittelständische Unternehmen

Aufgaben	Instrumente: Analytik	Instrumente: Prognose	Instrumente: Bewertung und Entscheidung	Organisation
Planung: - Zielorientierte Planungsausrichtung - Dokumentation und Kommunikation der Unternehmensphilosophie *Kontrolle:* - Abweichungsanalyse - Strategische Kontrolle - Effizienzanalyse *Informationsversorgung:* - Systemgestaltung und -nutzung für interne Berichtsgestaltung *Querschnittsaufgaben*	Kostenarten-, -träger-, -stellenrechnung Deckungsbeitragsrechnung Stufenweise Fixkostendeckungsrechnung Plankostenrechnung (Voll- und Teilkosten) Deckungsbeitragsflussrechnung Betriebsabrechnung Kennzahlensysteme/BSC Finanz- und Liquiditätsplan Kurzfristige Erfolgsrechnung Planbilanz/-GuV Portfolio-Analyse	Langfristige Investitionspläne Langfristige Produktprogrammplanung Langfristige Finanzplanung Langfristige Absatz-/Umsatzplanung Hochrechnung/Trendextrapolation Früherkennungssysteme/-indikatoren Szenario-Pläne/-Technik	ABC-Analyse Lebenszyklusanalyse Make-or-Buy-Analyse Chancen-Risiko-Analyse Kosten-Nutzen-Analyse Potenzialanalyse Break-Even-Analyse Marktpositionierungsanalyse Stärken-Schwächen-Analyse	- Externe Controllingträger als Übergangslösung relevant - Institutionales oder funktionales Controlling - Stab- oder Linienstelle - Hohe hierarchische Einordnung des Controllers - Zuordnung der Mitarbeiter zu einer bestimmten Stelle schwierig - Evtl. Probleme bei der Delegation von Kompetenzen an Controllingträger
	Schwerpunkt analytischer Instrumente ist die Strukturierung controllingrelevanter Probleme. Prognostische Instrumente befassen sich mit der Vorhersage und Unsicherheitsreduktion, während Bewertungs- und Entscheidungsinstrumente vorwiegend in Zuordnungs- und Selektionsprozessen und teilweise als Kontrollinstrumente eingesetzt werden.			

IST-Controllingsystem in mittelständischen Unternehmen

Aufgaben	Instrumente: Analytik:	Instrumente: Prognose:	Instrumente: Bewertung und Entscheidung:	Organisation
Planung: - Operative Zielplanung - Systembildende/formale Planungsaufgaben *Kontrolle:* - Analyse der Rentabilitäts- und Aufwandsentwicklung - Aufbau des Kontrollsystems *Informationsversorgung:* - Aufbau des Informationsversorgungssystems und des Berichtswesens - Indikatoren zur Früherkennung *Querschnittsaufgaben*	Kurzfristige Erfolgsrechnung Kostenartenrechnung Kostenstellenrechnung Betriebsabrechnung Liquiditätsplan/Cash Flow-Rechnung Kostenrägerstückrechnung Deckungsbeitragsrechnung Finanzplan/-budget Planbilanz/-GuV Plankostenrechnung (Vollkostenbasis)	Früherkennungssysteme/-indikatoren Langfristige Absatz-/Umsatzplanung Hochrechnung/Trendextrapolation	ABC-Analyse Break-Even-Analyse Kosten-Nutzen-Analyse Make-or-Buy-Analyse Stärken-Schwächen-Analyse	- Institutionalisierung der Controllingfunktion - Geringe Spezialisierung - Kaum Differenzierung von Controllingaktivitäten nach Funktionsbereichen - Bei funktionalem Controlling Geschäftsführung oder Rechnungswesen als Controllingträger - Keine divisionale Organisation - Eher Tochtergesellschaften
	Die Bedeutung des analytischen Instrumentalbereichs wird - im Gegensatz zu den prognostischen Controllinginstrumenten - als relativ hoch eingeschätzt. Ebenfalls geringe Bedeutung wird den Instrumenten zur Bewertung und Entscheidung beigemessen. Somit ist eine Dominanz der analytischen Instrumente bei mittelständischen Unternehmen festzustellen.			

Abb. 2.6 Soll-Ist-Vergleich zur Studie von Zimmermann (2001)

2.2.7 Studie von Ossadnik/Barklage/van Lengerich

2.2.7.1 Untersuchungsdesign

Als sechste Studie[206] wird unserer Analyse die Untersuchung der Verfasser aus dem Jahre 2002 zu Grunde gelegt. Die Studie geht über eine reine Bestandsaufnahme der Controllinginstrumente hinaus.[207] Sie steht mit ihrer ganzheitlichen Betrachtung in der Tradition der Studie Kosmiders und konzentriert sich auf funktionale, instrumentelle und institutionelle Aspekte des Controllings in mittelständischen Unternehmen. Befragt werden die Unternehmen des Industrie- und Handelskammer-Bezirks Osnabrück-Emsland im südwestlichen Niedersachsen.

Ziel der Untersuchung von Ossadnik/Barklage/van Lengerich ist es, die konkrete Umsetzung des Controllings im Mittelstand zu analysieren, um darauf aufbauend Handlungsempfehlungen für die adäquate Gestaltung von realen Controllingsystemen in mittelständischen Unternehmen abzuleiten.

Gegenstand der Untersuchung ist die betriebliche Planung, Kontrolle und Steuerung unter besonderer Berücksichtigung des Entwicklungsprozesses des Controllings im Mittelstand. Zum einen werden die dem Controlling zugeordneten Aufgaben identifiziert und zum anderen wird analysiert, wie fortgeschritten der Einsatz des Controllings in den betreffenden Unternehmen ist und welches Instrumentarium zur Wahrnehmung der Controllingaufgaben eingesetzt wird. Darüber hinaus wird überprüft, ob ein konzeptionelles Verständnis in Bezug auf Controlling existiert und wie stark dieses entwickelt ist. Zudem werden die organisatorische Ausgestaltung sowie die auf die Ausgestaltung des Controllings im Mittelstand Einfluss nehmenden Faktoren untersucht.

Eine Verallgemeinerung der Untersuchungsergebnisse auf alle mittelständischen Unternehmen der Region ist aufgrund der nicht-repräsentativen Auswahl der Stichprobe und der Struktur des auswertbaren Rücklaufs nur beschränkt möglich.[208] Die Ausgangsstichprobe umfasst 1.470 Unternehmen und vermindert sich im Rücklauf auf eine tatsächliche Stichprobe von 155 mittelständischen Unternehmen. Ausgangsbasis ist eine Adressdatei des Instituts für Mittelstandsfragen an der Universität Osnabrück

---

[206] Die Verfasser danken dem Institut für Mittelstandsfragen gGmbH an der Universität Osnabrück (IfMOS) für die finanzielle Förderung des Forschungsprojektes, dessen Ergebnisse in Abschnitt 2.2.7 erörtert werden.

[207] Die Ergebnisse der Studie sind einem IfMOS-Forschungsbericht zu entnehmen. Vgl. dazu und zum Folgenden Ossadnik/Barklage/van Lengerich (2003).

[208] Vgl. Ossadnik/Barklage/van Lengerich (2003), S. 46.

(IfMOS), die die bei der Industrie- und Handelskammer Osnabrück-Emsland registrierten Unternehmen umfasst.

Für die Untersuchung wird die schriftliche, postalische Befragung mittels eines standardisierten Fragebogens als Erhebungsmethode gewählt. Alternativ wird den angeschriebenen Unternehmen die Möglichkeit gegeben, den Fragebogen online via Internet zu beantworten. Der Fragebogen gliedert sich in fünf Abschnitte: „allgemeine Fragen", „Controllingverständnis", „Controllinginstrumentarium", „institutionelle Ausgestaltung und Entwicklungspotenzial des Controllings".

Da sich die semantischen Grundlagen dieser Studie mit den unter Abschnitt 2.1 ausgeführten begrifflichen Grundlagen unserer Analyse decken, sind diesbezügliche Ausführungen im Folgenden bewusst knapp gehalten.

2.2.7.2 Mittelstandsbegriff

Die Definition mittelständischer Unternehmen basiert, wie auch in den bisher dargestellten Untersuchungen, auf dem Kriterium „Anzahl der Mitarbeiter". Qualitative Kriterien werden nicht zur Abgrenzung herangezogen, doch an verschiedenen Stellen in der Analyse erläutert und berücksichtigt. Der Fokus der Untersuchung liegt auf Unternehmen mit bis zu 500 Mitarbeitern. Auf die gesonderte Betrachtung sehr großer mittelständischer Unternehmen mit einer Mitarbeiteranzahl zwischen 501 und 2.000, die aufgrund des Umfangs des entsprechenden Fragebogenrücklaufs nur deskriptiv analysiert werden, wird im Folgenden nicht weiter eingegangen.[209] Insgesamt liegt der Studie eine Einteilung mittelständischer Unternehmen in folgende drei Gruppen zu Grunde:[210]

- Kleine mittelständische Unternehmen: bis zu 50 Mitarbeiter
- Mittlere mittelständische Unternehmen: 51 – 200 Mitarbeiter
- Große mittelständische Unternehmen: 201 – 500 Mitarbeiter

2.2.7.3 Controllingbegriff

Der zu Grunde gelegte Controllingbegriff stützt sich auf die planungs- und kontrollsystemorientierte Controllingkonzeption von Horváth.[211] Ansatzpunkt für ein mittelständisches Controlling ist, dass es sich bei der Ausdifferenzierung des Führungssystems nicht notwendigerweise auch um eine organisatorische Gliederung handeln muss. Die Koordinationsfunktion des Controllings in diesem Ansatz bezieht sich auf die Führungsteilsysteme

[209] Vgl. dazu eingehender Ossadnik/Barklage/van Lengerich (2003).

[210] Vgl. Ossadnik/Barklage/van Lengerich (2003), S. 3.

[211] Vgl. Ossadnik/Barklage/van Lengerich (2003), S. 15; vgl. auch Horváth (2006).

Planung und Kontrolle sowie Informationsversorgung, die – zumindest rudimentär – in jedem mittelständischen Unternehmen vorhanden sein sollten.

Aufbauend auf diesem Fundament wird Controlling für mittelständische Unternehmen als die Bereitstellung von Methoden, Instrumenten und Informationen definiert, die der Unternehmensführung die Steuerung, Planung und Kontrolle des Unternehmens ermöglichen. Dabei gilt es, nicht finanzielle, finanzielle und ergebnismäßige (d. h. auch die kosten- und erlösmäßigen Komponenten umfassenden) Steuerungsgrößen transparent zu machen, um dadurch die Entscheidungsträger mit adäquaten Führungsinformationen zu versorgen. Dieser Begriff stellt auf die serviceorientierten Aufgaben des Controllings ab. Koordinationsorientierte Aufgaben spielen demgegenüber betriebsgrößen- und damit organisationsbedingt nur eine untergeordnete Rolle.

2.2.7.4 Controllinggestaltung

Die folgenden Ausführungen konzentrieren sich auf die funktionalen, instrumentellen und institutionellen Aspekte des mittelständischen Controllings, wie sie der Studie zu Grunde liegen. Den (abgefragten) Soll-Vorstellungen werden die empirisch erhobenen Ist-Vorstellungen und -Ausprägungen der befragten Unternehmen gegenübergestellt.

Aus Tabelle 2.7[212] ist die Struktur der tatsächlichen Stichprobe der Erhebung nach Beschäftigtengrößenklassen ersichtlich. Darüber hinaus sind im Rücklauf auch 10 Fragebögen von Unternehmen enthalten, die die Anzahl ihrer Mitarbeiter nicht angeben. Aufgrund der übrigen Antworten dieser Unternehmen wird davon ausgegangen, dass sie eine Anzahl von 500 Mitarbeitern nicht übersteigen.

Tabelle 2.7 Struktur der Erhebung nach Beschäftigtengrößenklassen

Mittelständische Unternehmen	Beschäftigten-größenklasse	Absolute Häufigkeit	Relative Häufigkeit
kleine	< 50	60	41,4
mittlere	51 - 200	60	41,4
große	201 - 500	25	17,2

212 Vgl. Ossadnik/Barklage/van Lengerich (2003), S. 51. Nicht aufgeführt sind zudem 14 Unternehmen, die im Jahr 2001 durchschnittlich zwischen 501 und 2.000 Mitarbeiter beschäftigt hatten.

Funktionale Gestaltung

Die dem Controlling zuzuordnenden Koordinationsaufgaben der Systembildung und Systemkopplung des Planungs-, Kontroll- und Informationsversorgungssystems sind prinzipiell als Aufgaben mittelständischen Controllings anzusehen. Aufgrund der geringen Segmentierung im Führungssystem dieser Unternehmen treten sie jedoch hinter die Servicefunktionen zurück. Der Aufgabenkatalog, der den mittelständischen Unternehmen vorgelegen hat, deckt somit Koordinations- und Servicefunktionen ab. Insgesamt können die Unternehmen ihre Controllinginhalte aus einer Liste von 12 Stichworten bestimmen:

- Kontrolle durch Soll-Ist-Vergleich;
- Entwicklung und Ausbau eines Planungs- und Kontrollsystems;
- Kontrolle und laufende Anpassung des Planungs-, Kontroll- und Informationssystems;
- Ermittlung innerbetrieblicher Schwachstellen und Engpässe;
- Einrichtung und Weiterentwicklung eines innerbetrieblichen Informations- und Berichtssystems;
- Beratung der Unternehmensleitung in betriebswirtschaftlichen Fragen;
- Planung;
- Finanzwirtschaftliche Aufgaben (wie Liquiditätssicherung und Bilanzierungsfragen);
- Mitwirkung bei der Festlegung der Unternehmensziele und der Geschäftspolitik;
- Koordinationsaufgaben zwischen den betrieblichen Teilbereichen;
- Aufbau eines technischen Informationssystems (z. B. Qualitätskontrolle) sowie
- Beratung in rechtlichen und steuerlichen Fragen.

Nach den empirischen Ergebnissen werden in den befragten Unternehmen die Schwerpunkte eindeutig auf die Kontrolle, die Entwicklung und den Ausbau eines Planungs- und Kontrollsystems, die Kontrolle und laufende Anpassung des Planungs-, Kontroll- und Informationssystems sowie die Ermittlung innerbetrieblicher Schwachstellen gelegt. Weniger bedeutsam sind hingegen der Aufbau eines technischen Informationssystems und die Beratung in rechtlichen und steuerlichen Fragen. Koordinationsaufgaben sind – unabhängig von der Unternehmensgröße – ebenfalls nur von geringer Bedeutung. Andererseits dominieren vor allem klassische operative Aufgaben (d. h. vor allem die Planung und die anschließende Kontrolle) in den untersuchten mittelständischen Unternehmen. Damit besteht eine Tendenz, den planungs- und kontrollsystemorientierten Controllingansatz zu präferieren. Die Ergebnisse zeigen jedoch auch, dass dem Controlling eine große Bandbreite von Aufgaben zugewiesen wird. Insgesamt werden mit der Untersuchung die Erkenntnisse anderer empirischer Studien zum Controlling im Mittelstand bestätigt.[213]

Darüber hinaus weisen die empirischen Befunde hinsichtlich eines Zusammenhanges zwischen den vorgegebenen Aufgaben und der Unternehmensgröße auf eine Verschiebung der Bedeutung der Controllingaufgaben im Sinne einer Aufgabenausweitung auf Koordinationsaufgaben hin. Mit zunehmender Unternehmensgröße nimmt die Bedeutung der systembildenden und systemkoppelnden Koordinationsaufgaben für das Controlling zu.

Instrumentelle Gestaltung

Der Problematik einer fehlenden allgemeingültigen Definition von Controllinginstrumenten wird eine ausführliche Auswertung der aktuellen Literatur zum Controlling entgegengesetzt. Auf dieser Basis werden 50 Instrumente identifiziert, die dem controllingrelevanten Instrumentarium mittelständischer Unternehmen zugerechnet werden.[214] Abweichend von den zuvor dargestellten Untersuchungen wird eine Kategorisierung der Instrumente nicht vorgenommen. Den befragten Unternehmen liegen sie vielmehr nur alphabetisch sortiert vor.

In den Unternehmen, die an der Untersuchung teilgenommen haben, dominieren die klassischen Instrumente zur Liquiditäts- und Kostenüber-

---

[213] Vgl. z. B. Kosmider (1993), S. 96; Dintner/Schorcht (1999), S. 149–152.

[214] Im Einzelnen sind das: ABC-Analyse, Abweichungsanalyse (allgemein), Analyse kritischer Erfolgsfaktoren, Anreizsysteme, Artikelerfolgsrechnung, Auftragserfolgsrechnung, BSC, Benchmarking, Betriebsabrechnung, Bewegungsbilanz, Break-Even-Analyse, Budgetierung, Cash Flow-Rechnungen, Deckungsbeitragsrechnung (ein-/mehrstufig), Deckungsbeitragsflussrechnung, Finanzplan/-budget, Frühwarnsysteme, Investitionsrechnung (dynamisch/statisch), Kennzahlen, Kennzahlensysteme, Kostenabweichungsanalysen, Kostenartenrechnung, Kosten-Nutzen-Analyse, Kostenstellenrechnung, Kostenträgerrechnung, Kostenträgerstückrechnung, kurzfristige Erfolgsrechnung, langfristige/strategische Planung, Liquiditätsplanung/-überwachung, Lücken bzw. Gap-Analyse, Make-or-buy-Analyse, Methoden des Projektmanagements, Nutzwertanalyse, Planbilanzen/-GuV, flexible Plankostenrechnung auf Grenzkostenbasis bzw. Vollkostenbasis, starre Plankostenrechnung, Portfolio-Analyse, Preisgrenzenermittlung, Produktlebenszyklusanalyse, Prognosemodelle, Prozesskostenrechnung, Relative Einzelkostenrechnung, Stärken-Schwächen-Analyse, Strategische Kontrolle, Szenario-Technik, Verrechnungs-/Transferpreise, Zielkostenrechnung.

wachung. Insofern werden die Ergebnisse der vorangestellten Studien durch die Befunde bestätigt. Schlusslichter in der Gunst der mittelständischen Unternehmen bilden die Nutzwertanalyse, die Lücken- bzw. Gap-Analyse und die Balanced Scorecard. Erstaunlich ist, dass die dynamischen Investitionsrechnungsverfahren gegenüber den statischen Verfahren präferiert werden. Dies widerspricht dem weit verbreiteten Vorurteil, statische Verfahren würden in der Praxis aufgrund ihrer geringen Komplexität und ihres vermuteten niedrigeren Bedarfs an Informationen gegenüber dynamischen Investitionsrechnungen bevorzugt.

Die Untersuchung eines Zusammenhanges zwischen der Unternehmensgröße und dem Entwicklungsstand der vorhandenen Instrumente ergibt ein differenzierteres Bild. Ausgehend davon, dass sich in großen mittelständischen Unternehmen der Koordinationsbedarf infolge von komplexeren Betriebsabläufen erhöht und Quantität und Qualität der verwendeten Controllinginstrumente zunehmen, wird festgestellt, dass mit steigender Unternehmensgröße der Anwendungsumfang der Controllinginstrumente steigt. Auffällig ist, dass Unternehmen mit 50 bis 100 Mitarbeitern hier eine Ausnahme bilden: Sie weisen einen geringeren Anwendungsumfang als Unternehmen mit weniger als 50 Mitarbeitern auf. Insgesamt wird für 16 der 50 Controllinginstrumente eine signifikante Abhängigkeit von der Unternehmensgröße nachgewiesen, d. h. dass sie bei zunehmender Unternehmensgröße verstärkt eingesetzt werden. Auf einzelne Instrumente wird in den nachfolgenden Ausführungen eingegangen.

Hinsichtlich der Kostenstellen- und Kostenartenrechnung sowie der allgemeinen Abweichungsanalysen ist festzuhalten, dass diese Instrumente laufend bis regelmäßig in großen mittelständischen Unternehmen angewendet werden. Vor allem ist die Kostenstellenrechnung hervorzuheben, da diese nach den Stichprobenergebnissen auch in den kleinen mittleren mittelständischen Unternehmen einen verhältnismäßig hohen Verbreitungsgrad aufweist. Darüber hinaus wird deutlich, dass Kostenabweichungsanalysen, Kostenträgerrechnung, Kennzahlensysteme, Bewegungsbilanzen sowie ABC-Analysen in großen mittelständischen Unternehmen weitgehend zum Standard gehören. Dort werden sie durchschnittlich regelmäßig bis fallweise eingesetzt. Werden einzelne Instrumente durchschnittlich nur fallweise bis selten eingesetzt, so ist das darauf zurückzuführen, dass diese weitgehend strategischen Instrumente im Allgemeinen Methoden bzw. Verfahren für Einzelfallentscheidungen und -analysen darstellen, für die ein Anwendungsanlass eher nur selten gesehen wird (z. B. Make-or-buy-Analyse, Methoden des Projektmanagements).

Auch der Anstieg des Anwendungsumfangs von Kennzahlensystemen in großen mittelständischen Unternehmen, deren Anwendung erst bei höherer Komplexität und sinkender Überschaubarkeit des Unternehmens ihre

Wirkung voll entfaltet und den dafür notwendigen Aufwand rechtfertigt, spricht für die obige Vermutung, dass Quantität und Qualität der verwendeten Controllinginstrumente mit steigender Unternehmensgröße zunehmen. Ein starker Zusammenhang zwischen Unternehmensgröße und Einsatzintensität lässt sich zudem für das Benchmarking nachweisen, das insgesamt erst ab einer Größe von mehr als 200 Mitarbeitern eine praktische Bedeutung erlangt. Für die Balanced Scorecard ist festzustellen, dass sie insgesamt eine geringe Praxisrelevanz aufweist und selbst bei Unternehmen mit mehr als 200 Mitarbeitern nur selten angewandt wird.

Institutionelle Gestaltung

Unabhängig von der Unternehmensgröße können Controllingaufgaben nicht in einer voneinander isolierten Weise wahrgenommen werden. Ob die Aufteilung der Aufgaben auf bereits vorhandene Organisationseinheiten ausreicht oder eine eigenständige Controllerstelle eingerichtet werden muss, kann immer nur in Abhängigkeit von den situativen unternehmensinternen und -externen Faktoren entschieden werden. Je größer, komplexer und unübersichtlicher ein Unternehmen ist, desto eher erscheint die Bildung einer Institution geboten.

Die Einführung eines Controllings in mittelständischen Unternehmen erfolgt häufig durch die Wahrnehmung von Controllingaufgaben seitens der Unternehmensführung (Nicht-Institutionalisierung). Diese Form der organisatorischen Einbindung des Controllings ist nur solange zweckmäßig, wie die Schaffung einer eigenen Controllerstelle oder einer Delegation dieser Aufgaben aufgrund subjektiver Einschätzungen durch die Unternehmensführung als nicht notwendig erachtet wird.

Auch die Wahrnehmung von Controllingaufgaben durch die Assistenz der Geschäftsleitung ist eine Alternative. Der Vorschlag, Aufgaben des Controllings auf den Leiter des Rechnungswesens zu übertragen, scheint der vorliegenden Untersuchung nach nicht zweckmäßig. Zeichnet sich doch Controlling durch Zukunfts- und Zielorientierung sowie durch flexible Handlungsweisen aus, während das Rechnungswesen vergangenheitsorientiert ist.

Eine Alternative zur Nicht-Institutionalisierung stellt die Implementierung einer eigenständigen und unabhängigen Controllingstelle dar. Hier stellt sich die Frage der finanziellen und inhaltlichen Ausstattung der Position. Im Gegensatz zu Großunternehmen, in denen die institutionalisierte Wahrnehmung von Controllingaufgaben durch viele Personen oder ganze Abteilungen erfolgt, ist in mittelständischen Unternehmen damit zu rechnen, dass eine vollständige Auslastung einer eigenständigen Controllerstelle kaum möglich ist.[215] Ist die Ausgangsposition für die Institutionalisierung einer eigenständigen Stelle gegeben, muss die Führung zur Delegation entsprechender Aufgaben bereit sein, damit die Controllingstelle adäquat gestaltet werden kann. Ferner ist die hierarchische Eingliederung des Inhabers der Controllingstelle in die Unternehmensorganisation zu klären. Diese Frage kann jedoch nur in Abhängigkeit von der spezifischen Unternehmenssituation beantwortet werden.

Als weitere Alternative oder Ergänzung zur internen Trägerschaft kann der Bezug externer Controllingleistungen gesehen werden. Vorteilhaft sind die Erfahrung und die Neutralität externer Berater, die geringere Kostenbelastung sowie die höhere Qualität und Schnelligkeit der Lieferung der Leistungen.[216] Problematisch hingegen sind die räumlichen und sozialen Distanzen und die daraus resultierenden Kommunikationsprobleme zwischen Unternehmen und externem Controller.[217] Zudem besteht die Gefahr, dass vorhandenes Wissen und Informationspotenzial das Unternehmen verlassen.[218] Bei der Bewertung dieser Gefahr spielt das in den externen Berater gesetzte Vertrauen eine entscheidende Rolle.

Die Untersuchung der Existenz einer oder mehrerer Controllerstellen – unabhängig davon, ob diese auch als solche bezeichnet werden – in den mittelständischen Unternehmen zeigt, dass mitunter Controllingaufgaben ausschließlich von Mitarbeitern wahrgenommen werden, die auch andere Aufgaben erfüllen. Zudem werden Controllingaufgaben teilweise neben einem „hauptamtlichen" Controller von Mitarbeitern ausgeführt, die diese Aufgaben im „Nebenamt" erledigen. Dagegen hat die Auslagerung von Controllingaufgaben an externe Berater nur geringe Bedeutung. Anhand eines Hypothesentests wird die Vermutung eindeutig bestätigt, dass die Institutionalisierung mit zunehmender Unternehmensgröße steigt. In großen mittelständischen Unternehmen mit über 200 Beschäftigten kommt eine eigenständige Controllingstelle häufiger vor als in Unternehmen unterhalb dieses Schwellenwerts.

Abbildung 2.7 stellt die Untersuchungsergebnisse in Form eines Soll-Ist-Vergleichs dar.

---

[215] Vgl. Gaydoul (1980), S. 222.
[216] Vgl. Lanz (1992), S. 323; Kosmider (1993), S. 200.
[217] Vgl. Kosmider (1993), S. 201.
[218] Vgl. Legenhausen (1998), S. 172.

SOLL-Controllingsystem für mittelständische Unternehmen

Aufgaben	Organisation
Phasenabhängigkeit *Einführungsphase:* - Systembildung: Bewusstsein für ein Controlling schaffen; Informationssystem aufbauen *Aufbau-/Stabilisierungsphase:* - Systemkoppelung: Koordinations- und Informationsversorgungsfunktion	Phasenabhängigkeit *Einführungsphase:* - Nicht-Institutionalisierung: Führung- bzw. Führungsassistenz als Controllingträger *Aufbau-/Stabilisierungsphase:* - Implementierung einer spezifischen Stelle - Externe oder interne Controllingstelle

Instrumente

Auswahl der Instrumente auf Basis einer Auswertung aktueller Literatur zum Controlling (alphabetische Reihenfolge):

ABC-Analyse	Break-Even-Analyse	Kennzahlen	Liquiditätssteuerung	Prognosemodelle
Abweichungsanalyse	Budgetierung	Kennzahlensysteme	Lücken-/Gap-Analyse	Prozesskostenrechnung
Erfolgsfaktorenanalyse	Cash Flow-Rechnungen	Kostenabweichungsanalyse	Make-or-buy-Analyse	Relative Einzelkostenrechnung
Anreizsysteme	Deckungsbeitragsrechnungen	Kostenartenrechnung	Projektmanagementmethoden	Stärken-Schwächen-Analyse
Artikel- und Auftragserfolgsrechnung	D-Flussrechnung	Kosten-Nutzen-Analysen	Nutzwertanalyse	Strategische Kontrolle
Balanced Scorecard	Finanzplan/-budget	Kostenstellenrechnung	Planbilanz/-GuV	Szenario-Technik
Benchmarking	Frühwarnsysteme	Kostenträgerrechnung	Plankostenrechnungen	Verrechnungspreise
Betriebsabrechnung	Investitionsrechnung (statisch/dynamisch)	Kostenträgerstückrechnung	Portfolio-Analysen	Zielkostenrechnung
Bewegungsbilanz		Kurzfr. Erfolgsrechnung	Preisgrenzenermittlung	
		Strategische Planung	Produktlebenszyklusanalyse	

Die Entwicklung eines mittelständischen Controllinginstrumentariums erfordert die Berücksichtigung der spezifischen Anforderungen und Gegebenheiten der Unternehmen. Anforderungen an die Handhabung des Instrumentariums sind primär Verständlichkeit und Praxisnähe.

IST-Controllingsystem in mittelständischen Unternehmen

Aufgaben	Organisation
Wesentliche Aufgaben: - Kontrolle; Entwicklung und Ausbau eines Planungs- und Kontrollsystems - Kontrolle und laufende Anpassung des Planungs-, Kontroll- und Informations-(versorgungs)systems - Ermittlung innerbetrieblicher Schwachstellen	*Controllingaufgabenträger:* - Hauptverantwortlichkeit der Führung - Darüber hinaus: Verantwortung bei eigenen Controllingstellen und dem Bereich Rechnungswesen - Selten: Abteilungsleiter, externe Personen sowie Bereich EDV/Organisation

Instrumente

Umfang der Anwendung der Controllinginstrumente (Reihenfolge nach Relevanz):

Liquiditätssteuerung	Auftragserfolgsrechnung	Break-Even-Analyse	Stat. Investitionsrechnung	Prozesskostenrechnung
Kurzfr. Erfolgsrechnung	Kostenabweichungsanalyse	Kosten-Nutzen-Analyse	Benchmarking	Relative Einzelkostenrechnung
Kostenstellenrechnung	Planbilanz/-GuV	Frühwarnsysteme	Strategische Kontrolle	Zielkostenrechnung
Betriebsabrechnung	Budgetierung	Bewegungsbilanz	Flexible Plankostenrechnung	Produktlebenszyklusanalyse
Kostenartenrechnung	Mehrst. D-Rechnung	Preisgrenzenermittlung	Make-or-buy-Analyse	Szenario-Technik
Kennzahlen	Artikelerfolgsrechnung	Anreizsysteme	Verrechnungspreise	Nutzwertanalyse
Cash Flow-Rechnungen	Kostenträgerrechnung	Stärken-Schwächen-Analysen	Starre Plankostenrechnung	Balanced Scorecard
Finanzplan/-budget	Erfolgsfaktorenanalyse	ABC-Analyse	Projektmanagementmethoden	Lücken-/Gap-Analyse
Einstufige D-Rechnung	Kennzahlenanalyse	Dynam. Investitionsrechnung	Portfolio-Analyse	
Abweichungsanalyse		Kostenträgerstückrechnung	D-Flussrechnung	
Langfristige Planung			Prognosemodelle	

Somit wird deutlich, dass bei den befragten Unternehmen die klassischen Instrumente zur Liquiditäts- und Kostenüberwachung bevorzugt werden und die Nutzwertanalyse, die BSC und die Lücken- bzw. Gap-Analyse eher geringere Relevanz aufweisen.

Abb. 2.7 Soll-Ist-Vergleich zur Studie von Ossadnik/Barklage/van Lengerich (2003)

2.2.8 Fazit zum empirischen Status quo

Aussagen zu den vier Kategorien des Bezugsrahmens werden im Kern in allen untersuchten empirischen Studien gefunden bzw. bestätigt. Sie liefern die Grundlage bzw. Orientierung für die weitere Analyse. Um Ansatzpunkte für das weitere Vorgehen herauszustellen, werden nachfolgend die zentralen Ergebnisse der präsentierten Studien auf einer übergeordneten Ebene (Metaebene) zusammengeführt. Es handelt sich dabei um eine Meta-Analyse in dem Sinne, dass hier mittels einer Analyse der Analysen (der vorliegenden Primärstudien) angestrebt wird, Ergebnisse dieser Studien auch mit Blickrichtung auf den konstruktivistischen Teil dieser Arbeit auszuwerten und zu interpretieren.

Die unterschiedlichen Zielsetzungen der dargestellten empirischen Studien erschweren einen Vergleich ihrer Ergebnisse. Um vor diesem Hintergrund eine Wertung der Untersuchungen zu vermeiden und stattdessen relevante Ergebnisse für den anschließenden konstruktivistischen Teil (Kapitel 3) zu extrahieren, lassen sich die Zielsetzungen in vier Stufen einteilen:

- Erhebung des Status quo und Bestandsaufnahme;
- Ermittlung, unter welchen Bedingungen in mittelständischen Unternehmen ein Controlling erforderlich ist;
- Theoretische Entwicklung eines mittelstandsadäquaten Controllinginstrumentariums;
- Ableitung von Handlungsempfehlungen.

In Verbindung mit den sehr unterschiedlichen Untersuchungsgegenständen der einzelnen Studien offenbart sich ein sehr weites Spektrum empirisch erhobener Aspekte mittelständischen Controllings. Andererseits folgt daraus, dass nicht alle Autoren hinsichtlich der untersuchten Aspekte gleichwertig ins Detail gehen, wie in den folgenden Ausführungen deutlich wird.

Die unterschiedlichen Begriffsauffassungen der Autoren von mittelständischen Unternehmen werden in Tabelle 2.8[219] zusammengefasst. Die verschiedenen Klassifizierungen zeigen deutlich, dass die jeder Größeneinteilung immanente Willkür letztendlich auch hier nicht beseitigt werden kann. Dennoch scheint es vor diesem Hintergrund gerechtfertigt, den Fo-

[219] Der Spaltenaufbau (Autorenreihenfolge) dieser und der vier nachfolgenden Tabellen richtet sich nach der Ausprägung des quantitativen Abgrenzungsmerkmals „Mitarbeiteranzahl“ des Mittelstandsbegriffs der Autoren. Lediglich Tab. 2.9 weicht aufgrund der Nähe des Controllingbegriffs der Studien von Legenhausen und Kosmider von dieser Reihenfolge ab.

kus – ungeachtet der bisherigen Vielfalt klassifikatorischer Abgrenzungen – für den konstruktivistischen Teil im dritten Kapitel enger zu fassen und ihn auf Unternehmen mit bis zu 500 Mitarbeitern zu legen.

Tabelle 2.8 Konstituierende Merkmale der verschiedenen Mittelstandsbegriffe

Merkmale	**Kappler/ Scheytt**	**Schorcht/ Dintner**	**Legenhausen**	**Ossadnik/ Barklage/ van Lengerich**	**Kosmider**	**Zimmermann**
Quantitative Merkmale als	**Abgrenzungskriterium**					
Maximale Anzahl der Mitarbeiter	250	499	500	500	1.000	2.000
Qualitative Merkmale als	**Erklärungsvariable**					**Abgrenzungs-kriterium**
Rechtliche und wirtschaftliche Selbständigkeit	-	-	Ja	-	Ja	Ja
Rechtsform	-	-	Ja	-	Ja	-
Personengeprägte Unternehmensstruktur	-	-	-	-	Ja	-
Sonstige	-	-	Führungs-kultur	-	Überschaubarkeit der Organisations-struktur	Inhaberschaft

Die Aussagen der Autoren hinsichtlich der zu Grunde gelegten Controllingbegriffe stellt Tabelle 2.9[220] im Überblick dar. Eine explizite Controllingdefinition findet sich in allen Studien, abgesehen von den Untersuchungen von Kappler und Scheytt sowie Dintner und Schorcht. Obwohl sie sich der Problematik im Anwendungskontext mittelständischer Unternehmen bewusst sind, rekurrieren alle Autoren auf das Koordinationsparadigma als theoretisches Fundament ihres Begriffes.

[220] Da Kappler und Scheytt auf eine explizite Festlegung des Controllingbegriffs verzichten, wurde ihre Studie nicht mit in die Tabelle aufgenommen.

Tabelle 2.9 Konstituierende Merkmale der verschiedenen Controllingbegriffe

Merkmale	Schorcht/ Dintner	Legenhausen	Kosmider	Ossadnik/ Barklage/ van Lengerich	Zimmermann
Theoretischer Bezugsrahmen					
In Anlehnung an	-	Küpper (1987), (1988)		Horváth (2006)	Horváth (2006); in relativierter Weise Reichmann (1985)
Konzeption	Rechnungswesen- bzw. planungs- und kontrollorientiert	Führungssytemorientiert		Planungs- und kontrollsystemorientiert	
Controllingziele					
Reaktionsfähigkeit	-	Ja	Ja	Ja	Ja
Adaptions- und Antizipations-fähigkeit	-	Ja	Ja	Ja	Ja
Koordinations-fähigkeit	-	Ja	Ja	Ja	Ja (beschränkt)
Sonstige	-	Entlastungs- und Unter-stützungsziel		Finanzielle und ergebnismäßige Transparenz	-

Diese Vorgehensweise findet ihre Berechtigung in den Hinweisen der Autoren, keine neuen Definitionen für ein mittelstandsspezifisches Controlling zu beabsichtigen. Die Inkonsistenz zwischen dem einen Segmentierungsgrad im Unternehmen voraussetzenden Koordinationsparadigma und dem i. d. R. relativ geringen Segmentierungsgrad in den mittelständischen Unternehmen müsste den Autoren damit bewusst sein. Im Falle des Kunstgriffs Kosmiders, das Aufgabenspektrum des Controllings zu erweitern, im Falle Legenhausens, einem primär personell geprägten Koordinationsbedarf zu betonen, im Falle Zimmermanns, die Koordination als sekundäre Controllingfunktion abzuschwächen, oder im Falle Ossadnik/Barklage/van Lengerich, die Koordination auf die nicht notwendigerweise institutionalisierten und gegebenenfalls nur rudimentär ausgeprägten Teilsysteme Planung, Kontrolle und Informationsversorgung zu beschränken – jeder dieser semantischen Festlegungen ist weitgehend um eine theoretische Fundierung und eine Ausformung in mittelstandsadäquater Robustheit bemüht. Der Rückgriff auf das Koordinationsparadigma schließt nicht aus, dass die Autoren die Erklärungskraft des Paradigmas im Sinne einer Öffnung für neue Erkenntnisse über Controlling als Führungshilfe für mittelständische Unternehmen nutzen.

Die empirischen Ergebnisse der Studien zeigen jedoch, dass der Koordinationsfunktion in der mittelständischen Praxis nicht die Bedeutung beigemessen wird, die ihr die Autoren der vorgestellten Studien zusprechen. Die Tabellen 2.10 und 2.11[221] fassen die Ergebnisse zu den empfohlenen bzw. vermuteten und den tatsächlichen Controllingaufgaben im Mittelstand zusammen. In allen Studien legt die mittelständische Praxis die Schwerpunkte auf die Kontrolle, Steuerung, Informationsversorgung und Planung. Koordinationsaufgaben treten erst mit zunehmender Unternehmensgröße in Folge steigender Komplexität des Betriebsgeschehens hinzu.

Empirische Ergebnisse und theoretische Analysen bestätigen eine Präferenz für die informationsorientierte Controllingkonzeption, die auf dem planungsorientierten Ansatz von Hahn[222] basiert. Bei diesem Ansatz steht die informationelle Sicherstellung der ergebnisorientierten Planung, Steuerung und Überwachung des Unternehmensgeschehens im Zentrum mittelständischer Controllingtätigkeiten. Die Koordinationsfunktion beschränkt sich auf die Koordination der Teilplanung und den Budgetierungsprozess.

Besondere Beachtung hinsichtlich der Entwicklung eines mittelständischen Controllingsystems gilt den Aufgaben im Bereich der Planung. Obgleich die Verantwortlichkeit für die Planung in einem inhaltlichen Sinne nach den Aussagen der Controllingtheorie gerade nicht zu den originären Aufgaben des Controllers gehört, wird sie in der mittelständischen Praxis diesem dennoch zugeordnet.[223] Es wird davon ausgegangen, dass der Unterschied zwischen einer methodisch-formalen und einer inhaltlichen Komponente der Planung in der Praxis als nicht so wichtig angesehen wird, dass man bereit wäre, die zusätzlichen Kosten einer solchen Trennung zu tragen. Das Controlling könnte auch sämtliche formalen Aufgaben einer Planungsabteilung übernehmen.[224] Diesem Umstand sollte bei der Entwicklung eines mittelständischen Controllingsystems Rechnung getragen werden.

---

[221] Zur Nichtberücksichtigung der Studie von Kappler/Scheytt vgl. die vorhergehende Fußnote.

[222] Vgl. Hahn/Hungenberg (2001).

[223] Vgl. Kosmider (1993), S. 193; Zimmermann (2001), S. 260; Ossadnik/Barklage/van Lengerich (2003), S. 83.

[224] Vgl. hierzu auch Hahn/Hungenberg (2001), S. 286.

Tabelle 2.10 Soll-Funktionen eines mittelständischen Controllings

Aufgaben	Schorcht/ Dintner	Legenhausen	Ossadnik/ Barklage/ van Lengerich	Kosmider	Zimmermann
Koordinationsfunktion	-	Ja (originär)	Ja	Ja (originär)	Ja
Service-/Informations-versorgungsfunktion	-	Ja	Ja	Ja	Ja
Kontroll-, Steuerungs- und Überwachungsfunktion	-	Ja	Ja	Ja	Ja
Planungsaufgaben	-	Ja	Ja	Ja	Ja
Systembildende Aufgaben	-	Ja	Ja	Ja (temporär)	Ja
Entlastungs- und Unterstützungsfunktion	-	Ja	Ja	Ja (temporär)	Ja
Initiierungsfunktion	-	Ja (temporär)	-	Ja (temporär)	-
Systemkoppelnde Aufgaben	-	Ja	Ja	beschränkt	beschränkt

Tabelle 2.11 Ist-Funktionen eines mittelständischen Controllings

Aufgaben	Schorcht/ Dintner	Legenhausen	Ossadnik/ Barklage/ van Lengerich	Kosmider	Zimmermann
Kontroll-, Steuerungs- und Überwachungsfunktion	Ja	-	Ja (operativ)	Ja	Ja (operativ)
Service-/Informations-versorgungsfunktion	Ja (operativ)	-	Ja	Ja (operativ)	Ja
Planungsaufgaben	Ja	-	Ja (operativ)	Ja (operativ)	Ja (operativ)
Systembildende Aufgaben	kaum	-	beschränkt	Ja (temporär)	Ja
Entlastungs- und Unterstützungsfunktion	kaum	kaum	Ja	beschränkt	beschränkt
Koordinationsfunktion	-	beschränkt	kaum	kaum	Ja
Systemkoppelnde Aufgaben	-	-	beschränkt	beschränkt	beschränkt
Initiierungsfunktion	-	Ja	-	-	-

Tabelle 2.12 zeigt die zehn in den einzelnen Studien am häufigsten genannten Controllinginstrumente. Die Auflistung der Instrumente entspricht der in den Studien jeweils aufgestellten Bedeutungsrangordnung. Sie beruht auf den Ergebnissen von Häufigkeitsauswertungen vor Berücksichtigung von Einflussfaktoren.[225]

Tabelle 2.12. Die zehn am häufigsten angewendeten Controllinginstrumente

Kappler/ Scheytt	**Schorcht/ Dintner**	**Legenhausen**	**Ossadnik/ Barklage/ van Lengerich**	**Kosmider**	**Zimmermann**
Maximale Anzahl der Mitarbeiter					
250	499	500	500	1.000	2.000
Controllinginstrumente					
Zahlen aus der Buchhaltung	Soll-Ist-Vergleich	Kurzfristige Erfolgsrechnung	Liquiditäts-planung/-überwachung	Liquiditäts-überwachung	Kurzfristige Erfolgsrechnung
Preis- und Kosten-kalkulationen	Kurzfristige Erfolgsrechnung	Kostenstellen-rechnung	Kurzfristige Erfolgsrechnung	Kosten-überwachung	Kostenarten-rechnung
Computersoftware	Abweichungs-analysen	Deckungsbei-tragsrechnung	Kostenstellen-rechnung	Umsatz-überwachung	Kostenstellen-rechnung
Kosten- und Leistungsrechnung	Kostenstellen-rechnung	Rentabilitäts-kennzahlen	Betriebs-abrechnung	Kostenstellen-rechnung	Betriebs-abrechnung
Zwischenbilanzen	Kosten-Nutzen-Analyse	Umsatzbezogene Kennzahlen	Kostenarten-rechnung	Finanzplan	Liquiditätsplan/ Cash Flow-Rechnung
Gespräche mit Mitarbeitern	Investitionsrech-nungsmethoden	Liquiditätsplan	Cash Flow-Rechnung	Betriebs-abrechnung	Kostenträger-stückrechnung
Budgets	Budgetierung	Zuschlags-kalkulation	Kennzahlen	Soll-Ist-Vergleich	Deckungsbei-tragsrechnung
Messebesuche	Kostenträger-rechnung	Finanzplan	Finanzplan/-budget	Kostenträger-rechnung	Finanzplan/-budget
Kennzahlen	Plankosten-rechnung	Cash Flow-Kennzahl	Deckungsbei-tragsrechnung	Abweichungs-analysen	Planbilanz/-GuV
Steuer-, Unternehmens-, Rechtsberater	Wettbewerbs-vergleiche/ Benchmarking	Abweichungs-analyse	Auftragserfolgs-rechnung	Planbilanz/-GuV	ABC-Analyse

Insgesamt zeigen die Untersuchungen einen eindeutigen Schwerpunkt in der Anwendung operativer Instrumente. Trotz eines umfassenden Repertoires verfügbarer Instrumente, konzentriert sich die Praxis im Wesentlichen auf die klassischen Instrumente der Liquiditäts- und Kostenüberwa-

[225] Insofern ist bei der Bewertung der Tabelle die Unternehmensgröße der befragten Unternehmen hinzuzuziehen.

chung und auf operative Finanzinstrumente. Erst mit zunehmender Unternehmensgröße gewinnen strategische und koordinativ wirkende Instrumente an Bedeutung.

Alle Studien ergeben, dass eine Vielzahl von einfach zu handhabenden Instrumenten nicht genutzt wird. Dieses Defizit könnte durch Selektion praxisnaher Instrumente und durch Kommunikation ihres Nutzens gegenüber der mittelständischen Praxis vermindert werden. Das zu entwickelnde Basisinstrumentarium sollte an solchen Instrumenten ansetzen.

Die Annahme, dass die Branchenzugehörigkeit eines Unternehmens einen signifikanten Einfluss auf die Ausgestaltung des Controllings besitzt, musste in allen untersuchten Fällen verworfen werden. Andererseits konnten die Ergebnisse nicht so interpretiert werden, dass das Controlling in allen Wirtschaftsbereichen eine identische Ausprägung besitzt bzw. besitzen sollte. Stattdessen müssen spezifische unternehmensexterne und -interne Umfeldfaktoren berücksichtigt werden. Für die Wahl eines Kostenrechnungssystems sind beispielsweise die spezifischen Eigenheiten jeder Branche, die sich beispielsweise in der Kapitalintensität und Struktur der Leistungserstellung niederschlagen, bestimmend. Ein branchenübergreifendes mittelständisches Controllingsystem muss genügend Flexibilität besitzen, um den Ansprüchen unterschiedlicher Leistungs-, Produktions- und Umsatzprozesse der Unternehmen gerecht zu werden. Ansatzpunkt können eben diese Prozesse und ihre Schwerpunkte sein.

Hinsichtlich der organisatorischen Ausgestaltung des Controllings im Mittelstand ergibt die Analyse der Studien ein breites Spektrum von Möglichkeiten und Empfehlungen. Dass die Einrichtung einer eigenen Controllingstelle nicht für jedes Unternehmen, insbesondere bei kleineren Betriebsgrößen, zweckmäßig ist, wird von allen Autoren bestätigt. Lediglich die Frage, ab wann eine Stelle eingerichtet werden sollte, wird unterschiedlich beantwortet. Tenor ist dabei jedoch, dass vor der Einführung des Controllings eine Kosten-Nutzen-Analyse durchgeführt werden sollte.

Darüber hinaus ergeben die Studien ein sehr differenziertes Bild organisatorischer Vorgaben. Bezüglich der notwendigen Flexibilität des zu entwickelnden Controllingsystems wird im Weiteren auf Aussagen zu aufbauorganisatorischen Empfehlungen und Befunden verzichtet. Im Hinblick auf das zu entwickelnde Basisinstrumentarium beschränken sich die organisatorischen Gestaltungsempfehlungen auf zu beachtende ablauforganisatorische Aspekte.

2.3 Bezugsrahmen für die (Weiter-)Entwicklung eines mittelständischen Controllings

2.3.1 Controllingbaustein „Aufgaben"

Vor dem Hintergrund des im Weiteren zu verfolgenden Ziels, mittelständischen Unternehmen ein – auf „durchschnittliche Verhältnisse" abstellendes – Basisinstrumentarium anzubieten, das sie nach dessen Implementation sukzessive im Hinblick auf ihre individuellen Verhältnisse und Erfordernisse verfeinern können, sollen zunächst ausgewählte Controllingziele festgelegt werden. Die Auswahl richtet sich nach den Befunden der vorstehenden empirischen Studien. In Orientierung an solchen Zielen werden – dem Zweck-Mittel-Schema folgend – Controllingaufgaben abgeleitet, um dem Anwender eine flexible Aufgaben- und Instrumentengestaltung zu ermöglichen.

Aus der Präferenz der informationsorientierten Controllingkonzeption sowie des durch die Studien festgestellten Controllingverständnisses der Praxis lassen sich folgende Controllingziele als Grundlage für das weitere Vorgehen ableiten:

- Beitrag zur Sicherstellung der entscheidungs- und ergebnisorientierten Informationsversorgung;
- Beitrag zur Sicherstellung der Planung;
- Beitrag zur Sicherstellung der Kontrolle.

Zur Erfüllung dieser Controllingziele werden dem Controlling folgende Aufgaben zugeordnet:[226]

- Durchführung des Rechnungswesens als Dokumentationsrechnung;
- Versorgung der Unternehmensführung mit ergebnisorientierten Informationen;
- Unterstützung von Planung und Kontrolle;
- Durchführung der ergebnis- und liquiditätsorientierten Planungs- und Kontrollrechnung (Budgetierung).

Zur Erfüllung dieser Aufgaben stehen dem Anwender die Methoden und Verfahren des in Kapitel 3 ausführlich darzustellenden Controllinginstrumentariums zur Verfügung. Je nach Schwerpunkt bzw. Prioritätenliste seiner Zielvorstellung für das Controlling ergeben sich unterschiedliche Controllingaufgaben, die wiederum die Anwendung eines bestimmten Instru-

[226] Vgl. Hahn/Hungenberg (2001), S. 277–279.

menten-Mixes nahe legen. Eine Änderung der Zielvorstellungen mündet somit in eine Umgestaltung des Controllinginstrumentariums.[227]

2.3.2 Controllingbaustein „Instrumentarium"

Dieser Baustein ist das Kernstück des zu entwickelnden Controllingsystems. Ihm wird sich das nachfolgende Kapitel ausführlicher widmen. Die dabei im Einzelnen zu benennenden Instrumente werden zu den Controllingzielen und -aufgaben in Beziehung gesetzt. Als Basisinstrumente werden festgelegt:

- Kosten- und Leistungsrechnung,
- Finanz- und Liquiditätsrechnung,
- Investitionsrechnung,
- Budgetierung,
- Kennzahlen.

Diese fünf Instrumente entstammen den Bereichen „Informationsversorgung", „Planung" und „Kontrolle". Tabelle 2.13 setzt Controllingziele, -aufgaben und -instrumente des Systems in Beziehung zueinander.

Tabelle 2.13 Controllingziele, -aufgaben und -instrumente

	Beitrag zur Sicherstellung der		
Ziele	ergebnisorientierten Informationsversorgung	Planung	Kontrolle
Aufgaben	Versorgung der Unternehmensführung mit ergebnis- und liquiditätsorientierten Informationen	Unterstützung von Planung	Unterstützung von Kontrolle
	Durchführung einer internen, entscheidungsorientierten Unternehmensrechnung		
Instrumente	Kosten- und Leistungsrechnung	Kosten- und Leistungsrechnung	Kosten- und Leistungsrechnung
	Liquiditäts- und Finanzrechnung	Liquiditäts- und Finanzrechnung	Liquiditäts- und Finanzrechnung
	Investitionsrechnung	Investitionsrechnung	Investitionsrechnung
		Budgetierung	Budgetierung
	Kennzahlen	Kennzahlen	Kennzahlen

[227] Vgl. hierzu auch Abschnitt 3.2.

Bevor diese Instrumente im Einzelnen in Kapitel 3 vorgestellt und diskutiert werden, wird zunächst auf einige (ablauf)organisatorische Aspekte dieses Basisinstrumentariums eingegangen.

2.3.3 Controllingbaustein „Organisation“

Mittelständische Unternehmen agieren in einem dynamischen Umfeld, an das sie sich ständig anpassen müssen. Insbesondere veränderte Anforderungen an die Unternehmensführung und den Finanzierungs- und Organisationsbereich erfordern laufende Anpassungsmaßnahmen. Organisationsstrukturen und -abläufe formieren sich ständig neu und machen vor dem Controlling keineswegs halt. Um dennoch ein zuverlässiges und zeitnahes Controlling zu gewährleisten, sind die Prozesse und Abläufe im Bereich des Controllings zu dokumentieren. Das gewährleistet unabhängig von personalen Veränderungen einen reibungslosen Ablauf und beugt der Gefahr vor, dass für den Fall des Ausscheidens zuständigen Personals Controllingsysteme eingestellt werden müssen oder an veralteten Systemen und Abläufen aufgrund von Wissensdefiziten festgehalten werden muss. Die Dokumentation darf nicht in (formalisierter) Bürokratie ausarten, sondern muss sich im Sinne eines Lean-Controllings auf das Wesentliche beschränken. Sie ist – gegebenenfalls digitalisiert – nach Art einer Loseblatt-Sammlung aufzubauen und zu hinterlegen.

Abhängig von dem individuellen Controllingsystem gehören vorrangig folgende Angaben in die Dokumentation:

- Auflistung der Controllingberichte unter Angabe der Adressaten, Berichtsintervalle, Berichtszeitpunkte und Informationsquellen;
- Belegdurchläufe, Bearbeitungshinweise für Belege und Formulare;
- Kostenstellenplan, Kontenplan und Nummernkreise;
- Zeitplan für die Abgabe von Informationen und Herausgabe von Berichten;
- Definitionen und Erläuterungen von Kennzahlen;
- Planungs- und Budgetierungsabläufe.

Als Loseblatt-Sammlung ist die Dokumentation flexibel und – falls unvermeidlich – auch ohne Unterstützung durch die EDV einfach zu handhaben. Eine solche Sammlung wird mit der Weiterentwicklung des Controllings im Unternehmen mitwachsen. Die Zeitpläne sind, sofern andere Abteilungen oder Mitarbeiter an der Erstellung von Berichten bzw. Planung und Budgetierung beteiligt sind, auch an diese zu verteilen. Durch eine Checkliste kann sichergestellt werden, dass alle Ereignisse und Prozesse (z. B. Buchungsschluss, Datenimporte) termingerecht abgeschlossen werden.

2.4 Zwischenfazit

Im Vordergrund des 2. Kapitels hat die Frage gestanden, wie die als „Controlling“ verstandene Funktion in mittelständischen Unternehmen ausgestaltet ist. Die Untersuchung dieser Frage und ihre Beantwortung erfolgten aus einer zunächst semantischen, dann empirischen und zuletzt deduktiven Perspektive.

Hinsichtlich der Bedeutung der Begriffe „Controlling“ und „Mittelstand“ ist eine vielfältige Verwendung dieser Begriffe festgestellt worden. Weder in Theorie noch in Praxis herrscht ein konsensualisiertes Begriffsverständnis.

Für das weitere Vorgehen wurde zunächst der Begriff „Controlling“ – ausgerichtet am planungsorientierten Ansatz von Hahn[228] – definiert als die Bereitstellung von Methoden, Instrumenten und Informationen, die der Unternehmensführung die Steuerung, Planung und Kontrolle des Unternehmens ermöglichen.

Ausgehend von den unterschiedlichen Mittelstandsdefinitionen der herangezogenen Studien mussten in die Meta-Analyse solche Unternehmen als mittelständisch einbezogen werden, die bis zu 2.000 Mitarbeiter beschäftigten. Darüber hinaus sind verschiedene qualitative Merkmale in Bezug auf die Unternehmensführung und Organisation als Erklärungsvariable herangezogen worden.

Die Analyse der sechs herangezogenen empirischen Studien zum Controlling in mittelständischen Unternehmen hat folgende Gemeinsamkeiten und Unterschiede in der Controllinggestaltung ergeben:

- Weitgehende Gemeinsamkeiten bei der Aufgabenzuordnung des Controllings: In allen herangezogenen Untersuchungen legt die mittelständische Praxis die Aufgabenschwerpunkte auf die Kontrolle, Steuerung, Informationsversorgung und Planung. Darüber hinaus findet sich auch die Verantwortlichkeit für die Planung im Aufgabenbereich des Controllers. Koordinationsaspekte treten erst mit zunehmender Unternehmensgröße hinzu. Die faktische Bedeutung der Koordinationsfunktion in der mittelständischen Praxis ist somit sehr viel geringer als ihr von der Controllingtheorie und den ihr folgenden Autoren der untersuchten Studien zugesprochen wird.

[228] Vgl. Hahn/Hungenberg (2001).

- Gemeinsamkeiten hinsichtlich der Controllinginstrumente in der mittelständischen Praxis: Die Schwerpunkte liegen in der Anwendung operativer Instrumente und konzentrierten sich auf die klassischen Instrumente zur Liquiditäts- und Kostenüberwachung, auf operative Finanzinstrumente sowie auf Überwachungs- und Kontrollinstrumente. Darüber hinaus sind Defizite vor allem in der Anwendung einfach zu handhabender Instrumente und Kennzahlen festgestellt worden.
- Gemeinsamkeiten und Unterschiede hinsichtlich der organisatorischen Einbindung des Controllings: Abgesehen von der von allen Autoren unterstützten Beurteilung, dass die Einrichtung einer eigenen Controllingstelle nicht für jedes Unternehmen, insbesondere bei kleineren Betriebsgrößen, zweckmäßig ist, zeigt sich in den untersuchten Studien ein breites Spektrum organisatorischer Vorgaben zur Ausgestaltung des Controllings.

Aus dem entwickelten semantischen Verständnis von mittelstandsbezogenem Controlling und den Erkenntnissen der Meta-Analyse ist ein mittelstandsorientiertes Controllingsystem mit den Bausteinen „Aufgaben", „Instrumentarium" und „Organisation" abgeleitet worden. Hierbei bildet der Baustein „Aufgaben" das Fundament des Systems. Abgeleitet aus den mit dem Controlling verfolgten Zielen der Anwender können dem Controlling verschiedene Aufgaben zugeordnet werden. Je nach Schwerpunkt der Zielvorstellung für ein Controlling ergeben sich unterschiedliche Controllingaufgaben, die wiederum die Anwendung eines bestimmten Instrumenten-Mixes nahe legen. Zur Erfüllung dieser Aufgaben wird im folgenden Kapitel ein Basisinstrumentarium erarbeitet, das es nach unternehmensindividuellen Gesichtspunkten und Besonderheiten auszugestalten gilt. Der Baustein „Organisation" des Controllingsystems wird dabei aufgrund der notwendigen Flexibilität des Controllingsystems bis auf wenige ablauforganisatorische Aspekte nicht näher inhaltlich festgelegt.

3 Konzeption eines mittelständischen Controllinginstrumentariums als „lernendes System"

3.1 Konzeptionelles

3.1.1 Grundsätzliches

Für die Durchführung controllingbezogener Aufgaben benötigen mittelständische Unternehmen[229] geeignete Instrumente. Besteht doch grundsätzlich die Gefahr, dass faktisches Handeln nicht das Ergebnis systematischen Nachdenkens über Zweck-Mittel-Rationalität sondern Folge individueller Zufälligkeiten ist. Eingesetzte Instrumente (bzw. Methoden) könnten Ausdruck erfolgreicher Verkaufsaktivitäten von Beratern, statt Resultat regelmäßiger Reflexionen über instrumentale Bedarfe sein. Auch normiert die Festlegung auf ein bestimmtes EDV-Tool einen Vorrat an Instrumenten, die nicht von vornherein auf individuelle Besonderheiten des anwendenden Unternehmens abgestellt sind.

Vor diesem Hintergrund soll im Weiteren ein Instrumentarium diskutiert und vorgeschlagen werden, das sich als Hilfe zur Bewältigung controllingbezogener Aufgaben für ein „durchschnittliches" mittelständisches Unternehmen eignet. Dabei sollen Instrumente von einer Anwendung in mittelständischen Unternehmen nicht ausgeschlossen sein, die auch in größeren Unternehmen eingesetzt werden. Hierfür werden zunächst Anforderungen erörtert, die an ein solches Instrumentarium zu stellen sind. Darauf aufbauend wird aus dem Reservoir möglicher Controllinginstrumente anhand der Rechnungszwecke „Entscheidungsunterstützung" und „Verhaltenssteuerung" ein Basissystem abgeleitet, das sowohl die strategische als auch die operative (nachstrategische) Unternehmenssteuerung abdeckt.

---

[229] Den nachfolgenden Ausführungen wird ein enger Mittelstandsbegriff zu Grunde gelegt. Als mittelständische Unternehmen gelten Unternehmen mit bis zu 500 Mitarbeitern. Darüber hinaus werden – analog zum zweiten Kapitel – verschiedene qualitative Merkmale in Bezug auf die Unternehmensführung und Organisation als Erklärungsvariable herangezogen.

W. Ossadnik et al., *Controlling mittelständischer Unternehmen*,
DOI 10.1007/978-3-7908-2428-5_3,

Generell stellt sich nun die Frage, welche – in der Betriebswirtschaft bekannten oder neu zu entwickelnden – Instrumente ein solches Tool umfassen sollte. Das vorzuschlagende Basisinstrumentarium soll somit eine Grundausstattung für ein mittelständisches Unternehmen bereitstellen, ohne dass damit bereits spezifisch auf die situativen Verhältnisse eines einzelnen Unternehmens abgestellt würde. Individuelle Passförmigkeit kann sich dann erst nach sukzessiven Anpassungen des Standardinstrumentariums einstellen. Solche Anpassungen sollen dadurch erleichtert werden, dass das Instrumentarium als „lernendes System“ konzipiert wird, bei dem sich das System an Veränderungen der Umwelt anpasst. Diese Anpassungsmaßnahmen umfassen folgende Bereiche des Systems:[230]

- Ziele (Instrumentenauswahl/-design folgt den Wissenswünschen der Unternehmensführung);
- Prioritäten (Unternehmens- und Umweltbereiche, die für das Überleben wichtig sind, ziehen mehr Aufmerksamkeit auf sich);
- Problemlösungsverhalten (erfolgreiche Problemlösungs- und Entscheidungsregeln werden selektiert und habitualisiert).

Abbildung 3.1 zeigt die Lernschleife, in die das Instrumentarium eingebunden sein sollte. Als eine Zusammenstellung autonomer Elemente (Instrumente), die in den Systemzusammenhang integriert sind, soll die Systemgesamtheit veränderbar und ausbaufähig sein. Demnach ist sie so zu konzipieren, dass sie an Entwicklungen im Umsystem sowie an eigene Entwicklungen flexibel und schnell angepasst werden kann. Solche Systemanpassungen können nur vorgenommen werden, wenn die Controllingträger[231] informiert werden über:

- Erfolg bzw. Nichterfolg der eingesetzten Problemlösungs- und Entscheidungsverfahren, d. h. der Instrumente des Controllings;
- Controllingrelevante Veränderungen im Unternehmen und der Unternehmensumwelt.

Der erste Aspekt betrifft die Zweckmäßigkeit der eingesetzten Instrumente, die erst nach deren Anwendung begründet beurteilt werden kann. Erst danach kann man Fehlentwicklungen erkennen und Anpassungsmaß-

[230] Zu der Art und Weise, wie Lernsysteme organisationales Lernen bewältigen vgl. Staehle (1999), S. 913–921.

[231] Diese Annahme widerspricht nicht der These, dass auch Organisationen als Ganzes lernfähig sind. Ob das organisatorische Lernen letztendlich mehr als die Summe der individuellen Lernprozesse ist oder nicht, ist an dieser Stelle allerdings nicht von Bedeutung. Vgl. hierzu auch Pietsch (2003), S. 81; Probst/Büchel (1998), S. 19–24.

nahmen in Bezug auf Realisationsfortschritt und Instrumente planen. Kann der Träger der Controllingfunktion über die durch die von der Kostenrechnung und der Unternehmensplanung gewonnene Ergebnistransparenz den Erfolg der Instrumente beurteilen[232], sind zweckmäßige Anpassungen der Instrumentenauswahl und des Instrumentendesigns zeitnah möglich.[233] Der Versuch einer Steigerung der Transparenz betrieblicher Prozesse, Handlungen und Transaktionen durch das Controlling bedeutet zudem auch eine Erleichterung der individuellen Lernprozesse der Controllingträger, die wiederum eine Verbesserung und Weiterentwicklung des Controllingsystems anstoßen. Dieser systemimmanente Lernprozess wird im Wesentlichen durch die Träger von Controllingaufgaben selbst aufrechterhalten, indem sie – auch bereits bei der Implementierung des Systems – auf controllingbezogenes Fachwissen zurückgreifen können.

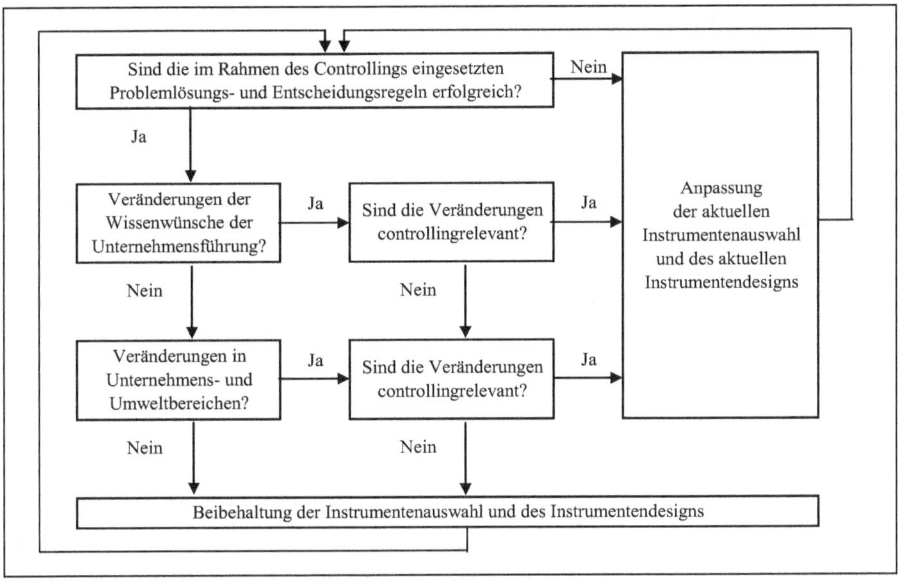

Abb. 3.1 Controllinginstrumentarium als „lernendes System"

Der zweite Aspekt zielt auf die Veränderung von Zielen und Prioritäten des Systems ab. Solche Veränderungen, die von Relevanz für das Controlling sind, erfordern eine offene Informationspolitik der Unternehmensfüh-

[232] Vgl. Rösner (2003), S. 230.

[233] Ein Controllingsystem, das die Entdeckung von neuem Wissen und Informationen schneller ermöglicht als ein anderes, hat diesbezüglich somit einen Effizienz- und Transaktionskostenvorteil. Das spricht für die Vorteilhaftigkeit und Weiterentwicklung des Systems. Vgl. dazu Rösner (2003), S. 230.

rung aber auch die Kommunikation controllingrelevanten Wissens seitens der Träger von Controllingfunktionen. Die in Rede stehenden Veränderungen können in unterschiedlichen Erscheinungsformen auftreten:

- Veränderungen der Wissenswünsche der Unternehmensführung;
- Veränderungen innerhalb des Unternehmens betreffend:
  - Unternehmensgröße/Organisationsstruktur,
  - Beschaffung,
  - Produktion,
  - Absatz,
  - Finanzsystem.
- Veränderungen der Umwelt des Unternehmens betreffend:
  - Beschaffungsmärkte,
  - Absatzmärkte,
  - Eigentümer,
  - Staat,
  - Kapitalmarkt,
  - Soziales System,
  - Rechtssystem.

Treten Veränderungen dieser Art auf, sind sie seitens der Controllingträger auf ihre Relevanz für das Controlling hin zu überprüfen und entsprechend bei der Instrumentenauswahl respektive dem Instrumentendesign zu berücksichtigen.

Im Sinne der Entwicklung eines solchen Systems und Systemzusammenhangs stellt sich die Frage, was unter einem Instrument des Controllings im Allgemeinen und unter einem Controllinginstrument für mittelständische Unternehmen im Besonderen zu verstehen ist. Hierauf liefern weder Controllingtheorie noch Unternehmenspraxis eindeutige Antworten. Bis heute existiert keine allgemein anerkannte Aussage darüber, was konkret unter einem Controllinginstrument zu verstehen ist.[234] Folgt man der nutzungszweckbasierten Auffassung von Schäffer und Steiners sowie anderer Autoren ist ein Controllinginstrument ein Hilfsmittel, das die Erfüllung spezifischer Controllingaufgaben ermöglicht, die aus den Zielen des Controllings hergeleitet wurden.[235] Als spezifische Controllingaufgaben für den Mittelstand sind in Abschnitt 2.3.1 dieser Untersuchung herausgestellt worden:

- Durchführung des Rechnungswesens als Dokumentationsrechnung;

[234] Vgl. Ossadnik/Barklage/van Lengerich (2003), S. 19.

[235] Vgl. Schäffer/Steiners (2005), S. 118–119; Barklage (2007), S. 385.

- Versorgung der Unternehmensführung mit ergebnisorientierten Informationen;
- Unterstützung von Planung und Kontrolle;
- Durchführung der ergebnis- und liquiditätsorientierten Planungs- und Kontrollrechnung (Budgetierung).

Aggregiert man diese Aufgaben zu einem Gesamtkomplex und differenziert diesen nach Nutzern, Adressaten, Funktionen und rechnungszweckbezogenen Zielgrößen der Informationen, könnte man ein in Betracht kommendes Controllinginstrumentarium schrittweise abgrenzen und anhand folgender Merkmale konkretisieren:

- Nutzung durch das Controlling;
- Unternehmensführung als Adressat;
- Generierung von Informationen für die Unternehmensführung;
- Unterstützung von Steuerungsprozessen (Planung, Entscheidung, Kontrolle).

Bei den Controllinginstrumenten handelt es sich um solche Hilfsmittel, die das Controlling bei der Wahrnehmung seiner Aufgaben selbst einsetzt. Dies grenzt diese Instrumente von denen der Unternehmensführung ab: Planung und Kontrolle als Kernaufgaben der Unternehmensführung können nicht von diesen Instrumenten bezweckt, indes von diesen formal unterstützt werden.[236] Damit Controlling mittelständischer Unternehmen die Unternehmensführung adäquat mit Informationen versorgen kann, muss dieses Systeme der Unternehmensrechnung mit interner Orientierung einführen sowie aus- und aufbauen. Darüber hinaus sind auch die Elemente eines obligatorisch vorhandenen externen Rechnungswesens – sofern möglich – zu nutzen.[237] Dabei gilt es, die zur Bewältigung von Komplexität erforderliche Informationsbreite bereitzustellen und gleichzeitig die notwendige Informationsverdichtung zu leisten.[238]

---

[236] Vgl. Abschnitt 2.2.8.

[237] Vgl. zur Diskussion um die Frage einer Nutzung externen Rechnungswesens für Zwecke der internen Unternehmenssteuerung Egert/Ossadnik/Wagner (2008), S. 239–240; Simons/Weißenberger (2008), S. 137–160.

[238] In der Literatur wird dieses Thema als „Problem der optimalen Komplexion von Entscheidungsmodellen“ diskutiert. Der optimale Komplexionsgrad ergäbe sich dabei marginalanalytisch als Schnittpunkt der Kurven der Grenzkosten und der Grenznutzen der Modellbildung. Vgl. dazu Gaitanides (1979), S. 327–332; Bretzke (1980), S. 33–36; zu dem in diesem Zusammenhang entwickelten Konzept des Fehlers dritter Art vgl. auch Mitroff/Betz (1972) und Mitroff/Featheringham (1974) sowie Ballwieser (1990), S. 12–19, Bretzke (1980), S. 60–72.

Bei der sukzessiven Anpassung eines Standardinstrumentariums an den Bedarf eines Unternehmens sind subjektive, d. h. unternehmensindividuelle und situationsbedingte Bedeutungsinhalte im Rahmen von Kosten/Nutzen-Überlegungen entscheidend. Häufig wird in praxi ohne explizite Kosten-Nutzen-Abwägungen, nämlich aus reiner Sparsamkeit, auf steuerungsrelevante Instrumente verzichtet. Eine solche Vorgehensweise entspräche einer reinen inputorientierten Abwägung. Dies ist der Fall, wenn zusätzliche Kosten (der Implementierung von Instrumenten) aus Gründen der Sparsamkeit gescheut werden, während der Grenznutzen die Grenzkosten der Maßnahme übersteigt.

Ein zu konzipierendes Standardinstrumentarium für mittelständische Unternehmen müsste genügend Flexibilität besitzen, um eine Informationsverdichtung unterschiedlichster Sachverhalte zu ermöglichen. Dabei muss es aber auch einfach und praktikabel sein, damit das Management des mittelständischen Unternehmens diese Instrumente auch tatsächlich einsetzt. Die Fähigkeit, Heterogenität zu erfassen, geht aber zugleich mit der Gefahr einher, dass individuelle Sachverhalte relativ pauschal behandelt werden. Wird andererseits auf die individuelle Vielfalt von Sachverhalten und Problemen durch Ausbildung einer differenzierten Systematik Rücksicht genommen, kann es zu einer Systemkomplexität kommen, die den potenziellen Anwender davon abhält, das System instrumentell einzusetzen.

Während die Komplexität der Binnenstrukturen (Binnenkomplexität) mittelständischer Unternehmen im Vergleich zu größeren Unternehmen als relativ gering eingeschätzt werden kann, muss hinsichtlich der unternehmensexternen Rahmenbedingungen (Außenkomplexität) von vergleichsweise komplexeren Strukturen ausgegangen werden.[239] Dabei wird die Binnenkomplexität im Wesentlichen durch die besondere Position des Eigentümer-Unternehmers geprägt. Insofern spiegeln die in Abschnitt 2.1.2 herausgestellten, typischen Merkmale mittelständischer Unternehmen (Entscheidungszentralisation, geringe Formalisierung und Spezialisierung u. a.) die geringe Komplexität interner Unternehmensstrukturen mittelständischer Unternehmen wider. Demgegenüber befinden sich aber auch mittelständische Unternehmen in einem zunehmend komplexer gewordenen, marktlichen Umfeld. Angesichts eines solchen Komplexitätsgefälles zwischen internen und externen Strukturen besteht in mittelständischen Unternehmen das Problem, dass hohe Komplexität externer Strukturen von einer Unternehmensführung bewältigt werden muss, die sich selber nur auf

[239] Vgl. auch zum Folgenden Pietsch (2003), S. 152.

Führungsstrukturen von geringer Komplexität stützen kann[240] und daher der erheblichen Gefahr von Managementfehlern[241] ausgesetzt ist.

3.1.2 Differenzierungsmerkmale

Ein Standardinstrumentarium für das Controlling mittelständischer Unternehmen sollte über hinreichende Homogenität verfügen. Hierzu gehört, dass nicht alle Unternehmen den gleichen „Laws of the Market" unterliegen. Letzteres gilt insbesondere für die Branche sowie die Größe und Governance-Struktur[242] eines Unternehmens.

Branche

Ein controllingbezogenes Standardinstrumentarium sollte durch die Branche, in der ein mittelständisches Unternehmen agiert, geprägt sein. Insbesondere sollten Informationen über nachfolgende Sachverhalte erfasst, ausgewertet und bereitgestellt werden:

- Branchenspezifische Kosten (z. B. Kostenarten);
- Branchenspezifische Abrechnungsmodalitäten (z. B. von Konsortien, Pflegediensten);
- Branchenspezifische Finanz- und Liquiditätsaspekte (Versicherungs- und Kreditgewerbe);
- Branchenspezifische Struktur der Leistungserstellung (z. B. Handel);
- Branchenspezifische Investitionsförderung, -finanzierung (z. B. Schiffsbau, Anlagenbau);
- Branchenspezifische Kennzahlen (z. B. für Benchmarking).

Unternehmensgröße und Controlling

Bei kleineren Unternehmen und insbesondere bei mittelständischen Familienunternehmen drohen Tendenzen einer Vernachlässigung notwendiger Controllingstrukturen und -instrumente mit der Folge eines oft unterdurchschnittlichen Instrumentierungsstandards. Aus diesem Grunde sollte das zu entwickelnde Controllinginstrumentarium unbedingt liquiditäts- und erfolgsmäßige Rechnungen für Planungs- und Kontrollzwecke vorsehen, die

---

[240] Vgl. zum allgemeineren Grundgedanken Luhmann (1984), S. 264–265.

[241] Vgl. Pietsch (2003), S. 153.

[242] Der Begriff „Governance" bezeichnet nach Wieland „sowohl die Art und Weise als auch die Tätigkeit der Leitung und Kontrolle einer Organisation". Wieland (2002), S. 84. Unter der „Governance-Struktur" wird hier dementsprechend das Beziehungsgeflecht von Entscheidungs-, Einfluss- und Kontrollstrukturen in den mittelständischen Unternehmen verstanden.

sich nicht nur auf das Gesamtunternehmen, sondern auch auf wichtige Einzelprojekte erstrecken. Mit projektspezifischen Rechnungsinstrumenten[243] kann dem Phänomen entgegengewirkt werden, dass in patriarchal geführten Unternehmen im Rahmen eines zunehmenden Verlustes von „Bodenhaftung“ des Patriarchen existenzbedrohende Fehler bei der Steuerung wichtiger Projekte begangen werden.

Eigentümerführung und Governance Struktur
Ein Einfluss der Führungs- bzw. Governance-Struktur auf die Ausgestaltung von Steuerungssystemen konnte durch die Untersuchung von Schachner, Speckbacher und Wentges empirisch bestätigt werden.[244] Demnach sind eigentümergeführte Unternehmen in der Regel zentraler organisiert und setzen formalisierte Steuerungssysteme deutlich weniger ein.[245] Ein insoweit geringer Formalisierungsgrad stellt aber nicht unbedingt ein Defizit in der Führung mittelständischer Unternehmen dar. Ganz im Gegenteil stellen Charakteristika wie z. B. Flexibilität, multiple Einsatzfähigkeit der Mitarbeiter, tendenziell größerer Gesamtüberblick eines Mitarbeiters über die operativen Unternehmensprozesse vorteilhafte Merkmale dieses Unternehmenstyps dar, die gegen eine starke und übermäßige Formalisierung in mittelständischen Unternehmen sprechen.[246] Da aber auch ein mittelständisches Steuerungssystem nicht ohne ein gewisses Maß an Formalisierung einhergehen kann, sollten hier formalisierte organisatorische Maßnahmen oder die Formalisierung substituierende Mechanismen, wie die Partizipation und Kooperation, stärker berücksichtigt werden.[247]

3.1.3 Rechnungszweck und Instrumentenauswahl

Interne Unternehmensrechnungen werden in mittelständischen Unternehmen im Regelfall für spezifische Zwecke eingerichtet. Aus diesen Rechnungszwecken folgen bestimmte Rechnungsziele. Folgt man dieser Begriffsdifferenzierung, so kann man in Anlehnung an Schneider „die Wissenswünsche von Empfängern des Rechnungswesens“[248] als Rechnungszweck bezeichnen. Unter der Konkretisierung dieser Wissenswünsche versteht man dann das Rechnungsziel. Die als Ergebnis einer Rechnung ermittelten Größen, wie beispielsweise das Betriebsergebnis oder der

---

243 Vgl. dazu z. B. grundsätzlich Ossadnik/Wolf/Kossen (2009), S. 118–119.
244 Vgl. Schachner/Speckbacher/Wentges (2006).
245 Vgl. Schachner/Speckbacher/Wentges (2006), S. 614.
246 Vgl. Zimmermann (2001), S. 57.
247 Vgl. Zimmermann (2001), S. 57.
248 Schneider (1997), S. 235.

Jahresüberschuss, stellen somit das Ziel einer Rechnung dar.[249] Im Schrifttum werden für Unternehmen aller Größen weitgehend übereinstimmend zwei Rechnungszwecke genannt:[250]

- Entscheidungsunterstützung, d. h. Beeinflussung eigener Entscheidungen;
- Verhaltenssteuerung, d. h. Beeinflussung fremder Entscheidungen.

Dient die interne Unternehmensrechnung einer Entscheidungsunterstützung, werden potenzielle Zielkonflikte zwischen Handlungs- und Entscheidungsträgern nicht betrachtet. Dabei wird davon ausgegangen, dass entweder eine einzelne Person sämtliche Aufgaben erledigt (Einpersonenkontext) oder die Unternehmensorganisation eine Zielkongruenz zwischen Unternehmensleitung, Management und Informationslieferanten sicherstellt.[251] Da in mittelständischen Unternehmen von einer mehrheitlichen Identität der Unternehmensleitung und des Managements ausgegangen werden kann, können diesbezügliche Zielkonflikte vernachlässigt werden.[252] Zielkonflikte im Mittelstand zwischen der Unternehmensleitung und dem Informationslieferanten (Controller) sind „über die üblichen Probleme einer hierarchischen Beziehung hinaus nur schwer vorstellbar."[253]

Demgegenüber setzt der Rechnungszweck „Verhaltenssteuerung" potenzielle Zielkonflikte zwischen Handlungs- und Entscheidungsträgern sowie asymmetrisch verteilte Informationen voraus.[254] Hierbei handelt es sich um Prämissen neo-institutioneller Modelle, die angesichts des für Großunternehmen typischen Spannungsfeldes zwischen zentralen und dezentralen Entscheidungsinstanzen dort im wesentlichen Maße gegeben sind, prinzipiell aber auch für mittelständische Unternehmen angenommen werden können. Im Schrifttum erfolgt aber generell keine Differenzierung nach Unternehmensgrößen und demzufolge unterschiedlichen Typen von Verhaltenssteuerungsproblemen. Dabei wäre zu berücksichtigen, dass insbesondere in patriarchalisch geführten mittelständischen Unternehmen Entscheidungsspielräume der Mitarbeiter in allzu weitgehendem Maße von

---

249 Vgl. Küpper (2008), S. 155.

250 Vgl. Wielenberg (2002), Sp. 1671 und die dort angegebene Literatur. Diese Unterteilung geht auf die Unterscheidung von Demski und Feltham in „decision-facilitating" und „decision-influencing" zurück. Vgl. Demski/Feltham (1976).

251 Vgl. Ewert/Wagenhofer (2008), S. 6–7; Ossadnik (2008a), S. 40.

252 Vgl. Abschnitt 2.1.2.

253 Frank (2000), S. 46.

254 Vgl. Ossadnik (2008a), S. 40.

Seiten des „Patriarchen“ oftmals eher unerwünscht sind. Folglich stellt sich in solchen Fällen die Problematik der Verhaltenssteuerung in anderer Weise.[255] Als Mittel zur Steuerung des Verhaltens dezentraler Verantwortungsträger in mittelständischen Unternehmen kommt – wie bei den Großunternehmen – grundsätzlich die interne Unternehmensrechnung in Betracht.[256] Diese bietet sich damit für einen Einsatz sowohl bei Entscheidungsunterstützungs- als auch bei Verhaltenssteuerungsaufgaben an.

Mit dem Rechnungszweck der Entscheidungsunterstützung wird der internen Unternehmensrechnung die Aufgabe zugewiesen, den Entscheidungsträgern im Unternehmen entscheidungsproblemadäquate Entscheidungsmodelle und die zu ihrer Anwendung notwendigen Informationen bereitzustellen.[257] Solche steuerungsrelevanten Informationen können sich auf die Steuerungsfunktion der Planung, Realisation und Kontrolle beziehen.[258]

Bei der Ausgestaltung von Instrumenten der Informationsbeschaffung sind spezifische Charakteristika mittelständischer Entscheidungsprozesse, wie z. B. geringe Formalisierung, zu berücksichtigen und irrelevante Problembereiche auszublenden. Aus diesen Überlegungen lassen sich folgende Anforderungen an die Entwicklung eines Instrumentariums der Informationsversorgung für mittelständische Unternehmen ableiten:[259]

- Binnenstrukturen von tendenziell geringer Komplexität müssen ausreichend und flexibel abbildbar sein.
- Komplexe Außenstrukturen müssen isoliert ein- und ausblendbar sein.
- Branchen- und unternehmensgrößenspezifische Besonderheiten müssen flexibel integrierbar sein.
- Vergleichsinformationen müssen einbindbar sein bzw. müssen herausgezogen werden können, z. B. Soll-Ist-Vergleich, Input-Output-Informationen, Alternativbetrachtungen (Entscheidungsorientierung).
- Informationen zur Unterstützung der Planung und Kontrolle müssen ableitbar sein.

---

[255] Dass ein für mittelständische Unternehmen typischer delegationshemmender Effekt zumindest für Familienbetriebe mit zunehmender Unternehmensgröße schwächer wird, wird in einer neueren Studie von Schachner, Speckbacher und Wentges nachgewiesen. Sie gehen davon aus, dass es eine kritische Unternehmensgröße gibt, ab welcher der zunehmenden Belastung des Unternehmers durch verstärkte Delegation Rechnung getragen wird. Vgl. Schachner/Speckbacher/Wentges (2006), S. 604.

[256] Vgl. Frank (2000), S. 48.

[257] Vgl. Ossadnik (2009), S. 42.

[258] Vgl. Ossadnik (2008a), S. 4.

[259] Vgl. hierzu auch Ossadnik (2009), S. 46–51.

Die Binnenstruktur, d. h. die Geschäftsvorfälle innerhalb des Unternehmens, kann nach verschiedenen Gesichtspunkten im Informationsversorgungssystem repräsentiert werden. So übernimmt die Kosten- und Leistungsrechnung die Abbildung des betrieblichen Kombinationsprozesses[260], während (innerbetriebliche) Geld- bzw. Finanzströme mit Hilfe der Liquiditäts- und Finanzrechnung erfasst werden. Zur Steuerung zukünftiger, innerbetrieblicher Finanzmittel sind die Budgetierung und die Investitionsrechnung geeignet. Aufgrund der geforderten „Lernfähigkeit" sollten die Instrumente darüber hinaus in der Lage sein, Außenstrukturen, unternehmensspezifische Besonderheiten und Vergleichsinformationen einzubinden sowie Planungs- und Kontrollprozesse zu unterstützen. Nachfolgende Instrumente lassen solche Erweiterungen und Modifikationen zu und können somit als standardmäßige Instrumente eines Controllings mittelständischer Unternehmen herangezogen werden:

- Investitionsrechnung,
- Liquiditäts- und Finanzrechnung,
- Budgetierung,
- Portfoliotechnik,
- Kosten- und Leistungsrechnung,
- Kennzahlensysteme.

Sodann lässt sich der zunächst allgemein formulierte Rechnungszweck der Entscheidungsunterstützung näher konkretisieren.[261] Tabelle 3.1 zeigt, durch welche beobachtbare Größe (Rechnungsziel) die einzelnen Instrumente ihren Rechnungszweck „Entscheidungsunterstützung" erfüllen sollen. Maßgeblich sind dabei die Informationsbedürfnisse der Adressaten und der von der Rechnung erfasste Objektbereich.[262]

Die fünf erstgenannten Instrumente bilden das Basissystem, das die für mittelständische Unternehmen entscheidungsrelevanten Informationen erzeugt. Auf dieses Basissystem können dann Kennzahlensysteme zurückgreifen, die wiederum Kennzahlen in konzentrierter Form zusammenfassen. Kennzahlen können demgegenüber mit ihrem Charakteristikum, Informationswerte im Hinblick auf ein spezifisches Erkenntnisziel zu liefern, flexibel auf relevante Entscheidungsprobleme Bezug nehmen.

Ein Basissystem für „Verhaltenssteuerung", der zweiten wichtigen Aufgabe des internen Rechnungswesens, könnte beispielsweise die in Tabelle 3.2 aufgeführten Instrumente umfassen.

---

260 Vgl. Kilger (1992), S. 14.

261 Vgl. Wielenberg (2002), Sp. 1670.

262 Vgl. Küpper (2002), Sp. 2032.

Tabelle 3.1 Rechnungszwecke und -ziele der Instrumente im Kontext der Entscheidungsunterstützung

Rechnungszweck	**Rechnungsziel**	**Instrument**
Unterstützung strategischer Entscheidungen	Erfolgspotenziale/Strategien	Portfoliotechnik
Unterstützung von Investitionsentscheidungen	Investitionsergebnis	Investitionsrechnung
Unterstützung von finanziellen Entscheidungen	Liquiditäts- und Finanzergebnis	Liquiditäts- und Finanzrechnung
Unterstützung der Zukunftsorientierung und Koordination von Entscheidungen	Budgets	Budgetierung
Unterstützung von Entscheidungen des Betriebsablaufes	Betriebsergebnis	Kosten- und Leistungsrechnung
Problemspezifisch	Problemspezifisch	Kennzahlensysteme

Tabelle 3.2 Rechnungszwecke und -ziele der Instrumente im Kontext der Verhaltenssteuerung

Rechnungszweck	**Rechnungsziel**	**Instrument**
Steuerung zukünftigen Mitarbeiterverhaltens im Betriebsablauf	Plan-Betriebsergebnis	Plankostenrechnung
Koordination dezentraler Einheiten	Verrechnungspreise	Verrechnungspreise
Motivation und Verhaltenssteuerung der Entscheidungsträger	Budgets	Budgetierung
Steuerung des Mitarbeiterverhaltens im Betriebsablauf mittels Kostenverantwortlichkeiten	Betriebsergebnis	Kosten- und Leistungsrechnung
Steuerung des Mitarbeiterverhaltens mittels unternehmensübergreifender Zielvorgaben	Problemspezifisch	Balanced Scorecard

Anders als bei der Entscheidungsunterstützung steht hier die Steuerung dezentraler Entscheidungs*träger* im Vordergrund. Auch hier kann zwischen dem eigentlichen Basissystem und einem hierauf zurückgreifenden Kennzahlensystem, z. B. in der Strukturierung als Balanced Scorecard, unterschieden werden. Die Instrumente unterstützen sowohl die strategische als auch die operative Steuerung der Unternehmensführung. Trotz der nachfolgend vorgenommenen, bewussten Trennung dieser Steuerungsaspekte darf nicht übersehen werden, dass beide Bereiche vielfältig miteinander verknüpft sind.

3.1.4 Strategische Steuerung

Objekte der strategischen Steuerung sind qualitative Größen wie Erfolgspotenziale[263] oder Produkt-Markt-Strategien[264]. Aufgrund der großen zeitlichen Reichweite und des hohen sachlichen Aggregationsgrads strategischer Entscheidungen können quantitative Verfahren in der Regel nur auf eine begrenzte Datenbasis zurückgreifen.[265] Dennoch lassen sich auch im strategischen Bereich grundlegende Zusammenhänge und Wirkungsweisen quantitativ abbilden. Dabei darf aber nicht vergessen werden, dass qualitative Überlegungen und quantitative Modellierungen nicht losgelöst voneinander betrachtet werden dürfen, sondern Hand in Hand gehen, „um praktische Probleme zu erkennen, zu analysieren, Handlungsalternativen zu entwickeln und eine plausibel begründete Lösung auszuwählen und umzusetzen.“[266]

3.1.4.1 Qualitative Steuerungsinstrumente

Qualitative Steuerungsinstrumente bedienen sich methodisch kontrollierter Vorgehensweisen und verwenden dabei – unter Verzicht auf mathematische Modelle und Verfahren – verbale Begriffskategorien und Daten. Als Ergänzung strategischer Steuerungsinstrumente mit quantitativer Ausrichtung, die auf einem begrenzten Fundament fußen, scheinen sie insbesondere für ein mittelständisches Controllinginstrumentarium geeignet, da sie intuitive Überlegungen in methodische Bahnen lenken.

Ein Instrument zur Formulierung von Strategien und Handlungsalternativen ist die Portfoliotechnik. Sie basiert auf bestimmten ökonomischen Wirkungshypothesen[267] – wie sie beispielsweise in Gestalt des Produktlebenszyklus’, der Erfahrungskurve oder als Ergebnis der PIMS-Studie[268]

---

[263] Gälweiler (1974), S. 132.

[264] Baum/Coenenberg/Günther (2007), S. 25.

[265] Vgl. Ossadnik (1998b), S. V.

[266] Berens/Delfmann/Schmitting (2004), S. 13.

[267] Vgl. Chrubasik/Zimmermann (1987).

[268] Die PIMS-Studie („*P*rofit *I*mpact of *M*arket *S*trategy“) ist ein seit 1972 durchgeführtes umfassendes empirisches Projekt im Bereich der strategischen Planung, in dem u. a. Angaben zur Wettbewerbssituation, zu den charakteristischen Merkmalen des Unternehmensumfeldes, zur Struktur des Produktionsprozesses, zu den F&E-Aktivitäten, zu den Marketingaufwendungen, zu den finanziellen Ergebnissen und ähnliche Daten in ihren Auswirkungen auf den Return on Investment und den Cash Flow regressionsanalytisch untersucht werden. Vgl. Buzzell/Gale (1987).

aufgestellt werden[269] – und ermöglicht es dem Anwender, komplexe strategische Probleme des Unternehmens gedanklich zu strukturieren, diese auf (zwei) Schlüsselfaktoren zu reduzieren und zu visualisieren. Darüber hinaus kann sie methodische Hilfestellung zur Entwicklung von Strategien bieten. Darin kommt ein Bemühen um Vereinfachung und Transparenz des strategisch relevanten Unternehmensgeschehens zum Ausdruck. Dies lässt diese Methode als besonders geeignet zur Unterstützung der strategischen Unternehmensführung erscheinen.

Die Portfoliotechnik erlaubt sowohl eine strategische Bestandsaufnahme durch Feststellung der Ist-Situation (Ist-Portfolio) der verschiedenen strategischen Geschäftseinheiten (SGE)[270] als auch die Darstellung der für die verschiedenen SGE zukünftig angestrebten Situation (Soll-Portfolio).[271] Prinzipiell wird dabei wie folgt vorgegangen: Zunächst wird das Unternehmen in (selbständig Marktaufgaben wahrnehmende) SGE segmentiert. Die einzelnen SGE haben ihre Chancen und Risiken bei der Erzielung von Gewinnen, Cash Flow und Vermögen. Anschließend werden relevante Einflussfaktoren für die Beurteilung des Erfolgspotenzials der SGE zu zwei Hauptkomponenten zusammengefasst, und zwar zu einer internen, vom Unternehmen direkt beeinflussbaren Größe, und zu einer externen, vom Unternehmen nicht direkt beeinflussbaren Größe. Die Ausprägungen dieser Größen werden für jede SGE in einem Koordinationssystem abgetragen und in einem „Ist-Portfolio“ dargestellt. Ausgehend von diesem Status quo und dessen strategischer Qualifizierung werden generelle Verhaltensrichtungen in Form von Normstrategien bestimmt. Darauf aufbauend wird für die verschiedenen SGE die jeweils angestrebte strategische Position in einem „Soll-Portfolio“ dargestellt. In diesem werden die *geplanten* Veränderungen in Form von Richtungspfeilen visualisiert. Diese können durch Risiko-Richtungspfeile für *mögliche* Veränderungen ergänzt werden.

Ist eine Segmentierung des Unternehmens nicht möglich bzw. nicht zweckmäßig, lässt sich der dargestellte Ablauf insofern modifizieren, als dass ein Portfolio gebildet wird, in dem das Gesamtunternehmen positioniert und das Unternehmen anhand spezifischer Dimensionen beleuchtet wird.

Der Nutzen der Portfolio-Analyse hängt entscheidend davon ab, wie es gelingt, diese Technik auf die individuell vorliegenden Gegebenheiten ei-

---

269 Vgl. hierzu ausführlich Ossadnik (2009), S. 277–298.

270 Strategische Geschäftseinheiten sind als Unternehmensbereich definiert, der als homogene Produkt-Markt-Kombination eine eigenständige Marktaufgabe bewältigt. Vgl. dazu z. B. Ossadnik (2009), S. 285.

271 Vgl. auch zum Folgenden Ossadnik (2009), S. 285–298.

nes mittelständischen Unternehmens zu übertragen. Ein besonderes Augenmerk muss dabei auf der Wahl der Portfolioachsen liegen: Zum einen sollte es sich um leicht verständliche Dimensionen handeln, die den Anwender nicht verwirren und zum anderen müssen auch beispielsweise spezifische Marktsituationen oder der Erfolgsblickwinkel eines Mittelstandsunternehmens berücksichtigt werden, wie es sich z. B. in der Operationalisierung des Erfolgsziels widerspiegelt.[272]

Abbildung 3.2[273] zeigt ein auf einem der bekanntesten Portfolio-Konzepte, dem Marktwachstums-Marktanteils-(MM)-Portfolio der Boston Consulting Group (BCG), basierendes Portfolio. Bei diesem Konzept werden die SGE des Unternehmens in einer Vier-Felder-Matrix anhand der Größen „Relativer Marktanteil“ und „Marktwachstum“ klassifiziert. Der Faktor „Relativer Marktanteil“ (RM) beruht dabei auf dem Erfahrungskurveneffekt[274], wohingegen der Faktor „Marktwachstum“ (MW) auf dem Produktmarktlebenszyklus-Konzept[275] basiert. Beide Faktoren zeigen sich in der PIMS-Studie stark positiv korreliert zur Rentabilität bzw. zum Gewinn.[276]

---

[272] Vgl. Witt/Witt (1996), S. 249.

[273] Entnommen aus Ossadnik (2003), S. 297. Das Portfolio ist aus der zeitlichen Perspektive des Jahres t = n aufgestellt. Es wird angestrebt, dass Produkt 3 bis zum Jahr t = n + 3 „Milchkuh“ bleibt. Die relative Bedeutung des Produkts wird entsprechend der Verhältnisse der Umsätze zueinander mit unterschiedlich großen Kreisflächen (Durchmesser der Kreisflächen) in der Matrix dargestellt.

[274] Die Erfahrungskurve beschreibt den Zusammenhang von kumulierter Produktionsmenge und realen Stückkosten: Die realen Stückkosten eines Produktes gehen durchschnittlich um 20-30% zurück, sobald sich die in Produktmengen ausgedrückte Produkterfahrung verdoppelt hat. Vgl. Henderson (1984), S. 19. Mit diesem Effekt lassen sich auf bestimmte Herstellungsmengen ausgerichtete, strategische Entscheidungen auf ihre Kostenwirkungen hin abschätzen. Ausführlich zum Erfahrungskurveneffekt vgl. Ossadnik (2009), S. 282–285.

[275] Bei dem Produktmarktlebenszyklus-Konzept wird davon ausgegangen, dass die zeitliche Entwicklung eines Produktes (idealtypisch) in charakteristische Phasen eingeteilt werden kann: Einführung, Wachstum, Reife, Sättigung und Degeneration, die wiederum für die Prognose der Umsatzentwicklung herangezogen werden können. Ausführlich zum Produktmarktlebenszyklus-Konzept vgl. Ossadnik (2009), S. 278–282.

[276] Der durch die PIMS-Studie festgestellte signifikante Einfluss der beiden Faktoren auf die Gewinnsituation von Unternehmen stimmt im Ergebnis mit dem Erfahrungskurveneffekt überein, nach dem ein Wachstum des Absatzmarktes und eine Zunahme des relativen Marktanteils das Kostensenkungspotenzial erhöhen. Vgl. Ossadnik (1984), S. 243. Zu einer kritischen Auseinandersetzung mit der PIMS-Studie vgl. z. B. Hofer (1976), S. 275; Roventa (1979), S. 119.

Je nach Ausprägung ihres relativen Marktanteils werden SGE als „Fragezeichen“ (RM: niedrig, MW: hoch), „Stars“ (RM: hoch, MW: hoch), „Milchkühe“ (RM: hoch, MW: niedrig) oder „Arme Hunde“ (RM: niedrig, MW: niedrig) kategorisiert. Vor dem Hintergrund der (in diesem Konzept gesetzten) Nebenbedingung, dass ein Gleichgewicht zwischen liquiditätsbedürftigen und Liquiditätsüberschüsse produzierenden SGE bestehen sollte, wird für so genannte „Fragezeichen“ als Normstrategie grundsätzlich eine Förderung in Betracht gezogen. „Stars“ sollten durch hohe Erweiterungsinvestitionen gefördert werden, während bei „Milchkühen“ eine Abschöpfungsstrategie angebracht ist. Die Empfehlung für „Arme Hunde“ lautet: Abbau- oder Desinvestitionsstrategie! Jede dieser Empfehlungen sollte selbstverständlich nicht unreflektiert befolgt, sondern situativ differenziert beurteilt werden. Dafür hat das (mittelständische) Controlling Sorge zu tragen.

Eine Übertragung des Konzepts auf mittelstandsbezogene Besonderheiten mit dem Fokus auf den Unternehmenserfolg und dessen wesentlichen Komponenten könnte die in Abbildung 3.3. dargestellte Form aufweisen. Im Gegensatz zur oben dargestellten Segmentbetrachtung wird hier das Gesamtunternehmen mittels leicht zu ermittelnder Portfoliodimensionen positioniert und hinsichtlich des Unternehmenserfolges durchleuchtet.

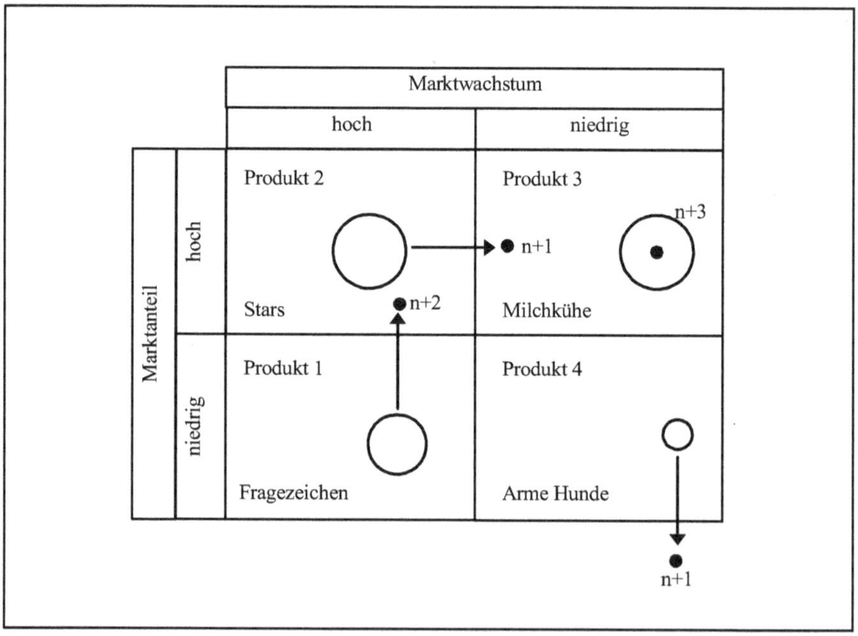

Abb. 3.2 Marktwachstums-Marktanteils-Matrix (Ist- und Soll-Portfolio)

		Kostensituation	
		hoch	niedrig
Erfolgsbeitrag	hoch	• Investitionen in Betriebsprozess-optimierungen • Unternehmensprozesse durchleuchten STRATEGIEREVISION	• Wachstumspotenziale ausloten • Stabilisieren • Investitionen • Umsätze steigern • Liquiditätsmanagement STRATEGIE FOLGEN
	niedrig	• Unternehmensprozesse durchleuchten • Umsätze steigern • Desinvestitionspotenzial prüfen • Preispolitik hinterfragen STRATEGIEWECHSEL	• Preispolitik hinterfragen • Umsätze steigern STRATEGIEREVISION

Abb. 3.3 Erfolgsportfolio

Das abgebildete Erfolgsportfolio dient der Identifikation, Analyse und Vorausschau der unternehmensbezogenen erfolgsorientierten Stärken, Schwächen und Risiken. Dabei unterstützt die eingehende Unternehmensanalyse die strategische Unternehmensführung nicht nur in der Entwicklung ihrer Strategien und Handlungsanweisungen, sondern bildet den Kern dieses strategischen Instruments, das strategische Ursachen-Wirkungs-Zusammenhänge offen legt und verdeutlicht. Der eigentliche Wert der Analyse liegt somit nicht in der resultierenden grafischen Darstellung, sondern im Prozess der Unternehmensanalyse.[277]

3.1.4.2 Quantitative Steuerungsinstrumente

Quantitative Steuerungsinstrumente basieren auf mathematischen Modellen und Methoden. Auch wenn der Versuch, qualitativ ausgedrückte Informationen in quantifizierende Daten zu übertragen, mit Ermessensspielräumen verbunden ist, lassen sich auf der strategischen Steuerungsebene Handlungsalternativen und betriebliche Zusammenhänge durchaus quantitativ abbilden. Daraus folgt für das mittelständische Controlling die Aufgabe, Methoden bereitzustellen, die es ermöglichen, zahlungsorientierte

[277] Vgl. Fürstenwerth (1998), S. 173.

Daten in entscheidungsrelevante Informationen zu überführen, um sie der Unternehmensführung zur strategischen Entscheidungsfindung zur Verfügung zu stellen. Zur Erfüllung dieser Aufgabe eignen sich Investitionsrechnungen, (strategische) Liquiditäts- und Finanzrechnungen und eine (strategische) Budgetierung, welche im Folgenden kurz charakterisiert werden.

3.1.4.2.1 Investitionsrechnungen

Schneider versteht unter „Investition" ein durch einen Zahlungsstrom darstellbares Projekt, an dessen Anfang Auszahlungen stehen und das zu späteren Zeitpunkten Einzahlungen und gegebenenfalls Auszahlungen erwarten lässt.[278]

Die Ursachen für Investitionen können Überalterung von Anlagegütern, steigende Instandhaltungs- und Wartungsaufwendungen oder Innovationen im Produktionsbereich sein.[279] Als Bestandteil des internen Rechnungswesens gehören Investitionsrechnungen zum Instrumentarium des Controllings. Auf der strategischen Steuerungsebene haben Investitionsrechnungen die Aufgabe, die Planung, Realisation und Kontrolle von Investitionen mit zahlungsstrom- und ergebnisorientierten Informationen[280] zu versorgen.[281] Während die Planung, Steuerung und Kontrolle investitionsbezogener Handlungen eine ureigene Aufgabe der Unternehmensführung mittelständischer Unternehmen ist, zählt die Entscheidungsunterstützung durch Informationsversorgung zum Aufgabenbereich des Controllings. In diesem Sinne sind Investitionsrechnungen typische Instrumente eines Controllings mittelständischer Unternehmen.

Die Funktion der Investitionsrechnung als Entscheidungshilfe in Bezug auf Investitionen begründet alleine noch nicht die Notwendigkeit, dass mittelständische Unternehmen über ein solches Instrument verfügen sollten. Eine solche Beurteilung fällt anders aus, wenn berücksichtigt wird, dass in mittelständischen Unternehmen strategische Entscheidungen häufig intuitiv getroffen werden und im Hinblick auf das Instrumentarium der strategischen Steuerung abgestimmte Gesamtplanungen hier in der Regel kaum anzutreffen sind.[282] In dieser Situation könnte eine Investitionsrechnung eine ordnende, systematisierende Funktion entfalten. Da eine integ-

---

278 Vgl. Schneider (1992), S. 20.

279 Vgl. Betge (2000), S. 5.

280 Nicht monetär dimensionierte Ziele bleiben in der – unikriteriell konzipierten – Investitionsrechnung unberücksichtigt. Vgl. dazu z. B. auch Betge (2000), S. 36.

281 Vgl. Ossadnik (2009), S. 299.

282 Vgl. Legenhausen (1998), S. 345.

rierte Gesamtsicht des Unternehmens über die Dauer seiner Existenz im Sinne einer Annäherung an die Idee des Totalmodells letztlich immer aus Praktikabilitätsgründen scheitern wird, muss sich die Lösung strategischer Entscheidungsprobleme an Partialmodellen ausrichten, die zeitliche und sachliche Interdependenzen zwischen Handlungsalternativen zerschneiden.[283] Ein solches Modell kann die Investitionsrechnung sein, die sich als Partialerfolgsrechnung auf höher aggregierte Entscheidungsfelder mit mehrperiodigem Zeithorizont bezieht und damit einen Rechnungszweck der strategischen Steuerung repräsentiert.

Die für den Mittelstand charakteristische Zentralisierung der Entscheidungsgewalt führt dazu, dass Investitionsentscheidungen bzw. die Investitionspolitik einem engeren Führungskreis vorbehalten bleiben, d. h. nicht delegiert werden. Asymmetrische Informationsstände und Interessenskonflikte zwischen Entscheidungsträgern verschiedener Unternehmensteilbereiche dürften somit (aufgrund des Fehlens einer entsprechenden Dezentralisierungssituation) kaum auftreten. Daher entfällt im Regelfall die Aufgabe einer Koordination dezentralisierter Führungssysteme für ein mittelständisches Controlling. Dies schließt zwar nicht aus, dass die Unternehmensführung auf Informationen beispielsweise der ausführenden Ebene zurückgreift, ein Investitionscontrolling mit Schwerpunkt auf der Koordination von Führungssubsystemen, wie es die Betriebswirtschaftslehre Großunternehmen empfiehlt[284], ist für mittelständische Unternehmen im Regelfall aber nicht notwendig. Bei diesen Unternehmen sollte sich ein Investitionscontrolling auf Aufgaben der Informationsversorgung und Entscheidungsunterstützung beschränken und daher folgende Tätigkeitsschwerpunkte aufweisen:

- Bereitstellung adäquater Investitionsrechnungsverfahren (Entscheidungsunterstützung);
- Pflege und Weiterentwicklung der Investitionsrechnungsverfahren und des zu Grunde liegenden Informationsversorgungssystems;
- Abstimmung der Investitionsrechnungsdaten mit anderen Rechnungssystemen (Koordination der Rechnungssysteme).

Investitionsrechnungen dienen der Vorbereitung rationaler Entscheidungen, nehmen sie aber nicht vorweg. Lassen sich doch nicht alle Faktoren, die den Erfolg einer Investition beeinflussen, aufgrund vorbereitender Überlegungen quantifizieren. Daher liefert die Investitionsrechnung nur ein Kriterium für die Investitionsentscheidung. Sie soll das Risiko von Fehlentscheidungen vermindern, kann dieses aber letztendlich nicht aus-

[283] Vgl. Ossadnik/Maus (1995), S. 145.
[284] Vgl. z. B. Ossadnik (2009), S. 503–508.

schließen. Aus diesem Grunde ist die Frage des adäquaten Verfahrens zur Vorbereitung einer Investitionsentscheidung von wesentlicher Bedeutung. Aus der Vielzahl von Investitionsrechnungsverfahren[285], die sich im Wesentlichen hinsichtlich ihrer Annahmen über den Kapitalmarkt (vollkommener versus unvollkommener Kapitalmarkt), ihres zeitlichen Bezugsrahmens (statischer versus dynamischer Planungshorizont) sowie ihres Sicherheitsgrades (deterministische versus stochastische Ansätze) unterscheiden, wird hier lediglich auf zwei dynamische Einzelentscheidungsverfahren eingegangen[286], die keine besonderen rechentechnischen Schwierigkeiten aufwerfen und zur Beurteilung einzelner Investitionsprojekte bei sicheren Erwartungen herangezogen werden. Dabei beschränken sich die Ausführungen auf die Darstellung der Voraussetzungen und Anwendungsmöglichkeiten der einzelnen Verfahren.[287] Eine Darstellung ihrer einzelnen Rechenschritte würde den Rahmen dieser Arbeit sprengen und kann der investitionsrechnerischen Literatur entnommen werden.[288]

Einerseits sollte sich das anzuwendende Investitionsrechnungsverfahren nach dem Problemtypus des zu steuernden Investitionsprojektes richten. Andererseits sollte im Hinblick auf die Vergleichbarkeit von Investitionsprojekten auf den Einsatz allzu unterschiedlicher Methoden verzichtet werden. Dies führt zu einem kleinen, erweiterbaren Standardrepertoire von Investitionsrechnungsverfahren für mittelständische Unternehmen, auf das bei Bedarf zurückgegriffen werden kann.

Wesentliches Element der dynamischen Investitionsrechnungen ist die Ab- bzw. Aufzinsung. Das bedeutet, dass alle mit einem Investitionsprojekt verbundenen Einahmen und Ausgaben auf einen bestimmten Zeitpunkt, d. h. im Regelfall auf den Anfangs- oder Endzeitpunkt, bezogen und durch Ab- bzw. Aufzinsung gleichnamig gemacht werden. Zwei einfach zu handhabende und aussagefähige Methoden werden hier in ihren Grundzügen vorgestellt: die Kapitalwertmethode und die Interne-Zinssatz-Methode.

---

[285] Vgl. hierzu auch Ossadnik (2009), S. 299–301.

[286] Trotz unbestreitbarer Beliebtheit in der mittelständischen Praxis werden statische Verfahren nicht weiter betrachtet. Sie setzen genau genommen genau so viele Basisinformationen voraus wie Mehr-Perioden-Verfahren. Der Versuch, durch vorbereitende Rechnungen und Bildung von Durchschnitten die Voraussetzungen für den Einsatz statischer Verfahren zu schaffen, führt insgesamt zu einem ähnlich hohen Arbeitsaufwand wie bei den Mehr-Perioden-Modellen, ohne dass die Problemlösungsgüte des Rechnungsergebnisses der komplizierteren Verfahren erreicht würde. Vgl. Ossadnik (1992), S. 34.

[287] Vgl. zum Folgenden auch Blohm/Lüder/Schäfer (2006), S. 47–105.

[288] Vgl. z. B. Hax (1993); Kruschwitz (2007); Ossadnik (1992); Schneider (1992).

Mit Hilfe der Kapitalwertmethode wird der Kapitalwert als Barwert der Einzahlungen abzüglich des Barwertes der Auszahlungen und des Kapitaleinsatzes ermittelt und als Beurteilungsmaßstab der Investitionsentscheidung zu Grunde gelegt. Das bedeutet, dass bei einem gegebenen Zinssatz die Investition am vorteilhaftesten ist, die den höchsten Kapitalwert aufweist. Der Kalkulationszinssatz erfüllt dabei verschiedene Funktionen und steht für:[289]

- Den günstigsten Zinssatz der Finanzmittelbeschaffung;
- Die Durchschnittsrendite der bestmöglichen alternativen Mittelverwendung;
- Den Ertragssatz im Falle von Ergänzungsinvestitionen;
- Die marginale Zeitpräferenzrate zur Gewichtung zeitlich indizierter Zahlungsströme.

Unter der Annahme eines vollkommenen Kapitalmarktes[290] existiert genau ein Kalkulationszinssatz, der diese Funktionen erfüllt. Darüber hinaus führt diese Annahme dazu, dass Investitionen, Finanzierung und Ausschüttungen unabhängig voneinander geplant und entschieden werden können (Fisher-Separation[291]). Oder mit anderen Worten: Investitions- und Finanzierungsmaßnahmen können mit Hilfe von isolierten Investitionsrechnungsverfahren getrennt voneinander beurteilt werden, und es besteht keine Notwendigkeit für eine Programmplanung.[292] Die Kapitalwertmethode erscheint unter diesen Bedingungen als annehmbare Vorgehensweise, um die Vorteilhaftigkeit einzelner Investitionsvorhaben hinsichtlich ihrer finanziellen Auswirkungen zu beurteilen.[293]

Die Interne-Zinssatz-Methode unterscheidet sich von der Kapitalwertmethode darin, dass kein Kalkulationszinssatz vorgegeben wird, sondern dieser als eine die Rentabilität einer Investition ausdrückende Zielgröße errechnet wird.[294] Es wird der Zinssatz berechnet, bei dem der Kapitalwert einer Zahlungsreihe exakt Null ist. Der Beurteilungsmaßstab der Investitionsentscheidung ist somit die interne Verzinsung des Investitionsprojektes. Dabei gilt: Eine einzelne Investition ist absolut vorteilhaft, wenn der inter-

---

289 Vgl. z. B. Ossadnik (1992), S. 39.

290 Bei einem vollkommenen Kapitalmarkt, auf dem zum Marktzinssatz in beliebiger Höhe Kapital angelegt und aufgenommen werden kann, wird davon ausgegangen, dass keine Reibungsverluste aufgrund von Transaktionskosten, Steuern oder ungleichen bzw. begrenzten Marktzugängen auftreten.

291 Vgl. Fisher (1930).

292 Ossadnik (1992), S. 39.

293 Vgl. Ossadnik (1992), S. 39.

294 Vgl. Ossadnik (1992), S. 35.

ne Zinssatz eine vorgegebene Mindestrendite nicht unterschreitet. Bei dem Vergleich mehrerer Investitionsvorhaben ist das Vorhaben mit dem höchsten internen Zinssatz zu wählen.[295]

Der – dem Anschein nach – einfachen Handhabung und Anschaulichkeit der Methode steht jedoch der Nachteil gegenüber, dass dieses Verfahren auf sehr restriktiven Prämissen beruht und ein ökonomisch sinnvoller Zinssatz nicht immer mit Eindeutigkeit ermittelt werden kann.[296]

Beide Methoden[297] setzen voraus, dass die mit dem Investitionsprojekt verbundenen Einzahlungen und Auszahlungen bezüglich ihrer Höhe und ihres zeitlichen Anfallens bekannt sind. Ihr Anwendungsbereich erstreckt sich in erster Linie auf die Beurteilung von Erweiterungsinvestitionen sowie – wenn auch bedingt – von Ersatzinvestitionen. Darüber hinaus können sie unter bestimmten Voraussetzungen zum Vergleich von alternativen Investitionsprojekten herangezogen werden oder Make-or-Buy- sowie Kauf-oder-Leasing-Entscheidungen unterstützen.

Die vorgestellten Verfahren dienen zur Beurteilung einzelner Investitionsvorhaben. Betrachtet man Investitionen als einen Prozess, der sämtliche Aktivitäten von der Planung, Entscheidung über die Realisation, Steuerung und Kontrolle bis hin zu Nachbesserungsentscheidungen bei unerwarteten Datenänderungen umspannt, wird offensichtlich, dass sich der Aufgabenbereich eines Investitionscontrollings nicht nur auf die Anwendung der Verfahren beschränken darf,[298] sondern auch die Pflege und Weiterentwicklung der Investitionsrechnungsverfahren und des zu Grunde liegenden Informationssystems umfassen muss. Dies beinhaltet:

- Die Nachkalkulation und Kontrolle der Investitionsprojekte mit entsprechender Abweichungsanalyse und gegebenenfalls Überarbeitung;
- Die Implementierung eines einheitlichen Berichtswesens für den Investitionsprozess.

Darüber hinaus hat das Controlling die Aufgabe, die Investitionsrechnungsdaten mit anderen Rechnungssystemen abzustimmen. Dabei ergeben sich Schnittstellen zu Rechnungssystemen mit unterschiedlichen Rechnungszwecken (z. B. zwischen erfolgs- und liquiditätsmäßigen Rechnungen) sowie mit Rechnungen zur Fundierung nachstrategischer Steuerung

---

[295] Vgl. Ossadnik (1992), S. 48.

[296] Die Kritik an einer Vorteilhaftigkeitsbeurteilung durch den internen Zinssatz ging bisweilen soweit, dass dieses Verfahren aus einzelnen lehrbuchmäßigen Darstellungen zur Investitionsrechnung ausgeschlossen wurde. Vgl. z. B. Kruschwitz (2007), S. 106–107.

[297] Zu einem Vergleich siehe auch Ossadnik (1992), S. 47–54.

[298] Vgl. Adam (2002), Sp. 839.

(z. B. der Kosten- und Leistungsrechnung). Insbesondere die enge Verbundenheit von Investitionen, die Ein- und Auszahlungsreihen auslösen, mit Liquiditätsaspekten, erfordert eine ständige Abstimmung. Solche (Inter-)Dependenzen sind in den regelmäßig zu erstellenden Berichten (Reporting) zu berücksichtigen. Zu einem systematisch betriebenen Investitionscontrolling gehört in mittelständischen Unternehmen auch, dass die Investitionsobjekte nicht nur isoliert betrachtet, sondern in das Gesamtgefüge des Unternehmens eingeordnet werden. Der Einsatz von Einzelentscheidungsverfahren im mittelständischen Unternehmen sollte daher unter Abstimmung mit den Unternehmenszielen, der Unternehmenskonzeption sowie mit den Möglichkeiten der Kapitalbeschaffung erfolgen. Mit dieser gedanklichen Perspektive wird dann der Schritt hin zu den Programmentscheidungsverfahren vollzogen. Diese Verfahren berücksichtigen ausdrücklich Abhängigkeiten zwischen Investitionsobjekt und nicht investitionsbezogenen Maßnahmen, indem sie beispielsweise die Investitions- mit der Finanzplanung oder der Produktionsplanung simultan abstimmen.[299] Diese komplexeren Verfahren bieten sich an, wenn mehrere Investitionsvorhaben um begrenzte (finanzielle) Ressourcen konkurrieren. Sie kommen insofern erst mit zunehmender Komplexität des Unternehmensgeschehens zum Tragen und werden hier nicht näher betrachtet.

3.1.4.2.2 Dynamische Liquiditäts- und Finanzrechnungen

Die Aufrechterhaltung der Liquidität ist eine Voraussetzung für die Überlebensfähigkeit eines Unternehmens. Daher sollte überwacht werden, ob hinreichende Liquidität existiert. In mittelständischen Unternehmen ist die Überwachungsaufgabe oft mit einer knappen „Personaldecke" zu bewältigen. Umso wichtiger sind die Entwicklung und der Einsatz wirksamer Liquiditätsüberwachungs- und -steuerungsinstrumente in Gestalt von Liquiditäts- und Finanzrechnungen in mittelständischen Unternehmen.[300] Aufgabe solcher Rechnungen ist die Bereitstellung entscheidungsrelevanter Informationen zur Steuerung bzw. Entscheidung/Planung und Kontrolle der Liquidität bzw. „Finanzkraft, d. h. der Fähigkeit eines Unternehmens, liquide finanzielle Mittel zu erwirtschaften"[301].

---

[299] Mehrere Investitionsprojekte bilden, zusammen betrachtet, ein Investitionsprogramm. Vgl. Hax (1993), S. 62–122; Kruschwitz (2007), S. 241–316; Schmidt/Terberger (2006), S. 168–184; Ossadnik (1992), S. 99–128; Schneider (1992), S. 114–172.

[300] Vgl. Küpper (2008), S. 153.

[301] Bussiek/Niemeier (1981), S. 265.

Aufgrund der (notwendigen) betrieblichen Flexibilität und der Gefahr einer Zahlungsunfähigkeit, deren Folgen sich in einem mittelständischen Unternehmen sehr viel existenzbedrohender auswirken würden, kommt den Liquiditätsentscheidungen im Mittelstand ein besonderes Gewicht zu.[302] Wegen des Bedarfs mittelständischer Unternehmen an liquiditätsmäßigen Informationssystemen für die Unternehmenssteuerung gehören Liquiditäts- und Finanzrechnungen zum unverzichtbaren Controllinginstrumentarium mittelständischer Unternehmen. Dabei sollten diese Rechnungen in Anbetracht der finanzwirtschaftlichen Charakteristika mittelständischer Unternehmen besondere Anforderungen erfüllen und spezifisch gestaltete Elemente enthalten. Dabei ist regelmäßig von folgenden Besonderheiten der Finanzwirtschaft mittelständischer Unternehmen auszugehen:[303]

- Geringere Kontinuität im Leistungs- und Finanzbereich aufgrund (im Vergleich zu Großunternehmen) geringerer Planungsaktivitäten;
- Mangelnde betriebliche Teilplanungen;
- Liquiditätsreservenrisiko (hoher Forderungs- und Vorräteanteil);
- Unsicherheiten der Umsatzprognosen;[304]
- Geringe Eigenkapitalausstattung;
- Begrenzte Finanzierungsmöglichkeiten;
- Problematik der Kapitalkosten[305] und mangelnder Sicherheiten.

Da jedes Charakteristikum für sich auch größenunabhängig auf jedes Unternehmen zutreffen kann, ist von einem besonderen Einfluss auf die Gestaltung des Instrumentariums nicht auszugehen. Dennoch weist ihr zumeist im Verbund vorkommendes Auftreten im Mittelstand auf die Notwendigkeit hin, finanzwirtschaftliche Probleme, die sich aufgrund ei-

302 Vgl. Gantzel (1962), S. 239.

303 Vgl. Legenhausen (1998), S. 263.

304 Mittelständische Unternehmen beschränken sich oftmals auf die Deckung kleindimensionierter, individualisierter Nachfrage in einem räumlich oder sachlich schmalen Marktsegment. Vgl. Kellerwessel (1984), S. 114; Dintner/Schorcht (1999), S. 252.

305 Die Inanspruchnahme des Bankensektors bei der Finanzmittelbeschaffung und die damit verbundenen durchschnittlich höheren Kapitalkosten für kleine und mittlere Unternehmen, die sich u. a. aufgrund kleinerer Kapitalbedarfsvolumina und geringerer Bonitätseinschätzungen ergeben, wirken sich nachteilig auf mittelständische Unternehmen aus. Mittelstandsförderprogramme können diesen Nachteil gegenüber Großunternehmen nur bedingt auffangen. Vgl. dazu Legenhausen (1998), S. 273–275; Wossidlo (1997), S. 296; Cassier (1976), Sp. 1358.

ner mangelhaften Informationsbasis ergeben, mit einer methodischen Planung und Kontrolle der finanziellen Sphäre zu begegnen.[306]

Obwohl die Planung gerade nicht zu den originären Aufgaben des Controllings gehört, gibt es gute Gründe, Instrumente zu ihrer Unterstützung in einem mittelstandsspezifischen Controllingtool zu berücksichtigen.[307] Ein solches Instrument zur strategischen Steuerung der finanziellen Sphäre mittelständischer Unternehmen sollte die langfristige Finanzplanung in Form der Kapitalbedarfs- und Kapitaldeckungsplanung sowie des Finanzplans sein. In mittelständischen Unternehmen wird die langfristige Finanzplanung weniger komplex und vollständig als in Großunternehmen sein. Dennoch muss auch sie einem systematischen Prozess folgen, der eine aktive Steuerung und Gestaltung der finanzwirtschaftlichen Vorgänge im Unternehmen unterstützt.

Die Aufgaben des Controllings im Rahmen der langfristigen Finanzplanung liegen in der Schaffung von Transparenz und Nachvollziehbarkeit der (strategischen) Entscheidungsprozesse. Die Bereitstellung geeigneter Planungs- (und Kontroll-)instrumente steht dabei im Vordergrund. Geht man von einer Dominanz der Entscheidungsunterstützungsfunktion gegenüber der Verhaltenssteuerungsfunktion im Mittelstand aus, ist die Finanzplanung primär als Vorschaurechnung, und weniger als Vorgabe eines als wünschenswert zu erachtenden Sollzustands aufzubauen.[308] Demzufolge erfolgt der Ansatz der Planwerte primär unter dem Gesichtspunkt der Voraussage.

In der Kapitalbedarfs- und Kapitaldeckungsplanung werden die zukünftige Kapitalbindung und ein etwaiger Kapitalbedarf systematisch erfasst und einander gegenübergestellt. Mit unternehmensindividueller und situationsabhängiger Schwerpunktsetzung kann ihr Aufbau wie folgt skizziert werden:[309]

Kapitalbedarf:

- Kapitalbindende Maßnahmen:
  - Investitionen in Sachanlagen,
  - Langfristige Finanzinvestitionen,
  - Erhöhung des Betriebskapitals.
- Kapitalentziehende Maßnahmen:
  - Eigenkapitalverringerung,
  - Rückzahlung von aufgenommenen langfristigen Krediten.

---

306 Vgl. Legenhausen (1998), S. 281.

307 Vgl. hierzu Abschnitt 2.2.8.

308 Vgl. Abschnitt 3.1.3.

309 Vgl. Perridon/Steiner (2007), S. 635.

Kapitaldeckung:

- Finanzierungsquellen:
  - Ordentlicher Umsatzüberschuss,
  - Eigenkapitalzuführung,
  - Fremdkapitalaufnahme.

Schnittstellen der Kapitalbedarfs- und Kapitaldeckungsplanung ergeben sich zur Investitionsplanung sowie zum Finanzplan. Der langfristige Finanzplan dient ebenso wie die Kapitalbedarfs- und Kapitaldeckungsplanung zur Ermittlung zukünftiger Ein- und Auszahlungen, unterscheidet sich aber von dieser im Aufbau, im Detaillierungsgrad, in der Planungseinheit und der Aufnahme von Ausgleichsmaßnahmen.

Im langfristigen Finanzplan werden wichtige Informationen über zukünftige Finanzmittelbindungen und -freisetzungen im Unternehmen zusammengetragen. Weder findet sich in der Literatur ein konsensualisierter Vorschlag, noch ist in der Praxis eine einheitliche Vorgehensweise feststellbar, wie der Finanzplan inhaltlich auszugestalten ist und über welchen Zeitraum er sich erstrecken sollte.[310] Dabei sollte der langfristige Finanzplan als Bindeglied zum kurzfristigen Finanzplan bzw. zur Liquiditätsplanung (Abschnitt 3.1.5.2) unter unternehmensindividuellen und situationsabhängigen Gesichtspunkten aufgestellt werden. Über diese Schnittstelle können Anpassungsnotwendigkeiten schneller erkannt und umgesetzt werden, wenn beispielsweise aus der Liquiditätsentwicklung Schritte für die Finanzplanung (wie z. B. eine Verhandlung des Zahlungsziels von Kunden und Lieferanten oder die Etablierung eines Forderungsmanagements) abzuleiten sind.

3.1.4.2.3 Strategische Budgetierung

Dem Zweck einer zielgerichteten Steuerung dezentraler Entscheidungseineinheiten in Organisationen folgend, hat die Budgetierung verschiedene Aufgaben zu erfüllen. Hauptaufgaben sind (unternehmensgrößenunabhängig) die Motivations-, die Koordinations- und die Orientierungsfunktion.[311]

Grundsätzlich kann davon ausgegangen werden, dass Motivations-, Koordinations- und Orientierungsaspekte auch bei der Budgetierung im Mittelstand eine zentrale Rolle spielen. Abweichend von Budgetierungssystemen in Großunternehmen, in denen Motivation, Koordination und Orientierung primär auf die Verhaltenssteuerung von Entscheidungsträgern abzielen, fokussiert die Budgetierung im Mittelstand unmittelbar auf

---

[310] Vgl. Legenhausen (1998), S. 321.

[311] Vgl. Ossadnik (2009), S. 230; Ewert/Wagenhofer (2008), S. 409–410; Steinmann/Schreyögg (2005), S. 393–394; Pfaff (2002), Sp. 233–234.

die Steuerung von Entscheidungseinheiten. Der interpersonalen Verhaltenssteuerung in Großunternehmen steht im Mittelstand die intrapersonale (Verhaltens-)Steuerung gegenüber, da die Steuerungsobjekte, d. h. die unterschiedlichen Entscheidungseinheiten, einer zentralisierten Entscheidungsgewalt zugeordnet sind. Insofern erfüllt die Budgetierung in mittelständischen Unternehmen die Funktion eines Steuerungsinstruments. Dabei veranlasst sie die Unternehmensführung zur Zukunftsorientierung, weil diese vor jeder Budgetierung über Unternehmensziele und Wege zur Zielerreichung nachdenken muss. Auch ist die Budgetierung ein Hilfsmittel für die Unternehmensführung, mit der diese die Durchsetzung ihrer Ziele, Vorhaben und Vorgaben unterstützt.

Die Zielsetzung der Budgetierung[312] von Großunternehmen und mittelständischen Unternehmen stimmt insofern nur in Teilen überein: Während die Koordination von sachlich divergierenden Unternehmensaktivitäten ein für beide Unternehmensgruppen – wenn auch unterschiedlich – relevantes Ziel der Budgetierung darstellt, ist die Festlegung von Beurteilungsmaßstäben für dezentrale Bereichsleiter eher für Großunternehmen von Bedeutung. Insofern gewinnt im Mittelstand die projektbezogene[313] Budgetierung an Bedeutung.

Strategische Budgets überführen Strategien in messbare Wertgrößen zur Abbildung strategischer Ziele. Die Grundlage bilden „auf der Outputseite marktbezogene *Erfolgspotenziale*, auf der Inputseite hingegen *Fähigkeitspotenziale*, d. h. die Möglichkeiten eines Unternehmens, marktbezogene Potenziale zu erschließen und zu nutzen."[314] Die strategische Budgetierung eignet sich insofern für mittelständische Unternehmen, als dass die Unternehmensführung angeregt wird, zukunftsorientiert zu denken und ihre Zielvorstellungen, Visionen und Handlungen in Wertgrößen auszudrücken. Damit schafft die strategische Budgetierung ein Gegengewicht zur Intuition des mittelständischen Unternehmers. Auf strategischer Projektebene empfiehlt sich beispielsweise folgende Vorgehensweise:[315]

- Inhaltliche Beschreibung des Projektes;
- Identifizierung des Verbundpotenzials eines Projektes gegenüber anderen Projekten;

[312] Vgl. Pfaff/Weißenberger (2000), S. 121.

[313] „Ein Projekt ist eine abgrenzbare Leistung, mit der ein bestimmtes Leistungsziel unter Beachtung vor allem terminlicher und finanzieller sowie kapazitätsmäßiger Restriktionen erreicht werden soll. Mit der Zielerreichung ist das Projekt beendet." Ossadnik (2009), S. 526.

[314] Ossadnik (2009), S. 309.

[315] Vgl. hierzu auch Ossadnik (2009), S. 310; Weber/Schäffer (2006), S. 362–363.

- Angabe der geplanten strategischen Stoßrichtung und Nennung nicht gewählter Normstrategien (bei Projektrevision);
- Angabe von geplanten Meilensteinen zur Projektrealisierung;
- Qualitative und quantitative Beschreibung (Ausdruck in Wertgrößen) des Projektziels.

Die Aufgaben des Controllings liegen nach Festlegung der strategischen Projektbudgets in der Feedback-Kontrolle der Budgets sowie darüber hinaus in der Feedforward-Analyse zur Gewinnung von Informationen im Hinblick auf zukünftige Budgetierungen.[316]

Auch wenn die Budgetierung aufgrund ihrer Zeit- und Ressourcenintensität sowie ihren Flexibilitätsdefiziten heute stark in die Kritik geraten ist, ist sie doch für überschaubare, mittelständische Unternehmen ein adäquates Instrument. Die Ausrichtung auf unternehmensindividuelle Situationen, Prozesse und Rahmenbedingungen ermöglicht es, diese Kritikpunkte zu entschärfen, so dass der tatsächliche Nutzen dieses Instruments die damit verbundenen Kosten überwiegt.[317]

3.1.4.2.4 Strategische Kennzahlensysteme

Unter betriebswirtschaftlichen Kennzahlen werden Zahlen verstanden, die in verdichteter, konzentrierter Form über quantitativ erfassbare inner- und zwischenbetriebliche Sachverhalte informieren.[318] Dabei handelt es sich um absolute Zahlen wie Einzelwerte oder relative Zahlen, die in einem leicht fassbaren Zahlenausdruck verschiedene Größen in ein sinnvolles Verhältnis zueinander setzen. Die wichtigsten Eigenschaften einer Kennzahl in diesem Sinne sind ihr *Informationscharakter*, ihre *Quantifizierbarkeit* und die *spezifische Form ihrer Information*.[319] Ein Informationscharakter ist dann gegeben, wenn eine Kennzahl Bezug auf eine spezifische Problemstellung nimmt, für die eine Lösung gefunden werden soll. Quantifizierbarkeit von Kennzahlen bedeutet, dass Problemstellungen und Zu-

---

[316] Vgl. Ossadnik (2009), S. 310.

[317] Der unter dem Schlagwort „Beyond budgeting“ euphorisch propagierte Steuerungsansatz zur Rettung der Budgetierungsidee vermag zwar wichtige Anstöße für Theorie und Praxis zu liefern, macht aber nicht für jedes Unternehmen Sinn. So ist er an eine Reihe impliziter Prämissen gebunden, die es im Einzelfall zu prüfen gilt. Zudem befindet sich das Konzept in einem frühen Entwicklungsstadium mit abstrakten und wenig operationalisierten Leitlinien, die eine einfache Umsetzung im Unternehmen erschweren. Vgl. Schäffer/Zyder (2003), S. 101–110 sowie Ossadnik (2009), S. 310–312.

[318] Vgl. Staehle (1969), S. 50.

[319] Vgl. Ossadnik (2009), S. 258; Reichmann (1993), Sp. 2159.

sammenhänge auf metrischen Skalen abbildbar sein müssen. Eine sowohl verdichtete als auch präzise sowie eindeutige Abbildung des betrieblichen Geschehens soll dementsprechend durch eine Messung metrisch skalierter Werte[320] gesichert werden.

Basis strategischer Kennzahlensysteme sind Hypothesen über Ursache-Wirkungs-Beziehungen zwischen Ereignissen und Sachverhalten bzw. Kennzahlen. Sie unterscheiden sich von traditionellen Kennzahlensystemen der operativen Ebene[321] insofern, dass diese auf logisch-mathematische bzw. logisch-definitorischen Beziehungen zwischen den Kennzahlen abstellen, während Kennzahlensysteme zur strategischen Steuerung auf Kausalzusammenhänge rekurrieren, die von den Entscheidungsträgern mittels Beobachtung[322] von Handlungsergebnissen rekonstruiert, d. h. dadurch aber auch durch subjektive Erfahrungen, Werte und Wünsche beeinflusst werden.[323] Für die empirische Untersuchung von Zusammenhängen zwischen Ereignissen bzw. Sachverhalten können verschiedene statistische Analysemethoden herangezogen werden.[324]

Strategische Kennzahlensysteme haben die Aufgabe, über eine Erfahrung längerfristig gültiger Wirkungsbeziehungen eine mehrperiodig orientierte strategische Planung und Kontrolle mit dem Fokus auf Stärken und Schwächen bzw. Chancen und Risiken des Unternehmens zu unterstützen. Daher stellen sie die bestehenden und zukünftigen Erfolgspotenziale in den Vordergrund. Neben monetären Zielgrößen wie Erfolg und Liquidität spielen dabei auch nichtmonetäre Größen eine Rolle.

Ein Instrumentarium, das finanzielle und nicht-finanzielle Aspekte vereint und in dem Informationen sowohl über die treibenden Faktoren zukünftiger Leistungen als auch finanzielle Kennzahlen vergangener Leistungen herangezogen werden, ist die von Kaplan/Norton entwickelte Balanced Scorecard (BSC).[325] Aufgrund hoher Anschaulichkeit, leichter

---

320 Ein metrisch skalierter Wert liegt vor, wenn die Ausprägungen der Information eine Rangordnung aufweisen und zusätzlich noch bestimmt werden kann, in welchem Ausmaß sie sich voneinander unterscheiden. Vgl. Bamberg/Baur/Krapp (2008), S. 7.

321 Vgl. hierzu auch die Ausführungen in Abschnitt 3.1.5.4.

322 Betriebswirtschaftliche Kausalität kann nicht direkt beobachtet werden, sondern stellt immer eine subjektive Konstruktion von Zusammenhängen dar. „Der Prozess der Identifikation und Interpretation bestimmter Ereignisse oder Sachverhalte als Ursache einer bestimmten Wirkung wird als Kausalattribution bezeichnet." Ossadnik (2009), S. 342.

323 Vgl. Ossadnik (2009), S. 343.

324 Vgl. hierzu ausführlich Ossadnik (2009), S. 342–353.

325 Vgl. Kaplan/Norton (1997).

Nutzbarkeit und flexibler Handhabung[326] ist diese auch für mittelständische Unternehmen ein empfehlenswertes Instrument.

Grundgedanke der BSC ist es, finanzielle Zielsetzungen (finanzielle Perspektive) mitsamt dreier Leistungsperspektiven, nämlich "Kundenbeziehungen“, „interne Prozesse“ sowie „Mitarbeiter und organisatorisches Lernen“ auf die Unternehmensstrategie und -vision(en) zu fokussieren und diese Bereiche zu verbinden.[327] Das Leistungssystem des Unternehmens wird damit als eine Art Gleichgewicht („Balance“) zwischen diesen vier Perspektiven auf einer übersichtlichen Anzeigetafel abgebildet.

Unter der Annahme betriebswirtschaftlicher Ursache-Wirkungs-Zusammenhänge verbindet die BSC qualitative und quantitative Elemente in einem Steuerungskonzept.[328] Diese Elemente sind die im Rahmen der Perspektiven zu verfolgenden strategischen Ziele. Für die Operationalisierung dieser Ziele werden Indikatoren (lat. indicare = hinweisen) bzw. Messgrößen verwendet. Diese Messgrößen werden im Regelfall durch Kennzahlen repräsentiert. Die Anzahl der in ein „Steuerungscockpit“[329] aufzunehmenden Kennzahlen soll zwischen 16 und 25 liegen. Dies auch deshalb, um die Unternehmensführung vor einer unübersichtlichen Datenflut zu bewahren.[330] Unabhängig davon, ob das Konzept der BSC tatsächlich eine „Revolution im Rechnungswesen“ darstellt oder ob dies nur auf einer dem Selbstmarketing der Autoren geschuldeten Übertreibung gründet,[331] kommt die BSC als Steuerungsinstrument, dem ein Bemühen um optimale Komplexitätsreduktion[332] zu Grunde liegt, für mittelständische Unternehmen in Betracht.

Zunächst werden aus den Strategien des Unternehmens strategische Zielsetzungen abgeleitet, die dann, den vier genannten Perspektiven zugeordnet, auf konkrete – ihrerseits optimierungsbedürftige – Handlungsfelder übertragen werden. Die damit geschaffene Transparenz erlaubt der strategischen Unternehmensführung die ursächlichen Vorgänge zu verfolgen

---

[326] Kaplan und Norton weisen darauf hin, „dass die Scorecard als Schablone und nicht als Zwangsjacke gedacht ist. Es gibt keine mathematische Formel die beweist, dass vier Perspektiven notwendig und ausreichend sind.“ Kaplan/Norton (1997), S. 33.

[327] Vgl. Kaplan/Norton (1997), S. 23–27, S. 144–145; vgl. auch zum Folgenden Ossadnik (2005), S. 2–4; Ossadnik (2008b), S. 305–317; Ossadnik/Rosenkranz/Steins (2008), S. 7–8; Ossadnik (2009), S. 353–364.

[328] Vgl. Kaplan/Norton (1997), S. 28–30.

[329] Vgl. zu einer rhetorischen Analyse der von Kaplan/Norton verwendeten Metaphern Nørreklit (2003), S. 599–619.

[330] Vgl. Ossadnik (2009), S. 355.

[331] Vgl. hierzu Nørreklit (2003), S. 606.

[332] Dies sei im Sinne einer regulativen Leitidee verstanden.

und gibt ihr Anhaltspunkte, inwieweit ihre individuellen und organisationsbezogenen Ziele erreicht worden sind. Die Entwicklung konkreter Handlungsfelder zur Strategieumsetzung erfolgt mit Hilfe der kritischen Erfolgsfaktoren,[333] wie sie sich individuell für ein Unternehmen darstellen. An diese unternehmensspezifisch relevante Zusammensetzung von Erfolgsfaktoren ist eine zu implementierende BSC anzupassen.[334]

Ein mögliches Vorgehen bei der Implementierung einer Balanced Scorecard umfasst folgende Schritte:[335]

1. Grundlagen des Projekts schaffen;
2. Strategie klären;
3. Strategische Ziele ableiten und verknüpfen;
4. Kennzahlen identifizieren;
5. Zielwerte festlegen und Maßnahmen ableiten;
6. Umsetzungsplan erstellen.

Dieser umfassende Prozess, für den Implementierungszeiträume von drei Monaten bis zu einem Jahr angesetzt werden[336], verdeutlicht eine Komplexität dieses ganzheitlichen Instruments zur strategischen Unternehmensführung, die aus dem eigentlichen Berichtsformular als Ansammlung von Kennzahlen unmittelbar nicht zu erkennen ist. Abbildung 3.4 zeigt eine mögliche Balanced Scorecard für mittelständische Unternehmen, wobei die konkrete Ausgestaltung von den spezifischen Merkmalen des Unternehmens und auch vom Ersteller abhängt. In der Spalte „Ampelfarbe" wird nach Festlegung von Toleranzgrenzen jeder einzelnen Kennzahl die positive oder negative Abweichung vom Ziel durch grüne, gelbe oder rote Ampelsymbole dargestellt.

[333] Vgl. Leidecker/Bruno (1984).

[334] Vgl. zur Implementierung einer BSC Weber/Schäffer (2000), S. 94–110; Kasurinen (2002), S. 323–343; Hansen/Mouritsen (2005), S. 130–142; Maher (2005), S. 663–664.

[335] Vgl. Weber/Schäffer (2000), S. 94.

[336] Vgl. Weber/Schäffer (2000), S. 99.

Strategisches Ziel	Messgröße	Plan	Ist	Ampelfarbe
Finanzen				
Umsatzsteigerung	Bruttoumsatz			
Wettbewerbsfähigkeit	Relativer Marktanteil			
Ergebnisoptimierung	Umsatzrendite			
Kunden				
Zufriedene Kunden	Reklamationen			
Termintreue	Lieferpünktlichkeit			
Qualität bei Auslieferung	Lieferqualität			
Interne Prozesse				
Rasche Produktion	Durchlaufzeit			
Qualitätsverbesserung	Ausschussquote			
Bestandssenkung	Lagerumschlag			
Mitarbeiter/ organisatorisches Lernen				
Verbesserung der Leistung von Prozessteams	Weiterbildungskosten			
Neue Produkte	Umsatzanteil Neuprodukte			
Produktqualität	Anzahl technischer Anforderungen			

Abb. 3.4 Berichtsformular einer Balanced Scorecard

3.1.5 Operative Steuerung

Die operative Steuerung[337] befasst sich mit Erfolgszielen innerhalb eines kurzfristigen Planungshorizontes, der aus den strategischen Planvorgaben abgeleitet wird. „Primäre Bezugsgröße … ist der kalkulatorische Periodenerfolg des Unternehmens, der sich aus der Differenz zwischen den Leistungen und Kosten einer Periode ergibt."[338] Aufgabe des Controllings ist es dabei, diese kalkulatorischen Erfolgsziele in Zusammenarbeit mit der Unternehmensführung zu vereinbaren sowie deren Erreichung sicherzustellen. Für diesen Zweck bedarf es eines Erfolgstransparenz schaffenden, leicht verständlichen und umsetzbaren Instrumentariums, für dessen Im-

[337] Zuweilen wird auch der Begriff der nachstrategischen Steuerung verwendet.
[338] Ossadnik (2009), S. 52.

plementierung, Pflege und Weiterentwicklung das Controlling verantwortlich ist.

3.1.5.1 Kosten- und Leistungsrechnung

Die Kosten- und Leistungsrechnung ist eine aus mehrperiodigen/strategischen Rechnungen – wie etwa der Investitionsrechnung – abgeleitete einperiodige und damit operativ (d. h. kurzfristig) ausgerichtete Rechnung (bzw. Partialerfolgsrechnung). Sie informiert aus ex post- oder ex ante-Sicht über den Erfolg einer Rechnungsperiode.

Mittelständische Unternehmen benötigen Informationen über den kalkulatorischen Erfolg einer abgelaufenen, einer laufenden oder einer künftigen Periode im Hinblick auf planungs-/entscheidungs- sowie kontrollorientierte Steuerungsaufgaben. Es fragt sich, ob dieser Informationsbedarf durch Kosten- und Leistungsrechnungen gedeckt werden kann. Deren Aufgabenspektrum[339] lässt sich im Hinblick auf die weiteren Untersuchungszwecke wie folgt zusammenfassen:[340]

- Erfolgsermittlung,
- Kalkulation,
- Betriebskontrolle,
- Informationslieferant für Sonderrechnungen.

Trotz üblicherweise unternehmensgrößenunabhängiger Formulierung muss davon ausgegangen werden, dass die einzelnen Aufgaben für die verschiedenen Unternehmensgrößen eine unterschiedlich große Bedeutung haben.[341] Tabelle 3.3 zeigt die Bedeutungszuweisung der Kostenrechnungsaufgaben in Abhängigkeit von der Unternehmensgröße.[342] Die größenspezifische Differenzierung schlägt sich demnach vor allem in den Aufgaben der Betriebskontrolle und in den Sonderrechnungen nieder.

Die Erfolgsermittlung ist Aufgabe der kurzfristigen Erfolgsrechnung bzw. Kostenträgerzeitrechnung. Durch Gegenüberstellung der Kosten und Leistungen wird das Betriebsergebnis des Unternehmens ermittelt. Diese Rechnung ermöglicht es der Unternehmensleitung, die Entwicklung des Erfolgs in kurzen Zeitabständen zu verfolgen bzw. zu steuern. Eine Erfolgsermittlung durch die Kosten- und Leistungsrechnung ist ein zentrales Erfordernis für alle mittelständischen Unternehmen. Dennoch zeigen auch

---

339 Vgl. Schildbach/Homburg (2009), S. 13–18; Ossadnik, (2008a), S. 37.

340 Andere Einteilungskriterien finden sich z. B. bei Ossadnik (2008a), S. 52–54.

341 Betrachtet werden Unternehmen mit bis zu 500 Mitarbeitern.

342 Mit inhaltlichen Änderungen in Anlehnung an Wengerter (1992), S. 98; Winkler (1986), S. 30.

jüngere empirische Untersuchungen[343], dass ein Schwachpunkt der Praxis mittelständischer Unternehmen in einer unzureichenden Ausprägung der Kosten- und Leistungsrechnung liegt. Der Nutzen einer aussagekräftigen Ermittlung des tatsächlichen Betriebserfolgs wird von großen Teilen der Unternehmenspraxis nicht erkannt. Auch werden die Kosten für die Einführung einer Kosten- und Leistungsrechnung oftmals als zu hoch eingeschätzt, und ein Rückgriff auf die vergangenheitsorientierte Finanzbuchhaltung wird als ausreichend erachtet.

Tabelle 3.3 Unternehmensgrößenspezifische Bedeutung der Kostenrechnungsaufgaben

Aufgaben	Mittelständische Unternehmen		
	klein	mittel	groß
Erfolgsermittlung	wichtig	wichtig	wichtig
Kalkulation	wichtig	wichtig	wichtig
Betriebskontrolle	teilweise relevant	teilweise relevant	wichtig
Sonderrechnungen	teilweise relevant	teilweise relevant	wichtig

Die Aufgabe der Kalkulation kann für alle mittelständischen Unternehmen als bedeutsam eingestuft werden, da erst hier ermittelt wird, wofür bzw. für welche betrieblichen Leistungen Kosten entstanden sind.[344] Im Allgemeinen wird diese Aufgabe durch die Kostenträgerstückrechnung erfüllt, die, aufbauend auf den Ergebnissen der Kostenarten- und gegebenenfalls der Kostenstellenrechnung, verschiedene Kalkulationsverfahren zur Erfassung der Kosten vorsieht. Auf eine Kostenträgerstückrechnung können auch kleine mittelständische Unternehmen nicht verzichten, da auch diese sich in Konkurrenz mit (größeren) Unternehmen befinden und ihr Bestehen am Markt ohne eine methodische Absicherung ihrer Entscheidungen aufgrund einer Kalkulation ihrer Produkte gefährdet wäre. Ob in jedem Fall bei kleinen Unternehmen eine detailliert ausgestaltete Kostenrechnung

---

343 Wenngleich eine Verwendung der Kosten- und Leistungsrechnung als Erfolgsrechnung nach den Befunden empirischer Untersuchungen relativ häufig ist, werden doch Defizite hinsichtlich des Einsatzes der Kosten- und Leistungsrechnung, gemessen an instrumentalen Normen der Betriebswirtschaftslehre, festgestellt. Vgl. Berens/Püthe/Siemes (2005), S. 188; Frank (2000), S. 96.

344 Vgl. Ossadnik (2008a), S. 53.

implementiert werden sollte oder ob auch statistische Aufzeichnungen genügen, ist im Einzelfall zu klären.

Die Betriebskontrolle übernimmt die Betriebsabrechnung, in der das tatsächliche Geschehen im Unternehmen in Form von Ist-Berichten abgebildet wird, um dieses (festgelegten) Sollgrößen gegenüberzustellen und aus den Abweichungen Konsequenzen für die Steuerung des Unternehmens zu ziehen. Als zeitraumbezogene Rechnung stellt sie durch systematische Kontrolle der Entwicklung von Kostenarten (Kostenartenrechnung) und Kosten der verschiedenen Verantwortungsbereiche des Unternehmens (Kostenstellenrechnung) die Transparenz des Betriebsablaufes sicher. Aufgrund der Überschaubarkeit des Unternehmensgeschehens in kleinen mittelständischen Unternehmen kann davon ausgegangen werden, dass diese Aufgabe bei geringer Komplexität interner Betriebsprozesse keine wesentlichen Schwierigkeiten aufwirft.[345]

Darüber hinaus dient die Kosten- und Leistungsrechnung als Informationslieferant für verschiedene Sonderrechnungen. So gibt sie Hilfestellung beispielsweise bei der Bestandsbewertung der Jahresabschlussrechnung, bei Make-or-Buy-Entscheidungen oder im Hinblick auf eine Preisermittlung bei (öffentlichen) Aufträgen und ermöglicht zwischenbetriebliche Kosten- und Ergebnisvergleiche. Als Plankostenrechnung ausgebaut unterstützt sie die Planungsaufgaben der Unternehmensführung dadurch, dass sie Unterlagen bereitstellt, auf deren Basis die kostenmäßigen Konsequenzen verschiedener Handlungsalternativen durchgespielt werden können.[346] Ob diese Aufgaben in mittelständischen Unternehmen von Bedeutung sind und eine installierte Kostenrechnung erforderlich machen, muss im Einzelfall beurteilt werden. Festzuhalten bleibt aber, dass eine installierte Kos-

---

[345] Wengerter geht in seinen Überlegungen zum Einsatz kostenrechnerischer Verfahren in mittelständischen Unternehmen mit Verweis auf Kilger so weit, zu behaupten, dass sich eine institutionalisierte Betriebskontrolle in Kleinbetrieben erübrigt, da hier „die Überwachung noch durch Inaugenscheinnahme gewährleistet ist“. Wengerter (1992), S. 99; Vgl. Kilger (1980), S. 42. Dem wird hier widersprochen, da die Folgen mangelnder Betriebskontrolle auch für kleine mittelständische Unternehmen fatal wären. Angesichts der unabdingbaren Ergänzungsfunktion der Kontrolle in Bezug auf die Planung besteht zudem die Gefahr eines Umkehrschlusses, dass auch eine institutionalisierte Planung in kleinen mittelständischen Unternehmen nicht notwendig sei. So folgert auch Wengerter, wenn er anmerkt, dass er aufgrund des erforderlichen Aufwands operative und strategische Planungen nur in großen mittelständischen Unternehmen für vertretbar hält. Vgl. Wengerter (1992), S. 127. Eine solche Folgerung ist zwar konsequent, kann aber in der heutigen Zeit keine ernstzunehmende Empfehlung für die Praxis sein.

[346] Vgl. Ossadnik (2008a), S. 233–252.

tenrechnung die Möglichkeiten von Ad-hoc-Auswertungen um ein Vielfaches erweitert und den Zeitaufwand für die Erstellung minimiert.

Damit ist die Frage, ob eine Kosten- und Leistungsrechnung in mittelständischen Unternehmen notwendig ist, eindeutig zu bejahen. Die Aufgaben, die die Kosten- und Leistungsrechnung erfüllt, sind auch für den Mittelstand von zentraler Bedeutung. Dabei kommen den einzelnen Aufgaben indes andere Gewichte als bei Großunternehmen zu. Dennoch ist die Einrichtung einer Kostenrechnung allen mittelständischen Unternehmen größenunabhängig zu empfehlen. Um das Potenzial einer Kosten- und Leistungsrechnung nutzen zu können, muss seine Ausgestaltung an den Verhältnissen und Bedürfnissen eines mittelständischen Unternehmens individuell ausgerichtet werden. Unternehmensspezifische Besonderheiten sind schon in den Vorüberlegungen zum Auf- oder Ausbau der Kosten- und Leistungsrechnung zusammenzutragen und auf ihre Relevanz und Implikationen im Hinblick auf die Gestaltung des Rechnungssystems zu überprüfen.

Eine in diesem Zusammenhang wichtige Grundsatzentscheidung betrifft die Frage, in welchem Ausmaß Kosten verrechnet werden sollten. Zu unterscheiden ist diesbezüglich zwischen Teilkosten- und Vollkostenrechnungssystemen. Welches von beiden ist das für den Mittelstand geeignetere System?[347] Teilkostenrechnungssysteme sind wegen ihres Bezuges auf den operativen Entscheidungskontext (mit der Prämisse gegebener Kapazitäten und der damit einhergehenden Konzentration auf die kurzfristig letztlich nur beeinflussbaren variablen Kosten) für Zwecke der Unterstützung kurzfristiger Entscheidungen den klassischen Vollkostenrechnungssystemen vorzuziehen. Die mittelständische Praxis wendet demgegenüber eher die Vollkostenrechnung an und hegt darüber hinaus deutliche Vorurteile gegenüber dem System der Teilkostenrechnung. Nicht zuletzt findet man in der Praxis auch abgewandelte Formen, die Elemente beider Systeme vereinen.[348]

Vollkostenrechnungen schlüsseln Gemeinkosten und proportionalisieren fixe Kosten. Das führt zu dem entscheidenden Nachteil, dass mitunter auch Kosten verrechnet werden, die nicht verursachungsgerecht zugerechnet werden können.[349] An diesem Problem setzt die Teilkosten- oder Grenzkostenrechnung an, die nur die im operativen Kontext mit gegebenen Kapazitäten kausal zurechenbaren, variablen Kostenbestandteile auf die Leistungen verrechnet und die übrigen Kosten (Fixkosten) en bloc in der

[347] Vgl. hierzu auch Legenhausen (1998), S. 190.
[348] Vgl. Coenenberg/Fischer/Günther (2007), S. 185.
[349] Vgl. Ossadnik (2008a), S. 47.

Erfolgsrechnung berücksichtigt.[350] Ausgestaltet als stufenweise Fixkostendeckungsrechnung bietet sie eine adäquate Grundlage für ein mittelstandsbezogenes Kostenrechnungsinstrumentarium mit Entscheidungsbezug.[351]

Unter Berücksichtigung der individuellen Besonderheiten des Unternehmens und der Bedürfnisse der Führung kann die Rechnung angepasst oder auch zu einem späteren Zeitpunkt ausgebaut werden. Ein Ansatzpunkt ist der Zeitbezug der verrechneten Kosten und damit der Ausbau zu einer Grenzplankosten- und Deckungsbeitragsrechnung. Überdies wird empfohlen, die Grenzplankosten- und Deckungsbeitragsrechnung und die Vollkostenrechnung parallel zu führen (so genannte Parallelkalkulation).[352] Grundgedanke ist dabei, dass sich beide Systeme letztlich nicht gegenseitig ausschließen und damit die Wahl des Kostenrechnungssystems nicht auf eine Entweder-oder-Entscheidung reduziert wird, sondern der Umfang der Nutzung des Systems von der jeweiligen Prioritätensetzung abhängt.[353] Dies trägt der hohen Verbreitung der Vollkostenrechnung in der mittelständischen Unternehmenspraxis Rechnung, vereint die Stärken beider Systeme und bietet die Möglichkeit, das Kostenrechnungssystem in Richtung auf eine vollkostenorientierte Prozesskostenrechnung auszubauen.[354]

Unabhängig von der Wahl des Kostenrechnungssystems weisen mittelständische Unternehmen im Vergleich zu Großunternehmen im Allgemeinen eine geringere Anzahl von Kostenarten, Kostenstellen und Kostenträgern auf. Zudem sind die Kostenstellen hierarchisch weniger tief gestaffelt.[355] Eine Begründung dafür liefert die geringere Binnenkomplexität und eine infolgedessen in geringerem Umfang notwendige Abbildungstiefe betrieblicher Abläufe mittelständischer Unternehmen. Die Gliederungstiefe, die von der Anzahl der Kostenarten und Kostenstellen abhängt und einen großen Einfluss auf die Komplexität der Kostenrechnung ausübt, muss im Hinblick auf ihre Nachvollziehbarkeit und Akzeptanz gegenüber dem Anwender optimiert werden.[356] Angesichts einer verhältnismäßig geringeren

---

350 Vgl. Haberstock (2008), S. 180.

351 Die stufenweise Fixkostendeckungsrechnung zeigt zwar die verursachungsgerechte Veranlassung der Fixkosten, verrechnet diese aber nicht. Vgl. Maser (1998), S. 77.

352 Vgl. Maser (1998), S. 77; Legenhausen (1998), S. 202; Männel (1990), S. 16.

353 Vgl. Coenenberg/Fischer/Günther (2007), S. 185.

354 Vgl. dazu bereits Legenhausen (1998), S. 214.

355 Vgl. Gaydoul (1980), S. 165. Im Interesse verursachungsgerechter Zurechnungen ist die Bildung der Kostenstellen in eindeutig abgegrenzten Aufgabenbereichen entsprechend einer zu Grunde zu legenden klar definierten Organisationsstruktur auszurichten.

356 Vgl. Frank (2000), S. 123.

Anzahl von Kostenobjekten im mittelständischen Unternehmen wird dessen optimale Gliederungstiefe vergleichsweise geringer ausfallen.

Eine geringere Anzahl von Kostenobjekten erleichtert zwar nicht unbedingt die mit der Differenzierung von Kostenobjekten verbundenen Schwierigkeiten (z. B. im Hinblick auf Einzel-/Gemeinkosten, variable/fixe Kosten), verringert aber das damit verbundene Arbeitsvolumen. Auch bei der Ermittlung von Plankosten führt eine geringere Anzahl von zu planenden Objekten zu einer schnelleren und einfacheren Handhabung. Die damit verbundenen geringeren Mengen zu verarbeitender Daten senken die durch die Einführung und laufende Durchführung der Kosten- und Leistungsrechnung verursachten Kosten.

Die Überschaubarkeit der Kostenobjekte sollte sich dementsprechend auch konsequent im Rechnungssystem wiederfinden. Demzufolge sollten Berichte bzw. das Berichtswesen transparent und Kostenarten- und Kostenstellenpläne schlank gestaltet sein, damit die Kostenobjekte schnell an veränderte Zurechnungskriterien angepasst werden können.

Weitere Ansatzpunkte für eine mittelstandsadäquate Ausgestaltung der Kosten- und Leistungsrechnung sind:

- Verwendung kalkulatorischer Kosten;
- Einbindung von Vergleichswerten;
- Geschlossenheit der Teilsysteme.

Diese Ansatzpunkte weisen zwar keinen unmittelbar mittelstandsspezifischen Bezug auf, sind indes wegen der Defizite bei dieser Unternehmensgruppe in Bezug auf die Kosten- und Leistungsrechnung von größter Relevanz.[357]

Der Zweck des Ansatzes kalkulatorischer Kosten besteht in der Berücksichtigung des betriebswirtschaftlichen Werts verzehrter Ressourcen, die aufgrund handels- und steuerrechtlicher Vorschriften unberücksichtigt bleiben würden.[358] Analoges gilt für den Ansatz kalkulatorischer Leistungen. Dennoch verzichtet ein großer Teil mittelständischer Unternehmen auf den Ansatz dieser Kosten und Leistungen.[359] Dies ist umso bedenklicher, je höher der Anteil solcher Werte ausfällt, die in allen Teilsystemen der Kosten- und Leistungsrechnung zu berücksichtigen sind und sich auf die Ermittlung des Erfolges auswirken. Die spezifischen Ausprägungen von Rechtsform, Eigentumsverhältnissen und Kapitalzugangsmöglichkei-

---

[357] Vgl. stellvertretend Dintner/Schorcht (1999), S. 104–125.

[358] Vgl. Ossadnik (2008a), S. 75. Zur Verwendung kalkulatorischer Kosten in der Praxis vgl. z. B. Währisch (2000).

[359] Vgl. Dintner/Schorcht (1999), S. 104–105.

ten im Mittelstand sind allein drei Ansatzpunkte, kalkulatorische Kosten und Leistungen zu bemessen.

Hinsichtlich der Entscheidungsunterstützungsfunktion der Kosten- und Leistungsrechnung wurde bereits auf die Notwendigkeit einer Einbeziehung von Vergleichsinformationen hingewiesen. Dabei muss der Vergleichsmaßstab unternehmensindividuell festgelegt werden. Die Möglichkeiten reichen von einfach zu installierenden und zu pflegenden, bereits erfassten Vergangenheitswerten bis hin zu selbst ermittelten Planwerten. Vor dem Hintergrund der verhältnismäßig geringen Anzahl von Kostenobjekten und der heute erhältlichen Unterstützung der Planwertermittlung durch einfache Softwarelösungen sollte der Ausbau zu einer Plankostenrechnung nicht nur großen mittelständischen Unternehmen vorbehalten sein. Ob die Wahl z. B. auf die flexible Plankostenrechnung auf Vollkostenbasis oder auf die Grenzplankostenrechnung fällt, hängt entscheidend von Umständen wie der Isolierfähigkeit von Kosteneinflussgrößen und dem verfügbaren Zeitaufwand ab. Dass eines der Verfahren eine bevorzugte mittelstandsspezifische Eignung aufweist, ist nicht erkennbar, auch wenn der Blick in die Praxis zeigt, dass einfache Ableitungen aus Vergangenheitsdaten (i. S. der Durchführung einer Normalkostenrechnung) sowie Schätzungen als Planungsbasis klar dominieren.[360] Mit der Einbindung von Vergleichsinformationen im Rahmen von Kostenkontrollen und Abweichungsanalysen wird es möglich, Abweichungsursachen zu identifizieren und geeignete Steuerungsmaßnahmen[361] einzuleiten.

Die Forderung nach einer Geschlossenheit der Teilsysteme zielt auf die Qualität der Kosten- und Leistungsrechnung ab, die in allen sechs analysierten empirischen Studien bemängelt wurde.[362] Eine fragmentarisch ausgebaute Kostenarten und -stellenrechnung, isolierte Umsatzstatistiken oder von der Erfolgsrechnung losgelöste Sonderauswertungen (z. B. Abteilungsrechnungen) stellen die Leistungs- und Aussagefähigkeit des gesamten Rechnungssystems in Frage. Neben dem Grundsatz der Vollständigkeit, d. h. der Verpflichtung zur Erfassung sämtlicher Kosten und Leistungen, betrifft dies die Geschlossenheit der Systeme, d. h. der Rechnungen untereinander sowie das Bestehen einer kompatiblen Schnittstelle zum externen Rechnungssystem. So müssen sich z. B. Segmentauswertungen zur Gesamtauswertung oder die internen Periodenergebnisse zum externen Jahresergebnis überleiten lassen. Das Wissen um Bestandteile und Nicht-

---

360 Vgl. stellvertretend Legenhausen (1998), S. 82.

361 Zu einer Bewertung unterschiedlicher Verfahren der Kostenabweichungsanalyse im Hinblick auf Entscheidungsunterstützung und Verhaltenssteuerung vgl. Ossadnik/Barklage/Wilmsmann (2007).

362 Vgl. stellvertretend Kosmider (1993), S. 117.

Bestandteile interner Rechnungsgrößen erhöht neben der Transparenz betrieblicher Abläufe auch die Akzeptanz des Controllers im Unternehmen.

3.1.5.2 Operative Liquiditäts- und Finanzrechnungen

Unter operativen Liquiditäts- und Finanzrechnungen werden hier die Rechnungen zusammengefasst, die entscheidungsrelevante Informationen zur Steuerung, Entscheidung, Planung und Kontrolle der Liquidität bzw. kurzfristigen Finanzkraft, d. h. der Fähigkeit eines Unternehmens, liquide Mittel zu erwirtschaften, bereitstellen.[363]

Operative Liquiditäts- und Finanzrechnungen sind für die Steuerung der Liquidität bzw. der Einzahlungs-/Auszahlungssituation mittelständischer Unternehmen unverzichtbar. Diese Instrumente sind indes unternehmensindividuell an- bzw. einzupassen und zu entwickeln. Das Instrument der Liquiditätsplanung hat die Aufgabe, im Wechselspiel zwischen die Liquidität betreffenden alternativen Maßnahmen und ihren antizipierten Konsequenzen optimale (liquiditätsrelevante) Maßnahmen festzulegen. Insbesondere in mittelständischen Unternehmen erfordert die Sicherstellung der Liquidität häufig eine mindestens so hohe Aufmerksamkeit wie das Gewinnstreben. Um eine Liquiditätsplanung vorzubereiten, sollten ein täglicher Liquiditätsstatus und eine tagesgenaue Liquiditätsvorschaurechnung aufgestellt werden.[364] Dabei ist in Abhängigkeit von den unternehmensspezifischen Gegebenheiten ein Zeithorizont von bis zu drei Monaten zu wählen. Die Planungseinheit kann von beliebiger Genauigkeit zwischen einem Tag und einem Monat gewählt werden. Für die Darstellung der Liquiditätsentwicklung bietet sich z. B. folgendes Grundschema an:

	Kasse	Status
+	Bankguthaben	
+	Besitzwechsel	
+	Schecks	
=	aktueller Anfangsbestand an Zahlungsmitteln	
+	voraussichtliche Einzahlungen	Vorschau
=	verfügbare Mittel	
-	voraussichtliche Auszahlungen	
=	Über-/Unterdeckung	
+/-	Ausgleichsmaßnahme	
=	Endbestand	

[363] Vgl. Bussiek/Niemeier (1981), S. 265.
[364] Vgl. hierzu auch Perridon/Steiner (2007), S. 637.

Für die tagesgenaue Liquiditätsvorausschau reicht es aus, nur Zahlungsbewegungen von erheblicher Bedeutung zu erfassen. Für die Planung der Zahlungsvorgänge sind die Verweilzeiten von Bedeutung, in denen Forderungen aus Umsatzgeschäften im Forderungsbestand verbleiben, bis sie zu Einzahlungen führen. Hilfreiche Kennzahlen zur Einschätzung von Verweilzeiten sind beispielsweise die durchschnittliche Zielinanspruchnahme der Debitoren in Tagen, der Anteil der uneinbringlichen Forderungen oder das durchschnittliche, gewichtete Lieferantenziel in Tagen. Die Rechnung eines solchen Informationsbedarfs wird – zumindest für Ist-Daten – dadurch erleichtert, dass eine zu implementierende Liquiditätsrechnung auf einzahlungs- und auszahlungs- bzw. einnahmen- und ausgabenwirksame Vorgänge Bezug nehmen kann, die bereits durch die Finanzbuchhaltung erfasst worden sind.

Die Untergliederung der voraussichtlichen Ein- und Auszahlungen sowie der Ausgleichsmaßnahmen richtet sich nach den spezifischen Gegebenheiten des Unternehmens. Daneben sind auch Erweiterungen der Planung, z. B. durch Verlängerung des Horizonts auf zwölf Monate, möglich.

3.1.5.3 Operative Budgetierung

Im Sinne einer optimalen Realisation der Unternehmensziele werden im Rahmen der operativen Budgetierung den einzelnen Entscheidungseinheiten finanzielle Mittel zugeordnet. Ergebnis der Budgetierung ist das Budget, eine zeitlich gebundene, wertmäßige Vorgabe mit Verbindlichkeitscharakter.[365] Der Zeitraum einer Budgetfestlegung sollte sich nach den Führungs- und Steuerungsbelangen eines mittelständischen Unternehmens richten. Klassischer Standard sollte das einjährige Budget sein. Der Vorgang der Budgetierung sollte einem strukturierten Prozess folgen, der sämtliche Aktivitäten der Aufstellung, Genehmigung, Realisation, Kontrolle und Anpassung der Budgets umfasst.[366] Der Nutzen und die Effektivität der Budgetierung hängen im Besonderen von der Verbindlichkeit der Budgetvorgaben ab.

Die Aufgaben des Controllings in diesem Prozess liegen in der Implementierung eines einheitlichen Berichtswesens für den Budgetierungsprozess, der Analyse von Ursache-Wirkungs-Beziehungen zwischen den Budgetierungsobjekten, der Sammlung und Verarbeitung von Budgetdaten, der Einbindung der Budgetdaten in das bestehende Reporting sowie der Kontrolle der Budgeteinhaltung mit laufendem Soll-Ist-Vergleich und entsprechender Abweichungsanalyse. Darüber hinaus kann das Controlling

[365] Vgl. Ossadnik (2009), S. 227–228; Horváth (2006), S. 213
[366] Vgl. Ossadnik (2009), S. 228; Dambrowski (1986), S. 20.

im Rahmen der Budgetierung eine Initiierungsfunktion übernehmen, indem es den Anstoß zur wertmäßigen Planung gibt. Damit übernimmt das Controlling die formale Verantwortung für den Budgetierungsprozess. Inhaltliche Aufgaben, im Sinne der Budgetwertfestlegung, werden dem Controlling hingegen nicht übertragen.[367]

Die Gestaltungsmöglichkeiten reichen von der Aufstellung einzelner Budgets bis hin zur Implementierung eines geschlossenen Budgetierungssystems und hängen letztendlich von den unternehmensindividuellen Gegebenheiten ab. Ersteres empfiehlt sich für kleine mittelständische Unternehmen. Mit zunehmender organisatorischer Zergliederung des Unternehmens ist die Installierung eines Budgetierungssystems zur Führung und Steuerung des Unternehmens adäquat. Objekte der Budgetierung können sein:

- Verwaltung/Vertrieb,
- Kostenarten/Unternehmensprozesse,
- Unternehmensfunktionen/-abteilungen/Stabstellen,
- Investitionen/Projekte.[368]

Als Finanzmittelbudgets dienen sie in erster Linie der Kostenkontrolle beispielsweise einzelner Kostenarten (z. B. Werbebudget) oder geschlossener Systeme (z. B. Verwaltungs- und Vertriebskosten). Sie können aber in Verbindung mit Anreizsystemen auch zur Erfolgssteuerung eingesetzt werden.

Solche Budgets beschränken sich auf isolierte Entscheidungsfelder und unterstützen insoweit die Unternehmensführung bei der Umsetzung einzelner Vorhaben und Vorgaben. Dabei ist die Steuerung des Gesamtunternehmens nur in dem Maße involviert, in dem die Entscheidungsfelder unternehmenszielkonform zu bewerten sind. Bei der Einführung eines Budgetierungssystems und eines hierdurch generierten Budgets für kleine mittelständische Unternehmen könnte z. B. folgendermaßen vorgegangen werden:

- Evaluierung möglicher Budgetierungsobjekte;
- Überprüfung und Sicherstellung der Istwertermittlung pro Budgetierungsobjekt;

[367] Vgl. Ossadnik (2009), S. 229.

[368] Generell kann davon ausgegangen werden, dass aufgrund der geringeren Spezialisierung (des Führungssystems) im Mittelstand auch die Budgetierung weniger spezialisiert sein sollte und sich die Objekte der Budgetierung vor allem an den klassischen Funktionen (Beschaffung, Produktion, Absatz sowie Finanzierung und gegebenenfalls Forschung und Entwicklung) ausrichten sollten.

- Zusammenstellung von Richtwerten für die Budgetwertermittlung (z. B. Vorjahreswerte, Istwerte, Planwerte);
- Analyse von Einflussgrößen und Folgewirkungen;
- Festlegung der Budgetierungsobjekte durch die Unternehmensführung;
- Vorgabe von Budgetwerten durch die Unternehmensführung bzw. durch Budgetverantwortliche;
- Genehmigung und Verabschiedung des Budgets durch die Unternehmensführung;
- Bekanntgabe des Budgets an den Budgetverantwortlichen bzw. an diejenigen, die auf das Budgetierungsobjekt Einfluss nehmen;
- Aufbau eines Budget-Berichtswesens bzw. Einbindung der Budgetwerte in das bestehende Reporting;
- Zusammenfassung der den Budgetierungsprozess begleitenden Dokumentation;
- Erstellung eines Zeitplanes für das folgende Budgetjahr;
- Kontrolle der Budgeteinhaltung mit laufendem Soll-Ist-Vergleich und entsprechender Abweichungsanalyse.

Die Güte und Akzeptanz der Budgetvorgaben hängt entscheidend von dem Budgetermittlungsverfahren[369] ab. Welches Verfahren im Einzelfall zur Anwendung kommen sollte, muss unternehmensindividuell entschieden werden. Darüber hinaus spielen auch der Umfang sowie die Qualität der im Budgetierungsprozess verarbeiteten Informationen eine wichtige Rolle. Insbesondere die Akzeptanz der Budgetvorgaben wird dabei entscheidend vom Partizipationsgrad der am Budgetierungsprozess Beteiligten beeinflusst.[370] Prinzipiell sind alle Formen der Beteiligung im Budgetierungsprozess denkbar.[371]

Nach erfolgreicher Einführung der Budgetierung im Unternehmen verkürzt und routiniert sich der Ablauf in den Folgejahren entsprechend. Sofern mehrere Budgetierungsobjekte festgelegt werden, sind diese auf Interdependenzen und Überschneidungen zu überprüfen, die in der Budgetwertermittlung berücksichtigt werden müssen (z. B. Informationstechnik-Bud-

---

369 Einen ausführlichen Überblick zu ausgewählten Verfahren vgl. auch Ossadnik (2009), S. 231–242; Ossadnik/Barklage (2002), Sp. 241–250.

370 Nach der Beteiligung im Budgetierungsprozess unterscheidet man das Top-down-, das Bottom-up- und das Gegenstromverfahren. Vgl. hierzu ausführlich Ossadnik (2009), S. 242–243.

371 Geht man einerseits davon aus, dass das Wissen „von unten“ wichtig und daher einzubringen ist, aber andererseits die Instanz „oben“ alles „im Griff“ behalten muss, bietet sich das Gegenstromverfahren als geeignetes Budgetermittlungsverfahren an.

get und Investitionsbudget). Der Übergang von einer einmaligen Budgeterstellung zu einem Budgetierungssystem ist fließend und kann beispielsweise bei einem wachsenden Unternehmen mit zunehmender organisatorischer Aufgliederung leicht vollzogen werden.

Die Installierung eines Budgetierungssystems setzt ein Mindestmaß an organisatorischer Differenzierung des Unternehmens voraus. Mit Ausweitung der Entscheidungsgewalt auf dezentrale Einheiten wird dieser Grad an organisatorischer Differenzierung hergestellt, so dass die Verhaltenssteuerungsfunktion ein höheres Gewicht erhält.[372] In diesem Kontext leistet (verhaltenssteuernde) Budgetierung einen erheblichen Beitrag zur zielgerichteten Unternehmenssteuerung.[373]

3.1.5.4 Operative Kennzahlensysteme

Kennzahlen werden in Unternehmen eingesetzt, um Entscheidungsträger mit möglichst aktuellen und das betriebliche Geschehen in konzentrierter Form wiedergebenden Informationen zu versorgen.[374] Als Instrumente zur operativen Steuerung können sie sowohl im Bereich der Entscheidungsunterstützung als auch zur Verhaltenssteuerung eingesetzt werden. Zur Unterstützung betrieblicher Entscheidungen sind solche Kennzahlen auszuwählen, die für die Entscheidungsfindung des Informationsempfängers maßgebend sind. Dabei hängt der Nutzen für die operative Steuerung entscheidend davon ab, wie adäquat das Entscheidungsproblem in der Kennzahl abgebildet werden kann. Zur Verhaltenssteuerung werden Kennzahlen herangezogen, die eine Koordination der relevanten Entscheidungs- und Handlungsträger im Sinne einer Gesamtzielerreichung fördern.

Operative Kennzahlensysteme kombinieren Kennzahlen, d. h. Absolut- oder Verhältniszahlen, zu einer Systematik, die eine kurzfristige betriebswirtschaftliche Aussage ermöglichen soll. Dieser kurzfristige Bezug unterscheidet operative von strategischen Kennzahlen bzw. Kennzahlensystemen.[375]

Vor der Implementierung eines operativen Kennzahlensystems muss zunächst geklärt werden, welche Funktion das System erfüllen soll und

---

[372] Während in (inhabergeführten) Familienunternehmen – unterstellt man eine geringe Delegationsbereitschaft – die Entscheidungsunterstützungsfunktion die primäre Rolle spielt, wird in (managergeführten) Kapitalgesellschaften auch schon bei kleinerer Unternehmensgröße die Verhaltenssteuerungsfunktion der Budgetierung von größerer Bedeutung sein.

[373] Vgl. hierzu auch verhaltenssteuernde Anreizsysteme bei Ossadnik (2009), S. 442–469.

[374] Vgl. Ossadnik (2009), S. 258.

[375] Vgl. hierzu auch Abschnitt 3.1.4.2.4.

welche Ziele damit verfolgt werden. Die Operationalisierungsfunktion umfasst die Bildung von Kennzahlen zur Operationalisierung von Zielen sowie der Zielerreichung. Darüber hinaus können Kennzahlen auf (erwünschte oder unerwünschte) Entwicklungen aufmerksam machen und Maßnahmen zur Gegensteuerung anregen (Anregungsfunktion). Werden kritische Kennzahlenwerte als Zielvorgaben verwendet, erfüllen die Kennzahlen eine Vorgabefunktion. Schließlich können sie auch zur Kontrolle eingesetzt werden (Kontrollfunktion), wie sie sich beispielsweise im Rahmen von Soll-Ist-Vergleichen niederschlägt. Darüber hinaus können sie Veränderungen im Zeitablauf aufgrund des Vergleichs von Perioden zum Ausdruck bringen.

Vor dem Hintergrund des zu Grunde gelegten Controllingverständnisses und unter Berücksichtigung der vorgenannten Anforderungen an das Controllinginstrumentarium lassen sich für die vorliegenden Zwecke folgende spezifische Eigenschaften ableiten, die im Controlling mittelständischer Unternehmen einzusetzende Kennzahlen erfüllen sollten:

- Führungs- und Entscheidungsrelevanz,
- Ergebnis- und Liquiditätsrelevanz,
- Plan- und Kontrollierbarkeit der Basisdaten,
- Herstellung von Transparenz über:
  - Zusammenhänge und Prozesse im Unternehmen,
  - Veränderungen im Umfeld des Unternehmens und deren Auswirkungen auf das Unternehmen.
- Bezugnahme auf vorgegebene Vergleichs- oder Beurteilungsmaßstäbe.

Diese erste Eingrenzung der für ein mittelständisches Controlling geeigneten Kennzahlen löst jedoch nur scheinbar das Auswahlproblem, das sich für jedes Unternehmen bei der Einführung eines kennzahlengestützten Controllings stellt: Das Reservoir potenzieller Kennzahlen und Kennzahlensysteme bleibt unüberschaubar.[376] Damit ist die Gefahr gegeben, wenig aussagekräftige, den Steuerungszweck verfehlende Kennzahlen in das Führungsinstrumentarium aufzunehmen. Eine optimierte und bedarfsgerechte Auswahl und Festlegung von Kennzahlen für mittelständische Unternehmen ist daher dringend geboten.

Von einer pauschalen Aufnahme eines konventionellen Kennzahlensystems, wie z. B. DuPont oder ZVEI, in das regelmäßige Reporting ist abzuraten. So könnte zum einen eine notwendige rechentechnische Verknüpfung der Kennzahlen einer für mittelständische Unternehmen notwendigen „schlanken" Ausgestaltung und flexiblen Anpassung des Systems entge-

---

[376] Zu einer übersichtlichen Systematisierung betriebswirtschaftlicher Kennzahlen vgl. auch Ossadnik (2009), S. 260.

genstehen. Zum anderen stellen solche traditionellen Kennzahlensysteme rein logische bzw. tautologische Konstrukte dar[377], die das Anliegen einer Steuerung des Unternehmens mit Hilfe von Ursache-Wirkungs-Beziehungen nicht hinreichend zu unterstützen vermögen.

Auch Kennzahlen aus Standardsystemen sollten nicht unkritisch in ein Kennzahlentool übernommen werden, sondern auf unternehmensindividuelle Tauglichkeit überprüft werden. Grundsätzlich kämen auch Kennzahlen externer Rechnungslegung in Betracht, auch wenn diese einem auf Ausschüttungsbemessung und externe Informationen abstellenden Rechenwerk entstammen. Aufgrund der Divergenz dieser Funktionen von den Funktionen des internen Rechnungswesens sind aus externem Rechnungswesen gewonnene Kennzahlen grundsätzlich jedoch weniger gut als aus internem Rechnungswesen hergeleitete Kennzahlen für unsere Zwecke geeignet.

Die Anzahl der Kennzahlen als Bestandteil eines systematischen, operativen, führungsadressierten Berichtswesens ist gering zu halten und sollte eine Anzahl von 10 bis 12 nicht überschreiten.[378] Nur diejenigen Kennzahlen sollten in ein Steuerungsinstrumentarium aufgenommen werden[379], für die eine entsprechend sachliche begründete Verknüpfung festgestellt werden kann.[380]

Für die Akzeptanz eines Kennzahlensystems auf der operativen Steuerungsebene ist es darüber hinaus wichtig, dass es – analog dem Vorgehen bei der BSC – zusammen mit der Unternehmensführung und gegebenenfalls solchen Mitarbeitern entwickelt wird, die über eine genauere Kenntnis jener Zusammenhänge verfügen, die für die Beziehungen zwischen den Kennzahlen von Bedeutung sind.[381] Analog der Vorgehensweise zur Herleitung strategischer Kennzahlensysteme[382] sollte auch auf der operativen Steuerungsebene der Kennzahlenauswahl vorab eine Kausalanalyse hinsichtlich der Zusammenhänge zwischen Ereignissen, Sachverhalten bzw.

---

377 Rein logische Kennzahlensysteme, die nicht kausal orientiert sind, bergen das Risiko in sich, individuell nicht angemessenen Schlussfolgerungen Vorschub zu leisten, „which may lead to the anticipation of performance indicators which are faulty, resulting in sub-optimal performance.“ Nørreklit (2000), S. 82. Zur Gefahr der Fehlinterpretation bei unzutreffenden Hypothesen über Kausalrelationen vgl. Ossadnik (2009), S. 343–346.

378 Vgl. hierzu auch Rühle von Lilienstein (1982), S. 34.

379 Vgl. zu dieser Fragestellung auch Egert/Ossadnik/Wagner (2007), S. 3–27.

380 Sinnvolle Verknüpfungsstrukturen sollten dabei immer das Ergebnis vorangegangener Kausalanalysen sein. Zur Problematik von Kausalzusammenhängen zwischen Sachverhalten bzw. Ereignissen vgl. auch Ossadnik (2009), S. 342–353.

381 Vgl. Küpper (2008), S. 398.

382 Vgl. Abschnitt 3.1.4.2.4.

Kennzahlen stattfinden. Das bedeutet, dass auch im operativen Bereich nicht nur auf definitionslogische Zusammenhänge abgestellt werden sollte, sondern auch hier reale, steuerungsrelevante Zusammenhänge zu berücksichtigen sind. Für die Bildung und Auswahl unternehmensindividueller Kennzahlen und Kennzahlensysteme werden im Folgenden zwei mögliche Vorgehensweisen vorgestellt.

3.1.6 Kennzahlen zur Datenauslese und -verdichtung

Für die Steuerung mittelständischer Unternehmen mittels Kennzahlensystemen ist die Gewinnung abgeleiteter Informationen in Form steuerungsrelevanter Kennzahlen von Bedeutung. Diese derivativen Instrumente generieren keine neuen Informationen, sondern konzentrieren für die Steuerungsinstrumente relevante Informationen (Datenauslese) auf komprimierte Größen (Datenverdichtung). Angesichts der Gefahr, dass Ursache-Wirkungs-Zusammenhänge aufgrund des komprimierten Charakters einer Kennzahlendarstellung nur ungenügend erkannt werden, sind sie stets als Ergänzung des Rechnungssystems i. e. S. zu verstehen, die auf die führungs- bzw. entscheidungsrelevanten Informationen der Datenbasis zurückgreifen und durch diese untermauert, belegt und nachvollzogen werden können. Diese Gefahr gleich im Vorfeld zu unterbinden, gelingt mit dem in Abschnitt 3.1.6.2 dargestellten Verfahren. Abbildung 3.5 stellt den Zusammenhang zwischen Kennzahlen und Datenbasis dar.

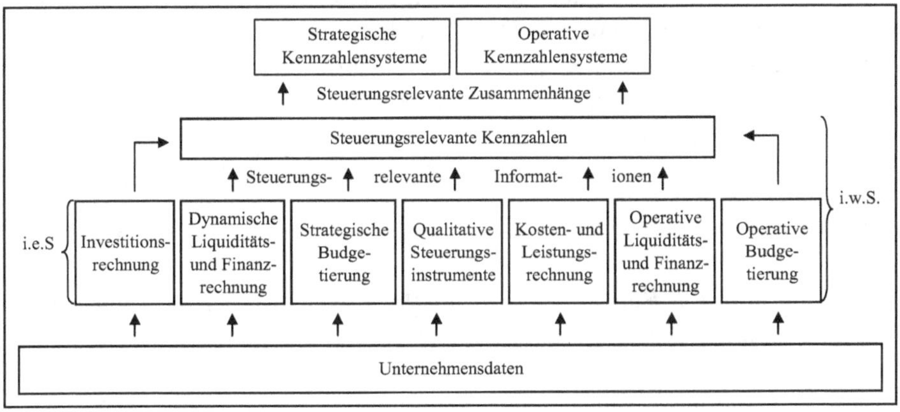

Abb. 3.5 Datenbasis strategischer und operativer Kennzahlensysteme

Dabei unterscheiden sich die strategischen von den operativen Kennzahlensystemen durch den längerfristigen Fokus und das Bezugsobjekt (Erfolgspotenziale versus Ergebnis- und Erfolgsgrößen). Auch finden in strategischen Kennzahlensystemen tendenziell eher nominal oder ordinal skalierte Kennzahlen Aufnahme als in operativen Kennzahlensystemen.

Um die vielfältig möglichen Ausprägungen unternehmensindividueller Besonderheiten hinreichend berücksichtigen zu können, wird hier auf Empfehlungen bzw. auf die Vorgabe eines standardmäßigen Katalogs von Kennzahlen für das mittelständische Controlling verzichtet. Stattdessen werden zwei empirische Forschungsperspektiven aufgezeigt, die demonstrieren sollen, durch welche Vorgehensweisen eine sinnvolle Zusammenstellung steuerungsrelevanter Kennzahlen unterstützt werden kann. Dabei wird sich herausstellen, dass die Ausgestaltung des Rechnungssystems i. e. S. und der darauf zurückgreifenden Kennzahlen sowie deren Zusammenspiel keinen starren Regeln und Vorgaben folgen, sondern im Gegenteil flexibel – im Sinne eines lernenden Systems – gehandhabt werden sollte.

3.1.6.1 Kennzahlenauswahl mit Hilfe von Datenkollektiven

Mittelständische Unternehmen verfügen oftmals nur über ein rudimentär (und hiermit einhergehend defizitär) ausgeprägtes internes Rechnungswesen.[383] Daher sind ihnen kaum Daten und aus diesen zu bildende Kennzahlen bzw. Kennzahlenwerte verfügbar, für die im Hinblick auf für sie relevante finanzielle Spitzenkennzahlen Steuerungsrelevanz beansprucht werden könnte. Daher könnte es für diese Unternehmen von Vorteil sein, auf statistisch fundierte Zusammenhänge zugreifen zu können, die aus Datenkollektiven herausgefiltert wurden, die von einer Vielzahl von Unternehmen bereitgestellt wurden. Dabei geht es um die Aufdeckung von Zusammenhängen zwischen (inputorientierten) Betriebskennzahlen und (outputorientierten) finanziellen Spitzenkennzahlen, die die Oberziele der Unternehmen repräsentieren. Diese Zusammenhänge sollten letztlich aus der Analyse von Ursache-Wirkungs-Beziehungen herausgefiltert worden sein, die durch das Controlling für die interne Unternehmenssteuerung genutzt werden sollten. Welche grundsätzliche Vorgehensweise wäre dabei sinnvoll?

In einem ersten Schritt müsste ein Pool von mittelständischen Unternehmen gebildet werden, die bereit sind, ihre Daten zur Verfügung zu stellen.[384] Die Zeitreihen der zu analysierenden Kennzahlen wären anschließend zu sammeln. Ein solcher Datenpool würde ein Referenzobjekt darstellen, mit dessen Heranziehung dem Problem mangelnder Verfügbar-

---

[383] Vgl. zum Folgenden Egert/Ossadnik/Wagner (2007) und (2008).

[384] Dabei muss sichergestellt werden, dass nicht gegen gesetzliche (insbesondere wettbewerbsrechtliche) Vorschriften verstoßen wird.

keit ausreichender unternehmensindividueller Daten entgegengewirkt werden könnte. Als mögliches Beispiel sei auf die Untersuchung von Stein et al.[385] hingewiesen. Darin werden vierteljährliche Cash Flow-Daten von insgesamt circa 3.500 Unternehmen über einen Zeitraum von insgesamt 11 Jahren verwertet. In der Analyse werden Unternehmen aus völlig unterschiedlichen Branchen betrachtet, die dann anschließend anhand von vier Kriterien (Marktkapitalisierung, Rentabilität, Branchenrisiko und Aktienkursvolatilität) zu Unternehmensgruppen zusammengefasst werden, die sich bezüglich dieser Kriterien ähneln. Dadurch vermeiden es Stein et al., sich der Kritik auszusetzen, die an der branchenübergreifenden Vorgehensweise und Analyse der PIMS-Studie geübt wurde.[386]

Die Daten dieses Pools könnten in Bezug auf festgelegte finanzielle Spitzenkennzahlen (outputorientierte Kennzahlen) sowie – zu Erklärungszwecken heranzuziehende – inputorientierte Kennzahlen hinsichtlich möglicher Zusammenhänge analysiert werden.

Mit Hilfe der multiplen Regressionsanalyse kann der Zusammenhang zwischen den Kennzahlen und jeweils einer spezifischen Ergebnisgröße bzw. finanziellen Spitzenkennzahl festgestellt werden. Die multiple Regressionsanalyse kann zum einen für *alle* zum Datenkollektiv gehörenden mittelständischen Unternehmen durchgeführt werden; zum anderen kann aber auch eine Vorgehensweise ähnlich derjenigen von Stein et al. gewählt werden. Dazu müssen die Unternehmen nach geeigneten Kriterien zu Gruppen zusammengefasst werden, die durch Gemeinsamkeiten (bzw. Ähnlichkeiten) anhand ausgewählter Kriterien gekennzeichnet sind. Dabei kann es sich um eine Branchenzugehörigkeit, eine Rentabilitäts- oder Größenklasse, oder um eine Rechtsform handeln. Für die Unternehmen einer Gruppe wird anschließend eine multiple Regressionsanalyse dahingehend durchgeführt, welche der zur Auswahl stehenden Kennzahlen einen signifikanten Einfluss auf die jeweilige Ergebnisgröße haben. So könnte beispielsweise der Versuch unternommen werden, solche Kennzahlen für alle Unternehmen des Datenpools zu ermitteln, die einer spezifischen Branche angehören. Dadurch würde z. B. ein Vergleich von branchenspezifisch steuerungsrelevanten Kennzahlen mit solchen möglich, die eine branchenübergreifende Geltung haben. Der Vorteil einer solchen die Daten einer Vielzahl von Unternehmen auswertenden Analyse wäre es, dass die herausgefilterten Ursache-Wirkungs-Beziehungen aufgrund der größeren Da-

[385] Vgl. Stein/Usher/LaGattuta/Youngen (2001), S. 100–109.

[386] Helmig unterscheidet die an der PIMS-Studie geäußerte Kritik in eine methodisch-konzeptionelle Komponente (z. B. Kreilkamp (1987), S. 398–407) und eine empirische Komponente (z. B. Schwalbach (1988), S. 535–549). Vgl. Helmig (2005), S. 136–137.

tenbasis für sich beanspruchen könnten, in allgemeinerer Weise als bei einer unternehmensindividuellen Analyse hergeleitet zu sein.[387]

„Wermutstropfen" gibt es bei den vorstehenden Überlegungen indes genug. So wäre es zunächst fraglich, ob sich Unternehmen von einer Nützlichkeit eines solchen Programms auch für sie überzeugen lassen. Auch sind unternehmensseitige Befürchtungen nicht von der Hand zuweisen, mit entsprechenden Datenlieferungen würden zugleich interne Informationen an Mitwettbewerber, die sich nicht an einem solchen Projekt beteiligen, gelangen können, die diese Informationen zu ihrem Vorteil nutzen. Ein weiterer Einwand könnte wettbewerbsrechtlicher Natur sein. So könnte ein solches Datenlieferungs- und -auswertungsprojekt von der Aufsichtsbehörde zur Verhinderung von Wettbewerbsbeschränkungen – in Deutschland das Bundeskartellamt – als implizite Form der Absprache von Wettbewerbseinschränkungen zwischen Wettbewerbern gedeutet werden.

Damit stellen sich die Realisierungschancen des vorstehend skizzierten Projekts eher ungünstig dar und die Frage liegt daher nahe, ob ein solches Projekt nicht aufgrund von Daten des externen Rechnungswesens durchgeführt werden könnte, oder ob nicht von vornherein der Weg unternehmensindividueller Kennzahlengewinnung beschritten werden sollte, der im Folgenden erörtert wird.

3.1.6.2 Unternehmensindividuelle Kennzahlenbestimmung für mittelständische Unternehmen – Ein Beispiel

Für den Aufbau eines unternehmensspezifischen auf den Zweck der internen Unternehmenssteuerung ausgerichteten Kennzahlensystems ist die Verfügbarkeit unternehmensindividueller Daten unverzichtbar. Liegen Zeitreihen mit unternehmensindividuellem Bezug vor, können steuerungsrelevante Kennzahlen unter Ausrichtung auf die individuellen Verhältnisse des Unternehmens bestimmt werden. Wie dabei im einzelnen vorgegangen werden kann, sei am Beispiel einer spartenförmig organisierten mittelständischen Unternehmensgruppe der Baustoffindustrie aufgezeigt, die auf der Basis eines rudimentären internen Rechnungswesens sowie einer freiwilligen externen Rechnungslegung auf Basis von International Financial Reporting Standards (IFRS) ein Kennzahlensystem für die interne Steuerung

[387] Dies schließt die Notwendigkeit einer späteren, unternehmensindividuellen Validierung der Kennzahlen nicht aus. Man hätte im Gegenteil bereits zu Beginn eine „breit begründete" Ausgangsbasis, die man dann im Zeitablauf sukzessive validieren, spezifizieren und gegebenenfalls modifizieren könnte.

ihrer Unternehmenssparten aufgebaut hat und dieses Kennzahlensystem einsetzt, weiterentwickelt und pflegt.[388]

Im Rahmen der zu beschreibenden Vorgehensweise wird die Datenbasis aufgrund des nur partiell ausgeprägten internen Rechnungswesens des Unternehmens um Elemente eines externen Rechnungswesens ergänzt, das auf IFRS-Basis erstellt wurde. Wenn dadurch einerseits eine Hinwendung des Betrachtungsfokusses zum externen Rechnungswesen erfolgt, so kann andererseits für die herangezogenen Rechnungslegungsdaten aufgrund ihrer IFRS-Basierung und der für dieses Rechnungslegungssystem reklamierten stärkeren Berücksichtigung einer Informationsfunktion eine gewisse Relevanz auch für das interne Rechnungswesen beansprucht werden.[389] Es wird im Folgenden dargelegt, wie (inputorientierte) Kennzahlen ermittelt werden können, die (outputorientierte) Ergebnis- und Erfolgsgrößen empirisch gehaltvoll erklären und sich daher als Elemente eines Systems zur internen Steuerung mittelständischer Unternehmen eignen.[390] Dabei hängt die Wahl der relevanten Ergebnis- bzw. Erfolgsgröße letztendlich davon ab, nach welchen Kriterien das zu analysierende Unternehmen gesteuert werden soll.[391]

Ein bedeutendes Kriterium zur Auswahl und Festlegung der Kennzahlen ist die Führungsrelevanz. Nur Kennzahlen, die mit den angestrebten Unternehmenszielen konform gehen, kommen als outputorientierte Kennzahlen in unserem Sinne für mittelständische Unternehmen in Betracht. Hierfür ist ein Zusammenhang zum operationalisierten Unternehmensziel empirisch nachzuweisen. Das Nachweisverfahren sollte einfach zu hand-

---

[388] Bei dem Beispielunternehmen handelt es sich um eine in Osnabrück ansässige mittelständische Unternehmensgruppe der Baustoffindustrie mit einem konsolidierten Gesamtumsatz von 330 Millionen Euro und rund 1.400 Mitarbeitern im In- und Ausland (2004). Vgl. zum Folgenden auch Egert/Ossadnik/Wagner (2007) sowie (2008).

[389] Die Steuerung mittelständischer Unternehmen auf Basis eines zweckspezifisch ausgerichteten internen Rechnungssystems ist aus Sicht der Controllingtheorie wünschenswert, aber in der Unternehmenspraxis nicht zuletzt aufgrund mangelnder Ressourcen nicht immer durchführbar. Eine Möglichkeit der Annäherung des Informationsgehaltes des internen Rechnungswesens wird in der Verwendung von Elementen der externen Rechnungslegung gesehen. Dabei kommen auch die aktuell diskutierten International Financial Reporting Standards (IFRS) als Grundlage einer solchen Vereinfachung in Betracht. In dem Beispiel wird auf Elemente eines solchen IFRS-basierten Berichtswesens zurückgegriffen. Vgl. dazu Egert/Ossadnik/Wagner (2007), S. 1.

[390] Zu empirischen Vorgehensweisen und Kausalitätsfragen vgl. auch Ossadnik (2009), S. 342–353.

[391] Vgl. Egert/Ossadnik/Wagner (2008), S. 240.

haben und mittels Standard-Softwarelösungen mit Statistikzusatzfunktionen oder einfachen Statistikprogrammen umsetzbar sein. Für die statistische Analyse werden Unternehmensdaten eines mindestens fünf Perioden umfassenden Zeitraums benötigt.[392] Das Verfahren umfasst die folgenden Schritte:

1. Identifikation der relevanten finanziellen Zielgrößen;
2. Festlegung von Zielgrößen-Kennzahlen;
3. Erhebung der quantifizierten Zielgrößen;
4. Erhebung der zu analysierenden Kennzahl(en) des gleichen Zeitraumes;
5. Berechnung des Zusammenhangs zwischen zu analysierenden „inputorientierten“ Kennzahlen und „outputorientierter“ Zielgrößen-Kennzahl;
6. Überprüfung des festgestellten Zusammenhangs auf Unabhängigkeit sowie Untersuchung der Eignung der analysierten Kennzahlen, Bestandteil des Steuerungsinstrumentariums zu werden.

Zu 1.
Im ersten Schritt werden die relevanten Zielgrößen aus den Unternehmenszielen abgeleitet. Notwendige Bedingung hierbei ist die Operationalisierbarkeit der Ziele, d. h. die Überführung in einen beobachtbaren Sachverhalt, der wiederum seinen Ausdruck in einer Kennzahl findet.[393] Beispiele für relevante Unternehmensziele sind Gewinnmaximierung oder (finanzielles) Unabhängigkeitsstreben. Für das Auswahlverfahren muss mindestens eine Zielgröße festgelegt werden, es sind aber auch – bei mehrfacher Zielsetzung eines Unternehmens oder schwieriger Operationalisierbarkeit einer Spitzenkennzahl – mehrere denkbar. Das relevante Unternehmensziel des Beispielunternehmens ist die Gewinnmaximierung. Als Zielgrößen kommen damit sowohl Residualgewinne als auch diskontierte Größen (DCF-Verfahren) in Betracht.[394]

Zu 2.
Für jede relevante Zielgröße ist (mindestens) eine im Unternehmen zu erhebende Kennzahl festzulegen. Im Falle des beispielhaft untersuchten Unternehmens werden – in Abstimmung mit dem bestehenden Zielsystem – folgende zwei finanzielle Größen als Spitzenkennzahlen festgelegt:

---

[392] Die Berechnung der linearen Korrelation, wie sie hier angewendet wird, setzt das Vorhandensein hinreichender Datenreihen voraus. Für kleine Stichproben ($n<5$) hat der Korrelationskoeffizient kaum Aussagekraft. Vgl. z. B. Kröpfl (1999), S. 111.

[393] Vgl. Amshoff (1994), S. 8.

[394] Vgl. hierzu ausführlich Ossadnik (2009), S. 328–335.

- Unternehmensergebnis nach IAS/IFRS,
- Operativer Cash Flow[395] (OCF).

Zu 3.
Als nächster Schritt erfolgt die Berechnung der genauen Werte anhand historischer Unternehmensdaten. Für jede Kennzahl werden mindestens 5 Beobachtungen benötigt. Um saisonale Schwankungen zu glätten, sollten gesamtjahresbezogene Kennzahlen herangezogen werden. Im Fall des Beispielunternehmens liegen die Stichtagsdaten der externen Rechnungslegung über den Zeitraum 2001 bis 2005 vor.[396]

Zu 4.
Für die Berechnung der Kennzahlen, deren Einfluss auf die beiden Spitzenkennzahlen analysiert werden soll, wird der gleiche Zeitraum zum gleichen Stichtag zu Grunde gelegt. In dem Beispielunternehmen gilt für 32 Kennzahlen die Vermutung, dass sie der Führung der Unternehmensgruppe eine bessere Übersicht über die Erfolgsentwicklung in den verschiedenen Sparten ermöglichen. Die Kennzahlen werden dabei in folgende Gruppen unterteilt, die die für den Erfolg des Unternehmens relevanten Bereiche abdecken sollen:[397]

1. Kennzahlen der Gewinn- und Verlustrechnung,
2. Kennzahlen zur Vermögens- und Kapitalstruktur,
3. Rentabilitätskennzahlen,
4. Liquiditätskennzahlen,
5. Sonstige (spartenspezifische) Kennzahlen.

Innerhalb der einzelnen Kennzahlengruppen erfolgt zusätzlich eine Auswahl nach der Berechenbarkeit. Es werden nur Kennzahlen ausgewählt, die auf Grundlage der vorhandenen Daten berechnet werden können. Darüber hinaus bleiben alle Kennzahlen, die in ihrer Definition das Jahresergebnis oder den OCF enthalten, außer Betracht. Die Kennzahlen werden – mit Ausnahme der sonstigen Kennzahlen – für drei Unternehmenssparten („Trockenmörtel", „Transportbeton", „Logistik") im Hinblick auf ihren Zusammenhang mit den beiden zu erklärenden, finanziellen Er-

---

[395] Der operative Cash Flow (OCF) ist als eine auf Basis des Konzernabschlusses ermittelte Stromgröße definiert.

[396] Der Zeitraum beschränkt sich auf 5 Jahre, da keine älteren vergleichbar auf IFRS Basis erstellten Daten zur Verfügung stehen. Unternehmen, die über eine größere Datenbasis verfügen, sollten diese auf jeden Fall in ihrer Analyse berücksichtigen.

[397] Vgl. hierzu ausführlich Egert/Ossadnik/Wagner (2008), S. 240–241.

gebnisgrößen erhoben. Die untersuchten Kennzahlen gruppieren sich wie folgt:[398]

- Kennzahlen der Gewinn- und Verlustrechnung:
  - Umsatzkosten zu Gesamtkosten,
  - Abschreibungsintensität, -quote,
  - Personal- und Arbeitsintensität,
  - Umsatz pro Mitarbeiter.
- Kennzahlen zur Vermögens- und Kapitalstruktur:
  - Eigenkapital- , Fremdkapital-, Rückstellungsquote,
  - Vorratsintensität,
  - Vermögensstruktur,
  - Anlage-, Umlaufintensität.
- Rentabilitätskennzahlen:
  - Working Capital zu Umsatz,
  - Umschlagshäufigkeit des Umlauf-/Gesamtvermögens,
  - Debitorenumschlag,
  - Days` Sales Outstanding,
  - Kreditorenlaufzeit,
  - Gesamtkapitalumschlag.
- Liquiditätskennzahlen:
  - Verschuldungskoeffizient,
  - Working Capital,
  - Liquidität 1., 2. und 3. Grades,
  - Goldene Bilanzregel,
  - Anlagendeckung,
  - Kapitalbindung.
- Sonstige Kennzahlen:
  - Rohertrag in % der Gesamtleistung,
  - Personalaufwand in % des Rohertrages,
  - Absatz von Beton in tsd cbm,
  - Transportleistung in tsd km,
  - Transportleistung in tsd to.

Zu 5.
Die Ermittlung des Zusammenhangs zwischen der auf ihre Erklärungskraft zu überprüfenden Kennzahl und der zu erklärenden Kennzahl der Zielgröße erfolgt – für jedes Paar getrennt – mit Hilfe der linearen Korrelation.

[398] Vgl. zur Berechnung der Kennzahlen Wiehle/Diegelmann/Deter/Schömig/Rolf (2008), S. 42–73, S. 118–149 sowie S. 154–179.

Als Abhängigkeitsmaß wird der Bravais-Pearson-Korrelationskoeffizient[399] (r) verwendet. Der Koeffizient lässt sich bei kardinal skalierten[400] Daten verwenden, um lineare Abhängigkeiten zu ermitteln.[401]

Der Korrelationskoeffizient nimmt Werte von -1 bis +1 an. Aus dem Vorzeichen ergibt sich, ob der Zusammenhang zwischen beiden Kennzahlen gleichläufig (positiv) oder gegenläufig (negativ) ist. Nimmt der Koeffizient den Wert Null an, besteht kein linearer Zusammenhang zwischen zu prüfender Kennzahl und der Kennzahl der Zielgröße. Hierbei wird die zu prüfende Kennzahl als unabhängiges Merkmal x und die Kennzahl der Zielgröße wird als abhängiges Merkmal y bezeichnet:[402]

$$r = \frac{\sum_{i=1}^{n}(x_i - \bar{x})(y_i - \bar{y})}{\sqrt{\sum_{i=1}^{n}(x_i - \bar{x})^2 \sum_{i=1}^{n}(y_i - \bar{y})^2}} \quad (3.1)$$

Notation:

r	Bravais-Pearson-Korrelationskoeffizient
n	Gesamte Anzahl der Beobachtungen / Perioden
x_i	Ausprägung des Merkmals x bei Beobachtung / Periode i
y_i	Ausprägung des Merkmals y bei Beobachtung / Periode i
$\bar{x}$	arithmetisches Mittel aller x-Werte
$\bar{y}$	arithmetisches Mittel aller y-Werte

Stellvertretend für die drei Sparten werden im Folgenden die Ergebnisse der Sparte „Logistik" des Beispielunternehmens betrachtet.

Zu 6.

Wird anhand des Korrelationskoeffizienten ein Zusammenhang zwischen den Kennzahlen festgestellt, so kann dieser nur dann als gesichert angesehen werden, wenn die Wahrscheinlichkeit eines Irrtums gering ist. Für die Analyse bietet sich eine Irrtumswahrscheinlichkeit, das so genannte Signi-

---

[399] Vgl. Bamberg/Baur/Krapp (2008), S. 36–38.

[400] Vgl. Bamberg/Baur/Krapp (2008), S. 7.

[401] Vgl. Sachs (2004), S. 491.

[402] Vgl. Bamberg/Baur/Krapp (2008), S. 36.

fikanzniveau, von 5% an.[403] Ist die Irrtumswahrscheinlichkeit jedoch größer als 5%, so ist das Ergebnis nicht mehr signifikant und es muss von einer Unabhängigkeit der Kennzahlen ausgegangen werden. Die Überprüfung der Signifikanz von Zusammenhängen erfolgt anhand von Signifikanztests.[404]

In einer tiefer gehenden Analyse werden die Kennzahlen, für die ein signifikanter Zusammenhang zu den Zielgrößen nachgewiesen werden konnte, auf ihre Steuerungsrelevanz überprüft. So sind Kennzahlen, deren Zusammenhang zur Zielgröße aus Unternehmenssicht nicht logisch zu erklären ist bzw. keine betriebswirtschaftliche Plausibilität aufweist, trotz Signifikanz zu verwerfen.

Die mittels der Statistiksoftware SPSS[405] errechneten Ergebnisse der Korrelationsanalyse für die Logistiksparte des Beispielunternehmens sind in Tabelle 3.4[406] dargestellt. Aufgeführt werden dabei nur die Kennzahlen, die eine Korrelation mit mindestens einer der beiden Ergebnisgrößen auf einem Signifikanzniveau von kleiner 0,05 aufweisen.

Bei der Analyse können von den untersuchten Kennzahlen 16 identifiziert werden, die mit einer oder beiden Ergebnisgrößen auf einem Signifikanzniveau unter 0,05 korreliert sind. Die Kennzahlen der Logistiksparte, die mit den Ergebnisgrößen des Unternehmens in signifikanter Verbindung stehen, sind sodann auf ihre Eignung zur Aufnahme in das Steuerungsinstrumentarium zu überprüfen. Die Überprüfung wird beispielhaft an den Kennzahlen aus der Gruppe „Gewinn- und Verlustrechnung" dargestellt, um die grundsätzliche Vorgehensweise der Analyse vorzustellen.[407]

---

[403] Ein Signifikanzniveau von 5% bedeutet, dass eine fünfprozentige Chance besteht, dass trotz der statistisch ermittelten Korrelation die Kennzahlen nicht wirklich in einem realen Zusammenhang stehen. Zu 95% Prozent würde also eine ermittelte statistische Korrelation auch wirklich vorliegen.

[404] Vgl. hierzu auch Bamberg/Baur/Krapp (2008), S. 173–214.

[405] Vgl. als Einführung zu diesem Softwarepaket z. B. Voß (2000); Bühl/Zöfel (2005).

[406] In Anlehnung an Egert/Ossadnik/Wagner (2007), S. 20 sowie (2008), S. 242.

[407] Insgesamt werden vier Gruppen unterschieden: Kennzahlen der Gruppe „Gewinn- und Verlustrechnung" sollen zusätzliche Informationen zur Ertrags- und Aufwandslage des Unternehmens geben. In der zweiten Gruppe „Vermögens- und Kapitalstruktur" werden Kennzahlen zusammengefasst, die Aufschluss über die Struktur des vorhandenen Kapitals bzw. des Vermögens geben. Die dritte Gruppe „Rentabilitätskennzahlen" umfasst die Gesamtleistung, Umschlagshäufigkeiten und Laufzeiten der Forderungen und Verbindlichkeiten. Die vierte Gruppe beinhaltet Kennzahlen zur „Liquidität", die zur Beurteilung der wirtschaftlichen Gesamtlage des Unternehmens herangezogen werden. Vgl. Egert/Ossadnik/Wagner (2007) S. 7–8.

Tabelle 3.4 Signifikant korrelierte Kennzahlen der Sparte „Logistik"

		IAS/IFRS-Ergebnis	Operativer Cash Flow
Kennzahlen der Gewinn- und Verlustrechnung			
Personalintensität	Korrelation	0,721	**-0,929(*)**
	Signifikanz	0,169	0,023
Arbeitsintensität	Korrelation	0,851	**0,971(**)**
	Signifikanz	0,067	0,006
Kennzahlen zur Vermögens- und Kapitalstruktur			
Vermögensstruktur	Korrelation	**-0,965(**)**	**0,884(*)**
	Signifikanz	0,008	0,047
Anlageintensität	Korrelation	**0,988(**)**	**0,886(*)**
	Signifikanz	0,001	0,046
Umlaufintensität	Korrelation	**-0,990(**)**	**-0,881(*)**
	Signifikanz	0,001	0,048
Rentabilitätskennzahlen			
Working Capital zu Umsatz	Korrelation	**-0,937(*)**	**-0,947(*)**
	Signifikanz	0,019	0,015
Umschlagshäufigkeit des Umlaufvermögens	Korrelation	0,856	**0,979(**)**
	Signifikanz	0,064	0,004
Umschlagshäufigkeit des Gesamtvermögens	Korrelation	**0,932(*)**	**0,978(**)**
	Signifikanz	0,021	0,004
Kreditorenlaufzeit in Tagen	Korrelation	**-0,888(*)**	-0,563
	Signifikanz	0,044	0,323
Gesamtkapitalumschlag	Korrelation	**0,932(*)**	**0,978(**)**
	Signifikanz	0,021	0,004
Liquiditätskennzahlen			
Working Capital	Korrelation	**-0,978(**)**	**-0,913(*)**
	Signifikanz	0,004	0,030
Liquidität 2. Grades	Korrelation	-0,818	**-0,925(*)**
	Signifikanz	0,091	0,025
Liquidität 3. Grades	Korrelation	-0,817	**-0,925(*)**
	Signifikanz	0,091	0,025
Goldene Bilanzregel	Korrelation	**0,966(**)**	**0,906(*)**
	Signifikanz	0,007	0,034
Anlagendeckung	Korrelation	**-0,942(*)**	**-0,897(*)**
	Signifikanz	0,017	0,039
Sonstige Kennzahlen			
Transportleistung in tsd to	Korrelation	**0,938(*)**	0,775
	Signifikanz	0,019	0,124

(*) Die Korrelation ist auf einem Niveau von 0,05 (2-seitig) signifikant.

(**) Die Korrelation ist auf einem Niveau von 0,01 (2-seitig) signifikant.

In der Gruppe „Gewinn- und Verlustrechnung" stehen zwei signifikant mit dem OCF korrelierte Kennzahlen zur Auswahl. Die „Personalintensität" setzt den Personalaufwand ins Verhältnis zum Gesamtaufwand des Unternehmens und gibt Auskunft über den Anteil der Aufwendungen für den Produktionsfaktor „Arbeitsleistung". Insofern ist sie ein Indikator zur Abbildung der Anfälligkeit gegenüber wertmäßigen Änderungen bei diesem Produktionsfaktor.[408] Die nachgewiesen signifikant negative Korrelation zum OCF ist Ergebnis dessen, dass durch einen steigenden Anteil des Personalaufwandes am Gesamtaufwand das Personal weniger wirtschaftlich eingesetzt wird. Das hat zur Folge, dass weniger finanzielle Mittel zur Verfügung stehen.

Die „Arbeitsintensität" beschreibt das Verhältnis von Umsatz zu Personalaufwand in einer bestimmten Periode und zeigt, wie viel Euro Umsatz mit einem Euro Personalaufwand erwirtschaftet werden konnten, d. h. liefert Aufschluss über die Wirtschaftlichkeit und Produktivität des Unternehmens.[409] Die vorliegende signifikant positive Korrelation lässt grundsätzlich bei rein statistischer Interpretation zwischen OCF und „Arbeitsintensität" wechselseitige Wirkungsrichtungen zu. Bei genauer inhaltlicher Analyse wird man indes nur von einer Wirkung der „Arbeitsintensität" auf den OCF ausgehen.

Die Zusammenhänge der Kennzahlen „Personalintensität" und „Arbeitsintensität" mit dem OCF verdeutlicht Abbildung 3.6[410].

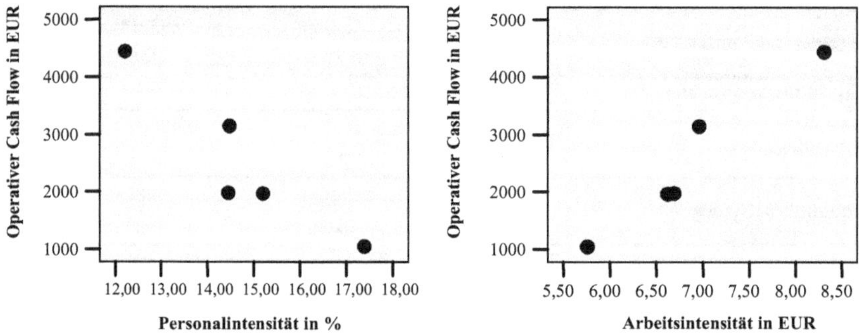

Abb. 3.6 OCF/Personalintensität und OCF/Arbeitsintensität der Logistiksparte

Beide Kennzahlen lassen sich aus Unternehmenssicht inhaltlich plausibel erklären. Da jedoch die „Arbeitsintensität" eine höhere Korrelation mit

---

408 Vgl. Coenenberg (2005), S. 1075.
409 Vgl. Wiehle/Diegelmann/Deter/Schömig/Rolf (2008), S. 52.
410 Egert/Ossadnik/Wagner (2007), S. 22.

dem OCF und ein deutlich besseres Signifikanzniveau aufweist als die „Personalintensität", fällt die Wahl des Beispielunternehmens auf erstere als steuerungsrelevante Kennzahl dieser Gruppe.

Auch für die vier übrigen Kennzahlengruppen „Vermögens- und Kapitalstruktur", „Rentabilität", „Liquidität" und „Sonstige" konnte durch eine analog zu der dargestellten Vorgehensweise durchgeführten Analyse jeweils eine steuerungsrelevante Kennzahl ausfindig gemacht werden.

Insgesamt wurden auf diese Weise drei bis fünf Kennzahlen pro Unternehmenssparte ermittelt und in das Steuerungsinstrumentarium des Beispielunternehmens aufgenommen. Dabei ist jeweils die Stärke des Zusammenhangs zwischen einer erklärenden sowie einer zu erklärenden Kennzahl als Maß für die Steuerungsrelevanz der erklärenden (Input-) Kennzahl zu Grunde gelegt. Abbildung 3.7[411] zeigt das Kennzahlensystem für die untersuchten Sparten.

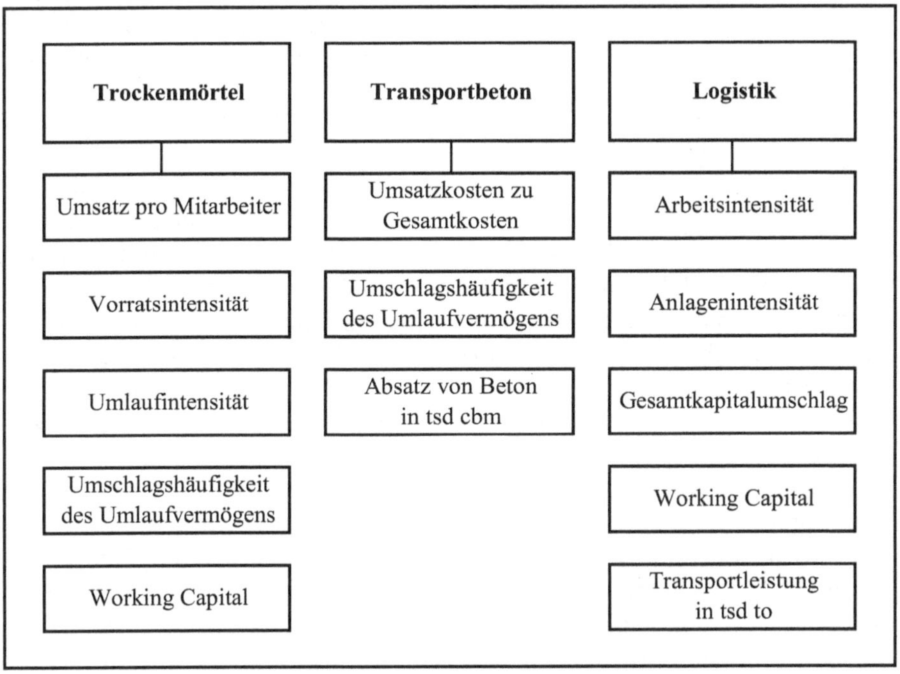

Abb. 3.7 Kennzahlensystem für die Unternehmenssparten

Im Rahmen einer auf die individuellen Besonderheiten einer mittelständischen Unternehmensgruppe abstellenden Vorgehensweise wurde damit aufgezeigt, wie bei einer – für den Mittelstand oft typischen – rudimentä-

[411] Egert/Ossadnik/Wagner (2007), S. 28.

ren Ausprägung des internen Rechnungswesens ein Steuerungsinstrumentarium auf Basis von Kennzahlen anhand einer IFRS-gestützten Rechnungslegung für den Zweck einer Steuerung der Sparten durch die Unternehmensführung entwickelt und so ein Beitrag zur Bewältigung der Steuerungsprobleme mittelständischer Unternehmen von Seiten eines Controllings geleistet werden kann. Eine solche Vorgehensweise kann indes nur zu Ergebnissen von begrenzter Aussagekraft führen. So könnten anstelle einer Untersuchung des Einflusses einer Kennzahl auf eine zu erklärende Spitzenkennzahl die Beziehungen mehrerer Kennzahlen untereinander in Bezug auf eine als abhängig vermutete Spitzenkennzahl analysiert werden. Festgestellte Korrelationen müssen sodann daraufhin überprüft werden, ob ihnen – über einen formalen „Gleichlauf“ von Variablen heraus – eine anhand ökonomischer Theorien belegbare Kausalstruktur zu Grunde liegt, durch die bestimmten Ursachen bestimmte Wirkungen zugewiesen werden.[412] Lässt sich zwischen korrelierten Phänomenen aufgrund ergänzender theoretischer Überlegungen keine inhaltlich überzeugende kausale Struktur zwischen formal gleichlaufenden Variablen rekonstruieren, liegt so genannte Scheinkorrelation vor.

3.1.6.3 Kausale Fundierung von Kennzahlen

Im Falle festgestellter Korrelationen ist auch darauf zu achten, welche angenommene Kausalstruktur bzw. welches Kausalmodell hierdurch validiert werden soll. Modelle, mit denen der Anspruch verfolgt wird, Kausalbeziehungen zu repräsentieren (Kausalmodelle), können durchaus Fehlspezifikationen der („wahren“) Kausalbeziehungen darstellen.[413] Ein Rückschluss von vorliegenden Korrelationen auf Kausalität wäre in einem solchen Fall fehlerhaft, wie das Beispiel einer positiven Korrelation zwischen der Anzahl der Neugeborenen und der Anzahl anwesender Störche in verschiedenen Dörfern verdeutlicht. Stellt man fest, dass eine zunehmende Anzahl von Störchen durch eine zunehmende Anzahl von Hausdächern hervorgerufen wird, wäre es ein Trugschluss, mit dem Bau zusätzlicher Häuser und deren Dächer nicht nur mehr Störche anlocken, sondern auch die Anzahl der Neugeborenen erhöhen zu können.[414]

Neben diesen Aspekten ist bei der Analyse von Ursache-Wirkungs-Beziehungen die Verschiedenheit der zeitlichen Indizierung von Ursachen

[412] Vgl. hierzu z. B. Ossadnik (2009), S. 342–343.
[413] Vgl. dazu Ossadnik (2009), S. 344–346.
[414] Vgl. hierzu auch o. V. (2008) unter Hinweis auf Erläuterungen von Rainer Dahlhaus.

und Wirkungen zu beachten.[415] Demnach sind Ursachen ihren Wirkungen zeitlich vorgelagert. Dem wird nicht hinreichend Rechnung getragen, wenn ein „Gleichlauf" von Datenreihen unter der Annahme analysiert wird, dass Ursachen und Wirkungen zeitgleich auftreten. Daher sollte die für Ursache-Wirkungs-Beziehungen typische zeitliche Verschiebung zwischen Ursache und Wirkung mitberücksichtigt werden und im Rahmen der statistischen Analyse ein Granger-Kausalitätstest eingesetzt werden.[416] Dieser zielt im Wesentlichen darauf ab, festzustellen, ob zwischen zwei Zeitreihen y_t und x_t (mit $t = 1, 2, ..., T$) eine Prognose der Werte y_t unter Verwendung zeitlich vorhergehender Werte x_t zu geringeren Prognosefehlern führt, als die ausschließliche Berücksichtigung von Vergangenheitswerten y_t. In diesem Fall wird x_t als Granger-kausal für y_t bezeichnet.[417] Die Überprüfung auf so genannte Granger-Kausalität[418] konzentriert sich im Wesentlichen auf die Frage, ob y_t besser prognostiziert werden kann, wenn bei Konstanz aller übrigen Informationen Vergangenheitswerte von x_t neben denjenigen von y_t als Regressionen verwendet werden.[419]

Das Konzept zur Überprüfung auf Granger-Kausalität ist im Schrifttum auch kritisiert worden.[420] So wird beispielsweise aufgeführt, dass eine Granger-Kausalität der Variable X für die Variable Y wieder verloren gehen kann, wenn die Variable Z einbezogen wurde.[421] Die scheinbare Kausalbeziehung zwischen X und Y erweist sich damit als Folge des Ausschlusses von Z. Daher sind bei Anwendung des Konzepts der Granger-Kausalität ökonomische Theorien im Rahmen der Abgrenzung vermuteter kausaler Beziehungsstrukturen und deren formaler Spezifikation zu berücksichtigen. Ein Problem der Granger-Kausalität besteht ferner darin, dass bei diesem Konzept nur Vergangenheitswerte x_{t-1}, x_{t-2}, … auf den Gegenwartswert y_t wirken. Indes könnten kausale Beziehungsstrukturen ebenso darin bestehen, dass Gegenwartswerte x_t sowie künftige, erwartete Größen x_{t+1} einen Einfluss auf y_t ausüben.

Insgesamt liefert das Konzept der Granger-Kausalität ein wichtiges Instrument, um formale Voraussetzungen für das Vorliegen von Kausalität bei der Identifikation steuerungsrelevanter Kennzahlen zu überprüfen. Da-

---

415 Vgl. Malina/Nørreklit/Selto (2007), S. 946.

416 Vgl. hierzu und zum Nachfolgenden Schulze (2004).

417 Vgl. Schulze (2004), S. 3.

418 Vgl. zu verfahrenstechnischen Einzelheiten solcher Tests Engle/Granger (1987), S. 259; Johansen (1988) und (1991); Stewart/Gill (1998), S. 324–341; Hamilton (1994), S. 429–430; Geweke/Meese/Dent (1983).

419 Vgl. Granger (1969), S. 428–429.

420 Vgl. Hendry (1995), S. 176; Lütkepohl (1993), S. 41–43; Schulze (2004), S. 17.

421 Vgl. hierzu und zum Nachfolgenden Schulze (2004), S. 17.

bei sind jedoch ergänzende ökonomische Überlegungen als letzte Prüfungsinstanz für das Vorliegen kausaler Beziehungen unverzichtbar.

3.2 Implementierung und Weiterentwicklung des Controllinginstrumentariums als „lernendes System“

Implementierungsstrategien sollten davon ausgehen, zwischen dem theoretisch Denkbaren und dem praktisch Machbaren zu vermitteln. Dies impliziert, ein auf die Besonderheiten mittelständischer Unternehmen ausgerichtetes Controllinginstrumentarium zu entwickeln, das betriebswirtschaftlich sinnvoll und wirtschaftlich sowie EDV-technisch realisierbar ist. Hierfür müssen zunächst die notwendigen „mentalen“, personellen, zeitlichen und finanziellen Ressourcen für die Implementierung, Aufrechterhaltung und Weiterentwicklung des Controllingsystems geschaffen werden. Die Implementierung setzt voraus, dass

- eine der skizzierten mittelstandsspezifischen Controllingidee förderliche Mentalität vorhanden (bzw. geschaffen worden) ist, insbesondere das „Commitment“ der Unternehmensführung vorliegt;
- ein Verantwortlicher mit ausreichender Fachkompetenz für den Prozess der Implementierung von Controllingfunktionen, -institutionen und -instrumenten festgelegt wird;
- diesem und allen anderen am Implementierungsprozess Beteiligten ausreichend Zeit für die Implementierung und anschließende Aufrechterhaltung des Systems zugestanden wird;
- die für den Implementierungsprozess und auch anschließende Aufrechterhaltung und Weiterentwicklung des Systems notwendigen finanziellen Mittel verfügbar sind.

Auf der Basis dieser Prämissen kann das System implementiert werden. Wenngleich klar ist, dass es für den Prozess der Einführung und Umsetzung betrieblicher Informationssysteme kein allgemein gültiges Rezept gibt, mag die nachfolgend beschriebene Vorgehensweise doch Anregungen für Implementationen im mittelständischen Unternehmen geben. Ob diese dabei durch einen einzelnen, designierten Mitarbeiter, ein Projektteam oder mit Unterstützung durch externe Berater durchgeführt werden sollte, hängt entscheidend von der unternehmensindividuellen Situation und den verfügbaren personellen und finanziellen Kapazitäten ab. Wir empfehlen folgende Vorgehensweise:

1. Festlegung des Anforderungsprofils an das Controllingsystem;
2. Vergleich des Ist-Zustandes mit dem Anforderungsprofil;
3. Bestimmung potenzieller Instrumente und Untersuchung informationstechnischer Umsetzungsmöglichkeiten;
4. Kosten-Nutzen-Analyse der Instrumentenauswahl;
5. Einführung ausgewählter Instrumente und Integration in das bestehende Informationssystem.

Zu 1.
Zunächst ist es die Aufgabe der Unternehmensführung festzulegen, welche Ziele mit dem zu entwickelnden Controllingsystem verfolgt werden sollen und welche Informationen und Entscheidungskriterien sie für die Steuerung und Überwachung welcher Handlungsfelder, Problemschwerpunkte oder Planungsinhalte benötigt.

Zu 2.
Der Vergleich des Ist-Zustandes mit dem Anforderungsprofil soll Grenzen und Lücken des vorhandenen betrieblichen Informationssystems aufdecken, aber auch Möglichkeiten aufzeigen und Impulse geben, vorhandene Instrumente und Berichte, gegebenenfalls mit entsprechenden Modifikationen, zu integrieren, zu verbessern und bzw. zu ergänzen. Zu diesem Vergleich gehört auch die Überprüfung der EDV-technischen Ausstattung im Hinblick auf die Bedarfe der implementierten Controllingfunktion.

Zu 3.
Aus dem Anforderungsprofil und den damit benannten Controllingzielen sind dann die dafür notwendigen Controllinginstrumente und deren adäquate Gestaltungsvarianten abzuleiten. Die in Abbildung 3.8 dargestellte Instrumentenmatrix[422] kann dabei als Hilfsmittel zur Instrumentenauswahl herangezogen werden. Neben der Festlegung der Instrumente gehört in diese Phase des Implementierungsprozesses auch die Beschreibung, welche Instrumente von wem eingesetzt und gepflegt werden sollen, welche Informationsinterdependenzen genutzt werden (können) und welche EDV-technische Lösung den Einsatz dieser Instrumente am Besten unterstützt.

[422] Die Differenzierungsmerkmale „Branche“, „Unternehmensgröße“ und „Governance-Struktur“ wurden in die Instrumentenmatrix aufgrund ihrer Vielfältigkeit, ihres spezifischen Charakters und des starken Situationsbezugs nicht aufgenommen und sind unternehmensindividuell bei der Instrumentenauswahl und deren Gestaltung zu berücksichtigen. Insofern ist die Instrumentenmatrix lediglich als Arbeitshilfe für den Einstieg gedacht, die als Grundlage für die Verwirklichung und Umsetzung des unternehmensindividuellen Informationssystems dient.

Basisinstrumente	Gestaltungsvarianten	Controllingziele Beitrag zur Sicherstellung der		
		ergebnisorientierten Informations-versorgung	Planung	Kontrolle
Investitionsrechnungen	Kapitalwertmethode	x	x	x
	Interne-Zinssatz-Methode	x	x	x
	Programmentscheidungsverfahren		x	x
Liquiditäts- und Finanzrechnungen	Dynamisch		x	x
	Operativ	x		x
Budgetierung	Strategisch		x	x
	Operativ		x	x
Portfoliotechnik	Erfolgsportfolio	x	x	x
Kosten- und Leistungsrechnung	Kostenartenrechnung	x		x
	Kostenstellenrechnung	x		x
	Kostenträgerrechnung	x		x
	Istkostenrechnung	x		x
	Plankostenrechnung		x	x
	Normalkostenrechnung			x
Kennzahlensysteme	Balanced Scorecard		x	x
	Operativ	x		x

Abb. 3.8 Instrumentenmatrix

Zu 4.
Vor der eigentlichen Einführung der Instrumente sind diese einer Kosten-Nutzen-Analyse zu unterziehen. Dabei sind den bisherigen Kosten der Pflege des Systems sowie dessen Nutzen die zu erwartenden Kosten eines neuen Systems und dessen Nutzen gegenüber zu stellen. Ein solcher Kalkül erweitert die Rationalität der Entscheidung gegenüber einem reinen Kostenminimierungskalkül, der zu einem Verzicht auf sinnvolle Steuerungsinstrumente führen könnte. Auch wird hierdurch erst aufgedeckt, welche Nutzendefizite ein System zusammenhangloser, nicht systematisch gepflegter Daten gegenüber dem Zustand nach Implementierung der vorgenannten Instrumente hat.

Zu 5.
Die Implementierung eines Controllingsystems berührt aufgrund der in mittelständischen Unternehmen zumeist vorherrschenden flachen hierarchischen Strukturen und des relativ geringen Organisationsgrades die Mit-

arbeiter und unterschiedlichen Stellen unmittelbar.[423] Aus diesem Grund ist die Einbindung der Hauptbetroffenen und zukünftigen Nutzer des Systems in den Implementierungsprozess ganz wesentlich für die spätere Akzeptanz des Systems und für die Motivation der Mitarbeiter, dieses System voranzutreiben. Darüber hinaus ist die Einführung der Instrumente als systematischer Prozess zu gestalten, in dem relevantes Wissen über das System hinreichend vermittelt wird. Auch sind für diesen Prozess Meilensteine zu definieren, zu terminieren und letztendlich klare Verantwortlichkeiten zu schaffen, damit die Einführung der Instrumente nicht im Alltagsgeschäft untergeht. Dies stellt eine Umsetzungsaufgabe für das mittelständische Unternehmen dar, deren Bewältigung durchaus realistisch ist.[424] Falls die bisherige Organisation mit dem bestehenden Informationswesen Übergangsfristen benötigt, sollten die Instrumente schrittweise eingeführt werden.

Mit der Implementation der Controllinginstrumente endet die Umsetzung der Controllingidee im Unternehmen keinesfalls. Die Aufrechterhaltung des Systems setzt im Gegenteil voraus, dass das Instrumentarium an sich verändernde Unternehmens- und Umweltbedingungen angepasst wird. Die Art und Weise, wie solche Veränderungen in dem System aufgenommen werden, kann auf zwei Ebenen betrachtet werden:

- (Informations-)technisch (Wie setze ich Veränderungen schnell und flexibel um?);
- Instrumentell (Welche Auswirkungen haben die Veränderungen auf die Auswahl und das Design der Instrumente?).

Controllingsysteme sind auf eine große aussagekräftige Daten- bzw. Informationsbasis angewiesen.[425] Die Gewährleistung schneller und flexibler Anpassung hängt somit entscheidend von der Frage der informationstechnischen Umsetzung ab. Unabhängig von der Frage, ob eine integrierte (Komplett-)Lösung, eine spezielle Controlling-Software oder eine Controlling-Standard-Software eingeführt wird, die unternehmensindividuell beantwortet werden muss, sind nachfolgende Einflussgrößen der Effektivität des Systems bereits bei der Implementierung zu berücksichtigen:

- Ordnungsgemäße Dokumentation;
- (Relationale) Datenbank als Basis des Instrumentariums;
- Definition von Größen (z. B. Kennzahlen, Ergebnisgrößen).

---

[423] Vgl. Seitz (2002), S. 136.
[424] Vgl. Zimmermann (2001), S. 477.
[425] Vgl. Dintner/Schorcht (1999), S. 311.

Ganz wesentlich für die Schnelligkeit von Anpassungen sowie die Flexibilität des Controllingsystems ist die Dokumentation der Prozesse und Abläufe im Rahmen des Controllings.[426] Wenngleich das Fehlen einer Dokumentation häufig erst bei einem Nutzerwechsel zum Tragen kommt, sollte dies bereits im Implementierungsprozess systematisch nachgehalten werden. Insbesondere bei der Nutzung von Tabellenkalkulations- und Datenbankprogrammen oder eigenentwickelten Softwarelösungen, bei denen das betriebswirtschaftliche Grundwissen vom Anwender eingebracht werden muss, ist die Dokumentation für die Aufrechterhaltung und Flexibilität des Systems entscheidend.

Um die Änderungen von Daten schnell und einfach handhaben zu können, bietet sich als Basis eine relationale Datenbank an. Während solche in integrierten Lösungen in der Regel die Basis bilden, ist darauf insbesondere bei der Nutzung von Tabellenkalkulationsprogrammen oder eigenentwickelten Softwarelösungen zu achten. Relationale Datenbanken ermöglichen einen gemeinsamen Datenzugriff der unterschiedlichen Instrumente, beschleunigen die Datenerfassung und -pflege, minimieren Erfassungsfehler und verhindern Datenredundanzen. Einzelanwendungen (Insellösungen) sollten somit möglichst vermieden werden.

Die Definition von Größen bzw. Kennzahlen stellt sicher, dass – je nach Zweck der Kooperation sich bildende – unterschiedliche Koalitionen im Unternehmen auch dieselben Inhalte verwenden. Dies erleichtert die systematische Einbindung von Veränderungen im System.

Auf der instrumentellen Ebene geht es um den Ausbau bzw. eine Modifikation der Instrumente selbst. Solche Anpassungsmaßnahmen werden beispielsweise notwendig, wenn das Unternehmen wächst und die Komplexität im Unternehmen zunimmt (z. B. Herausbildung von Hierarchien, Segmentierung des Führungssystems, Akquisitionen) oder eine Umstellung der Rechnungslegung vorgesehen ist. Während erstere beispielsweise eine Überprüfung der Controllingziele im Hinblick auf Koordinationsaspekte zur Folge hat, stellt letzteres die Datenbasis des Controllings „auf den Kopf“ und verlangt somit auch nach einer Überprüfung der auf sie zurückgreifenden Controllinginstrumente. Um mit der Entwicklung des Unternehmens Schritt halten zu können, sollten Aussagekraft und Wirksamkeit der Instrumente von Zeit zu Zeit hinterfragt werden. Ergibt dies Anlass zur Revision des Instrumentariums, sollte abermals nach der für den Implementierungsprozess vorgeschlagenen Vorgehensweise vorgegangen werden.

[426] Vgl. hierzu auch Abschnitt 2.3.3.

4 Schlussbemerkungen

Ausgehend vom Bedarf mittelständischer Unternehmen nach geeigneten Führungshilfen wurde untersucht, ob dieser Bedarf durch eine mittelstandsspezifische Rekonstruktion der Controllingidee gedeckt werden könnte. Im Hinblick auf den geringeren Dezentralisierungs- und Segmentierungsgrad mittelständischer Unternehmen wurde von dem sich auf größere Unternehmen beziehenden Koordinationsparadigma Abstand genommen und statt dessen stärker auf ältere, robustere, einfachere Ausprägungen der Controllingidee abgestellt, die die laufende Integration steuerungsrelevanter Funktionen wie Planung und Kontrolle über geeignete informatorische Unterstützungen ins Zentrum einer mittelstandsbezogenen Controllingidee rücken. Vor diesem Hintergrund konzentrierte sich die Untersuchung zunächst auf die Frage, wie Funktionen, die in mittelständischen Unternehmen als controllingbezogen oder controllingähnlich bezeichnet oder angesehen werden, tatsächlich ausgestaltet sind. Hiervon ausgehend wurde untersucht, wie Controlling in mittelständischen Unternehmensstrukturen zweckmäßiger Weise ausgestaltet werden sollte. Um diese Fragen im Einzelnen zu klären, wurde das Controlling mittelständischer Unternehmen zunächst aus einer semantischen, sodann aus einer empirischen Perspektive in Verbindung mit einem deduktiven Blickwinkel betrachtet. Hieran schlossen sich Überlegungen konstruktivistischer Art an.

Die Untersuchung der Begriffe „Controlling" sowie „Mittelstand" zeigte, dass die Vorstellungen in der Theorie, in den als Maßstab herangezogenen empirischen Untersuchungen sowie in deren Befunden beträchtlich divergieren. Hinsichtlich des Controllingbegriffs wurden zunächst die informationsorientierten Controllingkonzeptionen und das Koordinationsparadigma als potenzielle Fundamente unserer Untersuchung in Betrachtung gezogen. Unsere Entscheidung fiel dann zugunsten des erstgenannten Ansatzes in der Ausprägung des planungsorientierten Ansatzes von Hahn[427] als richtunggebende Grundlage unserer Untersuchung aus. Damit wurde die informationelle Sicherstellung der ergebnisorientierten Planung, Steuerung und Überwachung des Unternehmensgeschehens in das Zent-

[427] Vgl. Hahn/Hungenberg (2001). Vgl. hierzu auch Abschnitt 2.2.8.

W. Ossadnik et al., *Controlling mittelständischer Unternehmen*,
DOI 10.1007/978-3-7908-2428-5_4, © Springer-Verlag Berlin Heidelberg 2010

rum mittelständischer Controllingtätigkeiten gerückt. Der Koordinationsfunktion wurde demgegenüber nur eine periphere Rolle zugeordnet, die sich auf die Koordination der Teilplanung und den Budgetierungsprozess beschränkt.

Aufgrund der großen Interpretationsvielfalt im Hinblick auf die Gestaltung von Controllingsystemen in Theorie und Praxis galt es, dem zu entwickelnden Controllingsystem für mittelständische Unternehmen ein begriffliches Fundament zu Grunde zu legen, das einerseits robust ist und dem Anwender genügend Gestaltungsspielraum bietet, um diese Vielfalt zu berücksichtigen und andererseits hinreichend flexibel ist, um den vielfältigen Bedingungen und Besonderheiten mittelständischer Unternehmen gerecht zu werden.

In diesem Sinne wurde für die vorliegende Untersuchung Controlling für mittelständische Unternehmen als die Bereitstellung von Methoden, Instrumenten und Informationen definiert, die der Unternehmensführung die Steuerung, Planung und Kontrolle des Unternehmens ermöglichen. Dabei gilt es, nicht finanzielle, finanzielle, ergebnismäßige und damit auch kosten- und leistungsmäßige Komponenten der Steuerungsgrößen transparent zu machen, um die Entscheidungsträger mit adäquaten Führungsinformationen zu versorgen.

Dass mittelständische Unternehmen uneinheitlich von Großunternehmen abgegrenzt werden, fand sich auch in den untersuchten empirischen Studien wieder. Daher wurde für die vorliegende Arbeit der Mittelstandsbegriff in flexibler Weise verwendet: Während er sich im zweiten Kapitel an den Mittelstandsdefinitionen der herangezogenen Studien ausrichtete und Unternehmen mit bis zu 2.000 Beschäftigten einschloss, wurde er für den konstruktivistischen Teil im dritten Kapitel enger gefasst und richtete sich an Unternehmen mit bis zu 500 Beschäftigten. Darüber hinaus wurden verschiedene qualitative Merkmale in Bezug auf die Unternehmensführung und Organisation als Erklärungsvariable herangezogen.

Mit Blick auf die genannte Zielgruppe und unter Berücksichtigung des entwickelten semantischen Verständnisses von mittelstandsbezogenem Controlling wurden sodann die Portfolio-Analysen, die Investitionsrechnungen, die Finanz- und Liquiditätsrechnungen, die Budgetierung, die Kosten- und Leistungsrechnung sowie Kennzahlen als geeignete Basisinstrumente ausgewählt und in mittelstandsadäquaten Gestaltungsvarianten dargestellt.

Dieses Basisinstrumentarium stellt eine Grundausstattung dar, die es entsprechend unternehmensindividuellen Kontextfaktoren auszugestalten gilt. Als „lernendes System“ konzipiert, ermöglicht das Instrumentarium dem Anwender, Informationen über unternehmensrelevante Veränderungen der Umwelt sowie hierdurch induzierte Herausforderungen für den

Entwicklungsstatus des mittelständischen Unternehmens mittels des Systems zu identifizieren und letzteres dann sukzessive an die neuen Erfordernisse anzupassen. Die Möglichkeit, solche Anpassungen vorzunehmen, setzt Folgendes voraus:

- Binnenstrukturen müssen innerhalb des Controllingsystems ausreichend und flexibel abbildbar sein.
- Außenstrukturen müssen in das System komponentenweise ein- und ausblendbar sein.
- Branchen- und unternehmensgrößenspezifische Besonderheiten müssen flexibel integrierbar sein.
- Vergleichsinformationen wie z. B. Soll-Ist-Vergleich, Input-Output-Informationen, Alternativbetrachtungen (Entscheidungsorientierung) müssen einbindbar sein bzw. müssen herausgezogen werden können.
- Informationen zur Unterstützung der Planung und Kontrolle müssen generiert werden können.

Darüber hinaus müssen im Führungssystem des Unternehmens Voraussetzungen bei der Implementierung des Systems geschaffen werden, die es ermöglichen dieses an veränderte Erfordernisse anzupassen. Auf dieser Basis kann dann die schrittweise Implementierung des Systems ansetzen. Die Schwierigkeit dabei ist es, einen „optimalen" Komplexitätsgrad des „lernenden" Controllingsystems zu erreichen, d. h. die zur Repräsentation von Komplexität erforderliche Informationsbreite bereitzustellen und gleichzeitig die notwendige Informationsverdichtung zu leisten.[428] Wie allgemein und wie speziell kann ein Vorschlag für ein solches „lernendes System" sein? Zunächst muss ein solcher Vorschlag so allgemein sein, dass er die Möglichkeit der Verdichtung unterschiedlichster Sachverhalte zulässt. Dabei sollte er zugleich so einfach und praktikabel sein, dass das Management des mittelständischen Unternehmens die Instrumente auch tatsächlich einsetzt. Daneben muss er aber auch an die speziellen Ausprägungen mittelständischer Unternehmen angepasst werden können, die mittels allgemeingültiger Problemlösungsverfahren nur unzureichend abgebildet werden können. Diese Anforderungen werden von dem vorgestellten Controllingsystem dadurch erfüllt, dass es einerseits einen Rahmen vorgibt, in welchem sich die konkrete Ausgestaltung bewegen sollte und andererseits eine Vielzahl von Ansatzpunkten für eine anforderungsgerechte Weiterentwicklung aufzeigt. Dass damit noch kein für jedes mittelständische Unternehmen unmittelbar anwendbares „lernendes System" vorliegt, sondern unternehmensindividuelle Reflexionen zur fallspezifischen Sys-

[428] Zum „Problem der optimalen Komplexion" vgl. auch Abschnitt 3.1.1.

temgestaltung stattfinden müssen, die ihrerseits wieder auf weitere detaillierte Forschungsbedarfe verweisen, liegt auf der Hand.

Literaturverzeichnis

Adam D (2002) Investitionscontrolling. In: Küpper HU, Wagenhofer A (Hrsg) Handwörterbuch Unternehmensrechnung und Controlling (HWU). 4. Aufl Schäffer-Poeschel, Stuttgart, Sp 838–848

Ahn H (1999) Ansehen und Verständnis des Controlling in der Betriebswirtschaftslehre – Grundlegende Ergebnisse einer empirischen Studie unter deutschen Hochschullehrern. Controlling, Jg 11: S 109–114

Amshoff B (1994) Controlling in deutschen Unternehmungen: Realtypen, Kontext und Effizienz. 2. Aufl Gabler, Wiesbaden

Ballwieser W (1990) Unternehmensbewertung und Komplexitätsreduktion. 3. Aufl Gabler, Wiesbaden

Bamberg G, Baur F, Krapp M (2008) Statistik. 14. Aufl Oldenbourg, München Wien

Barklage D (2007) Controlling von Zulieferbeziehungen. Kovač, Hamburg

Baum HG, Coenenberg AG, Günther T (2007) Strategisches Controlling. 4. Aufl Schäffer-Poeschel, Stuttgart

Becker HP (1984) Verwendung und Gestaltung der Kosten- und Leistungsrechnung in mittelgroßen Industriebetrieben. Toeche-Mittler, Darmstadt

Berens W, Delfmann W, Schmittig W (2004) Quantitative Planung – Grundlagen, Fallstudien, Lösungen. 4. Aufl Schäffer-Poeschel, Stuttgart

Berens W, Püthe T, Siemes A (2005) Ausgestaltung der Controllingsysteme im Mittelstand – Ergebnisse einer Untersuchung. ZfCM, Jg 49: S 186–191

Betge P (2000) Investitionsplanung. 4. Aufl Vahlen, München

Blohm H, Lüder K, Schäfer C (2006) Investition – Schwachstellenanalyse des Investitionsbereichs und Investitionsrechnung. 9. Aufl Vahlen, München

Bretzke WR (1980) Der Problembezug von Entscheidungsmodellen. Mohr, Tübingen

Bühl A, Zöfel P (2005) SPSS 12 – Einführung in die moderne Datenanalyse unter Windows. 9. Aufl Pearson Studium, München

Bussiek J, Niemeier, HJ (1981) Neue Systeme und Methoden zur Steuerung mittelgroßer Unternehmen. Westdeutscher Verlag, Opladen

Buzzell RD, Gale BT (1987) The PIMS Principles: Linking Strategy to Performance. Macmillan, New York

Cassier SC (1976) Mittelständische Unternehmen und Finanzierung. In: Büschgen HE (Hrsg) Handwörterbuch der Finanzwirtschaft (HWF). Poeschel, Stuttgart, Sp 1355–1370

Chrubasik B, Zimmermann HJ (1987) Evaluierung der Modelle zur Bestimmung strategischer Schlüsselfaktoren. DBW, Jg 47: S 426–450

W. Ossadnik et al., *Controlling mittelständischer Unternehmen*,
DOI 10.1007/978-3-7908-2428-5, © Springer-Verlag Berlin Heidelberg 2010

Coenenberg AG (2005) Jahresabschluss- und Jahresabschlussanalyse – Betriebswirtschaftliche, handelsrechtliche, steuerrechtliche und internationale Grundsätze – HGB, IFRS und US–GAAP. 20. Aufl Schäffer-Poeschel, Stuttgart

Coenenberg AG, Baum HG (1987) Strategisches Controlling – Grundfragen der strategischen Planung und Kontrolle. Schäffer-Poeschel, Stuttgart

Coenenberg AG, Fischer TM, Günther T (2007) Kostenrechnung und Kostenanalyse. 6. Aufl Schäffer-Poeschel, Stuttgart

Dambrowski J (1986) Budgetierungssysteme in der deutschen Unternehmenspraxis. Toeche-Mittler, Darmstadt

Demski JS, Feltham GA (1976) Cost Determination: A Conceptual Approach. Iowa State University Press, Ames Iowa

Dintner R (1999) Differenzierung, Klassifizierung und Typisierung des Controlling. In: Dintner R (Hrsg) Controlling in kleinen und mittelgroßen Unternehmen – Klassifikation, Stand und Entwicklung. Lang, Frankfurt a M Berlin Bern et al, S 1–66

Dintner R, Schorcht H (1999) Empirische Untersuchungen zum Controlling in mittelständischen Unternehmen Thüringens. In: Dintner R (Hrsg) Controlling in kleinen und mittelgroßen Unternehmen – Klassifikation, Stand und Entwicklung. Lang, Frankfurt a M Berlin Bern et al, S 67–309

Egert S, Ossadnik W, Wagner R (2007) Steuerungsrelevante Kennzahlen für das Management: Ein unternehmensindividueller Ansatz. Diskussionsbeitrag Nr 2007/03 des Fachbereichs Wirtschaftswissenschaften der Universität Osnabrück

Egert S, Ossadnik W, Wagner R (2008) Spartenorientiertes Management-Informationssystem in mittelständischen Unternehmen. ZfCM, Jg 52: S 239–244

Engle RF, Granger CWJ (1987) Co-integration and Error Correction: Representation, Estimation and Testing. Econometrica, Vol 55: p 251–276

Ewert R, Wagenhofer A (2008) Interne Unternehmensrechnung. 7. Aufl Springer, Berlin Heidelberg

Fisher I (1930) The Theory of Interest. Macmillan, New York

Frank S (2000) Erfolgreiche Gestaltung der Kostenrechnung – Determinanten und Wirkungen am Beispiel mittelständischer Unternehmen. Gabler, Wiesbaden

Friedl B (2003) Controlling. Lucius & Lucius, Stuttgart

Fürstenwerth H (1998) Vom F&E-Controlling zum Innovationscontrolling. In: Steinle C, Eggers B, Lawa D (Hrsg) Zukunftsgerichtetes Controlling – Unterstützungs- und Steuerungssystem für das Management. Gabler, Wiesbaden, S 155–175

Gaitanides M (1979) Planungsmethodologie – Vorentscheidungen bei der Formulierung integrierter Investitionsplanungsmodelle. Duncker & Humblot, Berlin

Gälweiler A (1974) Unternehmensplanung und Praxis. Herder & Herder, Frankfurt a M

Gantzel KJ (1962) Wesen und Begriff der mittelständischen Wirtschaft. Westdeutscher Verlag, Köln Opladen

Gaulhofer M (1988) Controlling im Mittelbetrieb – Gedanken zur Abstimmung von Verfahren und Instrumenten des Controlling auf die Situation von Führung und Organisation im Mittelbetrieb. Lang, Frankfurt a M et al

Gaydoul P (1980) Controlling in der deutschen Unternehmenspraxis. Toeche-Mittler, Darmstadt

Geiser, J. (1980): Zum Investitionsverhalten mittelständischer Industriebetriebe – Unter besonderer Berücksichtigung von Sprunginvestitionen. Schwartz, Göttingen

Geweke J, Meese R, Dent W (1983) Comparing Alternative Tests of Causality in Temporal Systems: Analytic Results and Experimental Evidence. J Econometrics, Vol 21: p 161–194

Granger CWJ (1969) Investigating Causal Relations by Econometric Models and Cross-Spectral Methods. Econometrica, Vol 37: p 424–438

Haberstock L (2008) Kostenrechnung I – Einführung mit Fragen, Aufgaben, einer Fallstudie und Lösungen. 13. Aufl Erich Schmidt, Berlin

Hahn D, Hungenberg H (2001) PuK – Planung und Kontrolle, Planungs- und Kontrollsysteme, Planungs- und Kontrollrechnung – Wertorientierte Controllingkonzepte. 6. Aufl Gabler, Wiesbaden

Hamilton JD (1994) Time Series Analysis. Princeton University Press, Princeton NJ

Hansen A, Mouritsen J (2005) Strategies and Organizational Problems: Constructing Corporate Value and Coherence in Balanced Scorecard Processes. In: Chapman CS (Ed) Controlling Strategy. Oxford University Press, Oxford, S 125–150

Harbert L (1982) Controlling-Begriffe und Controlling-Konzeptionen – Eine kritische Betrachtung des Entwicklungsstandes des Controlling und Möglichkeiten seiner Fortentwicklung. Studienverlag Dr N Brockmeyer, Bochum

Hax H (1993) Investitionstheorie. 5. Aufl Physica, Heidelberg

Helmig B (2005) Ökonomischer Erfolg in öffentlichen Krankenhäusern. BWV, Berlin

Henderson BD (1984) Die Erfahrungskurve in der Unternehmensstrategie. 2. Aufl Campus-Verlag, Frankfurt a M et al

Hendry DF (1995) Dynamic Econometrics. Oxford University Press, Oxford

Henzler H (1974) Der Januskopf muss weg! WiWo, Jg 28: S 60–63

Hofer CW (1976) Research on Strategic Planning: A Survey of Past Studies and Suggestions for Future Efforts. JEB, Vol 28: p 261–287

Hoffmann F (1968) Controlling im deutschen Industriebetrieb. DB, Jg 21: S 2181–2185

Horváth P (1978) Controlling – Entwicklung und Stand einer Konzeption zur Lösung der Adaptions- und Koordinationsprobleme der Führung. ZfB, Jg 48: S 194–208

Horváth P (2006) Controlling. 10. Aufl Vahlen, München

Horváth P, Weber J (1997) Controlling. In: Pfohl HC (Hrsg) Betriebswirtschaftslehre der Mittel- und Kleinbetriebe – Größenspezifische Probleme und Möglichkeiten zu ihrer Lösung. 3. Aufl Erich Schmidt, Berlin, S 335–376

IHK Koblenz (1978) Im Kleinbetrieb wird Planen kleingeschrieben. Untersuchung der IHK Koblenz

Jahns C (2000) Effektives und schlankes Controlling für mittelständische Unternehmen. DStR, Jg 38: S 1239–1244

Johansen S (1988) Statistical Analysis of Cointegration Vectors. JEDC, Vol 12: p 231–254

Johansen S (1991) Estimation and Hypothesis Testing of Cointegration Vectors in Gaussian Vector Autoregressive Models. Econometrica, Vol 59: p 1551–1580

Kaplan RS, Norton DP (1997) Balanced Scorecard – Strategien erfolgreich umsetzen. Schäffer-Poeschel, Stuttgart

Kappler E, Scheytt (2000a) Strategische Planung und strategisches Controlling in klein- und mittelständischen Unternehmen in den Regionen Tirol, Voralberg und Südtirol – Ergebnisse einer empirischen Analyse. Arbeitspapiere des Instituts für Organisation und Lernen, Universität Innsbruck

Kappler E, Scheytt (2000b) Strategische Planung und strategisches Controlling in klein- und mittelständischen Unternehmen Tirols, Voralbergs und Südtirol – Endbericht zur empirischen Analyse. Arbeitspapiere des Instituts für Organisation und Lernen, Universität Innsbruck

Kasurinen T (2002) Exploring Management Accounting Change: The Case of Balanced Scorecard Implementation. MAR, Vol 13: p 323–343

Kellerwessel P (1984) Führungsinformationen in Klein- und Mittelbetrieben – Arten und Möglichkeiten der Beschaffung. Lang, Frankfurt a M Berlin Bern et al

Kilger W (1980) Grenzplankosten- und Deckungsbeitragsrechnung im Klein- und Mittelbetrieb. Ra, Jg 31: S 41–43, 82–94

Kilger W (1992) Einführung in die Kostenrechnung. 3. Aufl Gabler, Wiesbaden

Kirsch W (1983) Fingerspitzengefühl und Hemdsärmeligkeit bei der Planung im Mittelstand. In: Kirsch W, Roventa P (Hrsg) Bausteine eines strategischen Managements – Dialoge zwischen Wissenschaft und Praxis. De Gruyter, Berlin New York, S 399–421

Koch G (1980) Controlling – Information und Koordination im Unternehmen. Eichhorn-Verlag, Göttingen

Kosmider A (1993) Controlling im Mittelstand. 2. Aufl Schäffer-Poeschel, Stuttgart

Kreilkamp E (1987) Strategisches Management und Marketing – Markt- und Wettbewerbsanalyse, strategische Frühaufklärung, Portfolio-Management. De Gruyter, Berlin New York

Kröpfl B (1999) Angewandte Statistik: Eine Einführung für Wirtschaftswissenschaftler. 2. Aufl Hanser, München

Kruschwitz L (2007) Investitionsrechnung. 11. Aufl Oldenbourg, München Wien

Küpper HU (1987) Konzeption des Controlling aus betriebswirtschaftlicher Sicht. In: Scheer AW (Hrsg) Rechnungswesen und EDV. Physica, Heidelberg, S 82–116

Küpper HU (1988) Koordination und Interdependenz als Bausteine einer konzeptionellen und theoretischen Fundierung des Controlling. In: Lücke W (Hrsg) Betriebswirtschaftliche Steuerungs- und Kontrollprobleme. Gabler, Wiesbaden, S 163-183

Küpper HU (2002) Unternehmensrechnung, Struktur und Teilsysteme. In: Küpper HU, Wagenhofer A (Hrsg) Handwörterbuch Unternehmensrechnung und Controlling (HWU). 4. Aufl Schäffer-Poeschel, Stuttgart, Sp 2030–2043

Küpper HU (2008) Controlling: Konzeption, Aufgaben und Instrumente. 5. Aufl Schäffer-Poeschel, Stuttgart

Küpper HU, Weber J, Zünd A (1990) Zum Verständnis und Selbstverständnis des Controlling. ZfB, Jg 60: S 281–293

Lachnit L (1989) EDV-gestützte Unternehmensführung in mittelständischen Betrieben – Controllingsysteme zur integrierten Erfolgs- und Finanzlenkung auf operativer und strategischer Basis. Vahlen, München

Lanz R (1992) Controlling in kleinen und mittleren Unternehmen. 3. Aufl Haupt, Bern Stuttgart

Legenhausen C (1998) Controllinginstrumente für den Mittelstand. Gabler, Wiesbaden

Leidecker JK, Bruno AV (1984) Identifying and Using Critical Success Factors. LRP, Vol 17: p 23–32

Lewin K (1947) Frontiers in Group Dynamics. HumRel, Vol 1: p 2–38

Luhmann N (1984) Soziale Systeme – Grundriss einer allgemeinen Theorie. Suhrkamp, Frankfurt a M

Lütkepohl H (1993) Introduction to Multiple Time Series Analysis. 2. Aufl Springer, Berlin et al

Maher MW (2005) The Balanced Scorecard and Nonfinancial Performance Measures. In: Weil RL, Maher MW (Ed) Handbook of Cost Management. Wiley, Hoboken NJ, p 657–668

Malina MA, Nørreklit H, Selto FH (2007) Relations among Measures, Climate of Control and Performance Measurements Models. CAR, Vol 24: p 935–982

Männel W (1990) Kostenrechnung als effizientes Führungsinstrument mittelständischer Unternehmen. In: Männel W (Hrsg) Kostenrechnungs-Standardsoftware für mittelständische Unternehmen. Gabler, Wiesbaden, S 11–26

Maser S (1998) Controlling in mittelständischen Unternehmen – Konzeption und Implementierung eines betriebsgrößenadäquaten Kostenrechnungssystems auf der Basis des Tabellenkalkulationsprogramms EXCEL. Expert, Renningen-Malmsheim

Mitroff I I, Betz F (1972) Dialectical Decision Theory of Decision-Making. MS, Vol 19: p 11–24

Mitroff I I, Featheringham TR (1974) On Systemic Problem Solving and the Error of the Third Kind. BS, Vol 19: p 383–393

Müller W (1974) Die Koordination von Informationsbedarf und Informationsbeschaffung als zentrale Aufgabe des Controlling. ZfbF, Jg 26: S 683–693

Neugebauer T (1993) Implementierung EDV-gestützter Finanzplanungssysteme in mittelständischen Unternehmen – Bestandsaufnahme und Lösungsansätze. Lang, Frankfurt a M et al

Niedermayr R (1994) Entwicklungsstand des Controlling – System, Kontext und Effizienz. Deutscher Universitäts-Verlag, Wiesbaden

Nørreklit H (2000) The Balance on the Balanced Scorecard – A Critical Analysis of some of its Assumptions. MAR, Vol 11: p 65–88

Nørreklit H (2003) The Balance Scorecard: What is the Score? A Rhetorical Analysis of the Balanced Scorecard. AOaS, Vol 28: p 591–619

Ossadnik W (1984) Rationalisierung der Unternehmensbewertung durch Risikoklassen. Thun, Frankfurt a M

Ossadnik W (1992) Investitionsrechnungsverfahren für öffentliche Betriebe. Duncker & Humblot, Berlin

Ossadnik W (1998a) Considering Interrelationships in Strategic Decisions – A Note. EAR, Vol 7: p 315–321

Ossadnik W (1998b) Mehrzielorientiertes strategisches Controlling. Physica, Heidelberg

Ossadnik W (2003) Controlling. 3. Aufl Oldenbourg, München Wien

Ossadnik W (2005) Balanced Scorecard als Instrument der Unternehmenssteuerung? Diskussionsbeitrag Nr 2005/05 des Fachbereichs Wirtschaftswissenschaften der Universität Osnabrück

Ossadnik W (2008a) Kosten- und Leistungsrechnung. Springer, Berlin et al

Ossadnik W (2008b) Steuerungsorientiertes Rechnungswesen und ausgeglichener Berichtsbogen – Anmerkungen zur kausalen Fundierung des Konzepts der „Balanced Scorecard". In: Hering Th, Klingelhöfer HE, Koch W (Hrsg) Unternehmungswert und Rechnungswesen. Gabler, Wiesbaden, S 301–321

Ossadnik W (2009) Controlling. 4. Aufl Oldenbourg, München

Ossadnik W, Barklage D (2002) Budgetierungsverfahren. In: Küpper HU, Wagenhofer A (Hrsg) Handwörterbuch Unternehmensrechnung und Controlling (HWU). 4. Aufl Schäffer-Poeschel, Stuttgart, Sp 241–250

Ossadnik W, Barklage D, van Lengerich E (2003) Controlling mittelständischer Unternehmen in der Region Osnabrück-Emsland: Empirische Bestandsaufnahme, Evaluierung und Handlungsempfehlungen. IfMOS-Forschungsbericht, Osnabrück

Ossadnik W, Barklage D, van Lengerich E (2004) Controlling im Mittelstand: Ergebnisse einer empirischen Untersuchung. Controlling, Jg 16: S 621–630

Ossadnik W, Barklage D, Wilmsmann D (2007) Kostenkontrolle und Verhaltenssteuerung: Eine Evaluierung differenziert-kumulativer Methoden der Kostenabweichungsanalyse. In: Seicht G (Hrsg) Jahrbuch für Controlling und Rechnungswesen 2007. LexisNexis ARD Orac, Wien, S 155–174

Ossadnik W, Maus S (1995) Strategische Kostenrechnung? DU, Jg 49: S 143–158

Ossadnik W, Rosenkranz F, Steins J (2008) Managing Performance and Service Quality by a Dynamised Balanced Scorecard. Diskussionsbeitrag Nr 2008/10 des Fachbereichs Wirtschaftswissenschaften der Universität Osnabrück

Ossadnik W, Wolf D, Kossen K (2009) Optimierte Projektsteuerung durch wertorientierte Produktlebenszyklusrechnungen. Controlling, Jg 21: S 118–125

o V (2008) Von Korrelationen und Kausalitäten. Nachrichten Ruprecht-Karls-Universität Heidelberg vom 18.04.2008, URL:http://www.uni-protokolle.de/nachrichten/id/155004/ [letzter Abruf am 15.12.2009]

Perridon L, Steiner M (2007) Finanzwirtschaft der Unternehmung. 14. Aufl Vahlen, München

Pfaff D (2002) Budgetierung. In: Küpper HU, Wagenhofer A (Hrsg) Handwörterbuch Unternehmensrechnung und Controlling (HWU). 4. Aufl Schäffer-Poeschel, Stuttgart, Sp 231–241

Pfaff D, Weißenberger BE (2000) Institutionenökonomische Fundierung. In: Fischer MF (Hrsg) Kostencontrolling – Neue Methoden und Inhalte. Schäffer-Poeschel, Stuttgart, S 109–134

Pietsch G (2003) Reflexionsorientiertes Controlling – Konzeption und Gestaltung. Deutscher Universitäts-Verlag, Wiesbaden

Pietsch G, Scherm E (1999) Controlling auf der Suche nach Identität – Ein Standpunkt. Diskussionsbeitrag Nr 272 des Fachbereichs Wirtschaftswissenschaft der Fernuniversität Hagen

Pietsch G, Scherm E (2000a) Die Präzisierung des Controlling als Führungs- und Führungsunterstützungsfunktion. DU, Jg 54: S 395–411

Pietsch G, Scherm E (2000b) Managementwissenschaft und Controlling – Zur Rekonstruktion eines theoretischen Gesamtkonzepts. Diskussionsbeitrag Nr 287 des Fachbereichs Wirtschaftswissenschaft der Fernuniversität Hagen.

Pietsch G, Scherm E (2001a) Die Reflexionsaufgabe im Zentrum des Controlling. krp, Jg 45: S 307–313

Pietsch G, Scherm E (2001b) Neue Controlling-Konzeptionen. WISU, Jg 30: 206–213

Pietsch G, Scherm E (2002) Gemeinsamkeiten und Forschungsperspektiven in der konzeptionell orientierten Controllingforschung – Acht Thesen. In: Weber, J, Hirsch B (Hrsg) Controlling als akademische Disziplin – Eine Bestandsaufnahme. Deutscher Universitäts-Verlag, Wiesbaden, S 191–204

Pößl W (1991) Controlling und externe Beratung – Ein Konzept zur Verbesserung der Führungsqualität in mittelständischen Unternehmen. Vahlen, München

Preißler PR (2007) Controlling – Lehrbuch und Intensivkurs. 13. Aufl Oldenbourg, München

Pritsch G, Weber J (2001) Realoptionen als Controlling-Instrument. In: Weber J, Schäffer U (Hrsg) Rationalitätssicherung der Führung – Beiträge zu einer Theorie des Controlling. Gabler, Wiesbaden, S 171–195

Probst GJB, Büchel BST (1998) Organisationales Lernen – Wettbewerbsvorteil der Zukunft. 2. Aufl Gabler, Wiesbaden

Rachlin R (2001) Praxishandbuch Budgetplanung – Grundlagen, Instrumente für erfolgreiches Finanzmanagement. Campus Verlag, Frankfurt a M New York

Reichman T (1985) Grundlagen einer systemgestützten Controlling-Konzeption mit Kennzahlen. ZfB, Jg 55: S 887–898

Reichmann T (1993) Kennzahlensysteme. In: Wittmann W, Kern W (Hrsg) Enzyklopädie der Betriebswirtschaftslehre. Bd 1: Handbuch der Betriebswirtschaftslehre (HWB). 5. Aufl Schäffer-Poeschel, Stuttgart, Sp 2159–2174

Reichmann T (2006) Controlling mit Kennzahlen und Management-Tools. 7. Aufl Vahlen, München

Rösner M (2003) Grundgedanken einer evolutionär-institutionalistischen Controllingkonzeption. Kritik der systemtheoretischen Controllingkonzeption – Ideen für die Schaffung einer alternativen Controllingtheorie. Verlag der GUC, Chemnitz

Roventa P (1979) Portfolio-Analyse und Strategisches Management. Kirsch, München

Rühle von Lilienstern H (1982) Planungssysteme für mittlere und kleine Unternehmen. In: Krallmann H (Hrsg) Unternehmensplanung und -steuerung in den 80er Jahren. Springer, Berlin Heidelberg New York, S 31–48

Sachs L (2004) Angewandte Statistik – Anwendung statistischer Methoden. 11. Aufl Springer, Berlin et al

Schachner M, Speckbacher G, Wentges P (2006) Steuerung mittelständischer Unternehmen: Größeneffekte und Einfluss der Eigentums- und Führungsstruktur. ZfB, Jg 76: S 589–614

Schäffer U, Steiners D (2005) ZP-Stichwort: Controllinginstrumente. ZP, Jg 16: 115–120

Schäffer U, Zyder M (2003) Beyond Budgeting – Ein neuer Management Hype? ZfCM, Jg 47, Sonderheft 1: S 101–110

Schildbach T, Homburg C (2009) Kosten- und Leistungsrechnung. 10. Aufl Lucius & Lucius, Stuttgart

Schmidt RH, Terberger E (2006) Grundzüge der Investitions- und Finanzierungstheorie. 4. Aufl Gabler, Wiesbaden

Schneider D (1992) Investition, Finanzierung und Besteuerung. 7. Aufl Gabler, Wiesbaden

Schneider D (1997) Betriebswirtschaftslehre, Bd 2: Rechnungswesen. Oldenbourg, München et al

Schröder EF (2003) Modernes Unternehmens-Controlling. 8. Aufl Kiehl, Ludwigshafen (Rhein)

Schulze PM (2004) Granger-Kausalitätsprüfung – eine anwendungsorientierte Darstellung. Arbeitspapier Nr. 28 des Instituts für Statistik und Ökonometrie der Universität Mainz

Schuster P (1991) Erfolgsorientierte Steuerung kleiner und mittlerer Unternehmen – Funktionale, instrumentelle und organisatorische Aspekte eines größengerechten Controlling-Systems. Springer, Berlin Heidelberg New York

Schwalbach J (1988) Marktanteil und Unternehmensgewinn. ZfB, Jg 58: S 535–549

Seitz P (2002) Gestaltung eines spezifischen Controllingsystems für mittelständische Unternehmen – Dargestellt am Beispiel eines mittelständischen Schienenfahrzeugherstellers. Kovač, Hamburg

Simon D, Weißenberger BE (2008) Die Konvergenz von externem und internem Rechnungswesen – Kritische Faktoren für die Entwicklung einer partiell integrierten Rechnungslegung aus theoretischer Sicht. BFuP, Jg 60: S 137–160.

Staehle WH (1969) Kennzahlen und Kennzahlensysteme als Mittel der Organisation und Führung von Unternehmen. Gabler, Wiesbaden

Staehle WH (1999) Management – Eine verhaltenswissenschaftliche Perspektive. 8. Aufl Vahlen, München

Stein JC, Usher SE, LaGattuta D, Youngen J (2001) A Comparables Approach to Measuring Cashflow-at-Risk for Non-Financial Firms. JoACF, Vol 13: p 100–109

Steiner J, Reske W (1978) Aufgaben und Bedeutung von Führungspersonen in mittelständischen Betrieben – Ergebnisse einer empirischen Analyse. Schwartz, Göttingen

Steinmann H, Schreyögg G (2005) Management – Grundlagen der Unternehmensführung. 6. Aufl Gabler, Wiesbaden
Stewart J, Gill L (1998) Econometrics. 2nd Edn Financial Times Prentice Hall, London et al
Thürbach RP, Hutter E (1976) Zum Stand der Organisation in mittelständischen Betrieben – Eine empirische Analyse. Schwartz, Göttingen
Voß W (2000) Praktische Statistik mit SPSS. 2. Aufl Hanser, München Wien
Währisch M (2000) Der Ansatz kalkulatorischer Kostenarten in der industriellen Praxis. ZfbF, Jg 52: S 678–694
Weber J (1992) Die Koordinationssicht des Controlling. In: Spremann K, Zur E (Hrsg) Controlling: Grundlagen, Informationssystem, Anwendungen. Gabler, Wiesbaden, S 169–183
Weber J, Kosmider A (1991) Controlling-Entwicklung in der Bundesrepublik Deutschland im Spiegel von Stellenanzeigen. In: Albach H (Hrsg) Controlling, Selbstverständnis – Instrumente – Perspektiven. ZfB-Ergänzungsheft 3/91, S 17–35
Weber J, Schäffer U (1998a) Sicherstellung der Rationalität von Führung als Controlleraufgabe? WHU-Forschungspapier Nr 49, Vallendar
Weber J, Schäffer U (1998b) Controlling-Entwicklung im Spiegel von Stellenanzeigen 1990–1994. krp, Jg 42: S 227–233
Weber J, Schäffer U (2000) Balanced Scorecard & Controlling – Implementierung – Nutzen für Manager und Controller – Erfahrungen in deutschen Unternehmen. Gabler, Wiesbaden
Weber J, Schäffer U (Hrsg) (2001) Rationalitätssicherung der Führung – Beiträge zu einer Theorie des Controlling. Gabler, Wiesbaden
Weber J, Schäffer U (2006) Einführung in das Controlling. 11. Aufl Schaeffer-Poeschel, Stuttgart
Wengerter A (1992) Ein Controllingsystem für mittelständische Unternehmen – Grundlage für eine laufende betriebswirtschaftliche Beratung durch externe Berater. Dissertation, Universität Frankfurt a M
Wiehle U, Diegelmann M, Deter H, Schömig PN, Rolf M (2008) 100 IFRS Kennzahlen. 4. Aufl Cometis, Wiesbaden
Wieland J (2002) Wertemanagement und Corporate Governance. ZOE, Jg 21: S 84–90
Wielenberg S (2002) Rechnungszwecke. In: Küpper HU, Wagenhofer A (Hrsg) Handwörterbuch Unternehmensrechnung und Controlling (HWU). 4. Aufl Schäffer-Poeschel, Stuttgart, Sp 1669–1677
Winkler WM (1986) Kostenrechnung in Klein- und Mittelbetrieben – Hemmfaktoren und betriebsspezifische Gestaltung. dbV, Graz
Witt FJ, Witt K (1996) Controlling für Klein- und Mittelbetriebe – Bausteine und Handwerkszeug für Ihren Controllingleitstand. 2. Aufl Deutscher Taschenbuch Verlag, München
Wittlage H (1987) Die Organisation mittelständischer Unternehmen – Wahrnehmung der Organisationsaufgaben und Gestaltung der Organisationsstruktur, Ergebnisse einer empirischen Untersuchung. BFuP, Jg 39: S 562–582

Wollnik M (1977) Die explorative Verwendung systematischen Erfahrungswissens. Plädoyer für einen aufgeklärten Empirismus in der Betriebswirtschaftslehre. In: Köhler, R (Hrsg) Empirische und handlungstheoretische Forschungskonzeptionen in der Betriebswirtschaftslehre. Poeschel, Stuttgart, S 37–64

Wossidlo PR (1997) Finanzierung. In: Pfohl HC (Hrsg) Betriebswirtschaftslehre der Mittel- und Kleinbetriebe – Größenspezifische Probleme und Möglichkeiten zu ihrer Lösung. 3. Aufl Erich Schmidt, Berlin, S 287–333

Zenz A (1998) Controlling – Bestandsaufnahme und konstruktive Kritik theoretischer Ansätze. In: Dyckhoff H, Ahn, H (Hrsg) Produktentstehung, Controlling und Umweltschutz – Grundlagen eines ökologieorientierten F&E-Controlling. Physica, Heidelberg, S 27–60

Ziener M (1985) Controlling in multinationalen Unternehmen. Moderne Industrie, Landsberg am Lech

Zimmermann C (2001) Controlling in international tätigen mittelständischen Unternehmen. Gabler, Wiesbaden

Verzeichnis der verwendeten Internetquellen

http://ec.europa.eu

[letzter Abruf am 15.12.2009]

http://www.handelsgesetzbuch.de

[letzter Abruf am 15.12.2009]

http://www.ifm-bonn.org

[letzter Abruf am 15.12.2009]

http://www.uni-protokolle.de

[letzter Abruf am 15.12.2009]

Sachverzeichnis

Kolibri 360 GmbH
Ferdinand-Jühlke-Straße 7
99095 Erfurt, Deutschland
produktsicherheit@kolibri360.de